LA PAUVRETÉ
DANS UNE AFRIQUE
EN ESSOR

LA PAUVRETÉ
DANS UNE AFRIQUE EN ESSOR

KATHLEEN BEEGLE

LUC CHRISTIAENSEN

ANDREW DABALEN

ISIS GADDIS

GROUPE DE LA BANQUE MONDIALE

Table des matières

Encadrés

Graphiques

Tableaux

Avant-propos

Après deux décennies de croissance économique sans précédent, dans quelle mesure les conditions de vie des familles africaines se sont-elles améliorées ? Selon les dernières estimations de la Banque mondiale, la proportion des Africains vivant dans la pauvreté extrême serait passée de 57 % en 1990 à 43 % en 2012. Cependant, pendant cette période, la population africaine a continué d'augmenter rapidement. En conséquence, le nombre de personnes vivant dans la pauvreté extrême a quand même augmenté de plus de 100 millions. De plus, selon les prévisions, l'Afrique est le continent où les personnes vivant dans le dénuement le plus complet seront de plus en plus concentrées.

Avec l'adoption des objectifs de développement durable, y compris l'élimination de la pauvreté extrême d'ici 2030, la mise en œuvre réussie du programme de développement de l'après-2015 exigera une solide connaissance des diverses dimensions de la pauvreté et de l'inégalité dans la région entière ainsi que dans les pays et les groupes de populations qui la composent.

Le présent document, « *La pauvreté dans une Afrique en essor* », est le premier de deux rapports qui visent à mieux mesurer les progrès accomplis dans la lutte contre la pauvreté en Afrique et à articuler un programme d'action capable d'accélérer la réduction de la pauvreté. Son objectif est modeste, mais important : définir les enjeux que pose la collecte des données et procéder à un examen systématique des principales mesures des dimensions monétaires et non monétaires de la pauvreté et de l'inégalité. Certaines conclusions sont encourageantes, et d'autres pas.

Des progrès considérables ont été faits en matière de données pour la mesure du bien-être des populations. La disponibilité et la qualité des données d'enquêtes menées auprès des ménages africains se sont améliorées. Cependant, les pays africains ne disposent pas tous d'études multiples et comparables de suivi des tendances de la pauvreté. Une réévaluation des tendances de la pauvreté prenant en compte ces lacunes des données donne à penser que les taux de pauvreté en Afrique pourrait être moins élevés que ne le laissent conclure les estimations actuelles. De plus, des progrès ont été accomplis en ce qui a trait aux dimensions non monétaires du bien-être des populations africaines, et notamment dans les domaines de la santé et du droit à une vie sans violence. Bien que les données disponibles ne permettent pas de conclure à une augmentation systématique des inégalités dans les pays d'Afrique, le nombre d'Africains très riches est en hausse. Globalement, et nonobstant ces tendances générales, la prudence reste de mise puisque les difficultés se multiplient lorsqu'on cherche à mesurer les inégalités.

Les progrès observés sont encourageants, mais les problèmes importants liés à la pauvreté persistent, notamment en raison de la croissance démographique rapide de la région. En effet, même dans le cas de figure le plus optimiste, on trouve aujourd'hui beaucoup plus d'Africains vivant dans la pauvreté (ils étaient plus de 330 millions en 2012) qu'en 1990 (environ 280 millions). Malgré les améliorations observées au chapitre de la scolarisation primaire, la piètre qualité des résultats d'apprentissage — deux adultes sur cinq sont illettrés — souligne l'urgence de mettre en œuvre des politiques favorables à l'éducation — en particulier pour les filles. La persistance des inégalités en l'absence d'une mobilité intergénérationnelle du niveau d'éducation attire l'attention sur les conséquences à long terme d'un échec en cette matière. On constate sans surprise que la réduction de la pauvreté a été la moins rapide dans les États fragiles. À cette tendance vient s'ajouter le fait que la violence à l'égard des civils est de nouveau en hausse, après une décennie de paix relative. On constate en outre que paradoxalement, les habitants des pays riches en ressources affichent des résultats systématiquement inférieurs pour tous les indicateurs du bien-être humain, après neutralisation des effets du revenu. Il est donc clair que les politiques jouent un rôle qui transcende la simple disponibilité des ressources.

Pour maintenir et accélérer les progrès réalisés au cours des deux dernières décennies, il convient de déployer collectivement des efforts concertés pour améliorer la qualité et l'à-propos des statistiques sur la pauvreté dans la région. Le soutien politique local au secteur des statistiques peut devenir le facteur le plus important dans la recherche de meilleures données. Les partenaires de développement et la communauté internationale ont aussi un rôle important à jouer en favorisant la coopération régionale, en proposant de nouveaux modèles de financement, et en appliquant des politiques de libre accès et des normes internationales plus claires. Le présent rapport a pour but de contribuer à l'amélioration de la portée, de la qualité et de la pertinence des statistiques sur la pauvreté. Des données de qualité peuvent avoir une incidence sur les résultats de la lutte contre la pauvreté en Afrique. *De meilleures données permettent de prendre de meilleures décisions et d'améliorer ainsi les conditions de vie des pauvres.*

Makhtar Diop
Vice-président, Région Afrique
Banque mondiale

Remerciements

Le présent rapport est un produit du Programme des études régionales sur l'Afrique, une initiative du vice-président de la Région Afrique à la Banque mondiale. Cette série d'études vise à conjuguer un haut niveau de rigueur analytique et de pertinence stratégique pour l'examen de diverses questions importantes pour le développement économique et social de l'Afrique subsaharienne. Le Bureau de l'Économiste en chef de la Banque mondiale pour la Région Afrique s'occupe du contrôle de la qualité de ces études.

Ce rapport a été préparé par une équipe de base dirigée par Kathleen Beegle, Luc Christiaensen, Andrew Dabalen et Isis Gaddis. Ce projet n'aurait pu être réalisé sans la collaboration étroite de Nga Thi Viet Nguyen et Shinya Takamatsu (chapitres 1 et 2), Umberto Cattaneo et Agnes Said (chapitre 3), et Camila Galindo-Pardo (chapitres 3 et 4). Rose Mungai a coordonné le colossal travail d'harmonisation des fichiers de données ; Wei Guo, Yunsun Li et Ayago Esmubancha Wambile ont apporté leur précieuse contribution au travail de recherche. Les auteurs expriment enfin leur gratitude à Keneth Omondi et Joyce Rompas pour l'aide administrative qu'ils leur ont offerte.

Francisco H. G. Ferreira a veillé à la direction et à l'orientation générales du travail de l'équipe, laquelle a bénéficié des contributions additionnelles d'Isabel Almeida, Prospere Backiny-Yetna, Yele Batana, Abdoullahi Beidou, Paolo Brunori, Hai-Anh Dang, Johannes Hoogeveen, La-Bhus Jirasavetakul, Christoph Lakner, Jean-François Maystadt, Annamaria Mi lazzo, Flaviana Palmisano, Vito Peragine, Dominique van de Walle, Philip Verwimp et Eleni Yitbarek.

L'équipe a en outre bénéficié des conseils précieux et des retours d'informations de Carlos Batarda, Haroon Bhorat, Laurence Chandy, Pablo Fajnzylber, Jed Friedman, John Gibson, Jérémie Gignoux, Ruth Hill, José Antonio MejíaGuerra, Berk Ozler, Martin Ravallion, Raul Santaeulalia-Llopis et Frederick Solt. Valentina Stoevska et ses collègues de l'Organisation internationale du travail (OIT) ont transmis de précieuses données.

Stephan Klasen, Peter Lanjouw, Jacques Morisset et un examinateur anonyme ont formulé des observations détaillées et judicieuses.

Le Service des publications et de la diffusion des connaissances de la Banque mondiale a coordonné le travail de conception, de composition, d'impression et de diffusion du rapport. Les auteurs remercient tout particulièrement Janice Tuten, Stephen McGroarty, Nancy Lammers, Abdia Mohamed et Deborah Appel-Barker. Le travail d'édition a été réalisé par Robert Zimmermann et Barbara Karni.

À propos des auteurs et contributeurs

Kathleen Beegle est économiste principale à la Région Afrique de la Banque mondiale. Basée à Accra, elle coordonne les programmes nationaux portant sur l'éducation, la santé, la pauvreté, la protection sociale, l'égalité des sexes et l'emploi au Ghana, au Libéria et en Sierra Leone. Elle s'intéresse d'une manière plus générale à la pauvreté, au travail, aux chocs économiques et aux études méthodologiques portant sur la collecte des données d'enquêtes auprès des ménages. Elle a été directrice adjointe du *Rapport sur le développement dans le monde 2013 : Emplois*. Elle est titulaire d'un doctorat en économie de l'Université d'État du Michigan.

Umberto Cattaneo est assistant de recherche à la Banque mondiale et boursier doctoral au Centre européen de recherches avancées en économie et statistiques de l'Université libre de Bruxelles. Ses travaux portent en particulier sur l'économie du développement, les guerres civiles, l'analyse de la pauvreté, la micro-économétrie appliquée et l'économie de l'agriculture et de l'environnement. Il a récemment achevé une étude sur les répercussions de la guerre civile sur la pauvreté subjective et objective dans les

régions rurales du Burundi. Il est titulaire d'une maîtrise en économie du développement de l'École des études orientales et africaines de l'Université de Londres, et d'une maîtrise en économie et en finance de l'Université de Genève.

Luc Christiaensen est économiste agricole principal à la cellule Emploi du Groupe de la Banque mondiale et chercheur honoraire à l'École de gestion de Maastricht. Il a écrit de nombreux ouvrages sur la pauvreté, les villes secondaires et les transformations structurelles en Afrique et en Asie de l'Est. Il est également directeur du projet « L'agriculture en Afrique : distinguer les faits des mythes ». Il a fait partie de l'équipe de base qui a produit le *Rapport sur le développement dans le monde 2008 : l'agriculture pour le développement*. Il est titulaire d'un doctorat en économie agricole de l'Université Cornell.

Andrew Dabalen est économiste principal du pôle Réduction de la pauvreté et des inégalités de la Banque mondiale. Il s'intéresse surtout à l'analyse stratégique et à la recherche dans les domaines du développement — par exemple, les analyses d'impact sur la pauvreté et la situation sociale, l'inégalité des chances, l'évaluation des programmes, les risques et la vulnérabilité, les marchés du travail, les conflits et leurs répercussions sur le bien-être des populations. Il a œuvré dans les domaines de l'analyse de la pauvreté, des dispositifs de protection sociale, des marchés du travail et des réformes de l'éducation au sein des régions Afrique, Europe et Asie centrale de la Banque mondiale. Il a participé à la préparation de rapports régionaux sur l'égalité des chances des enfants africains et sur la vulnérabilité et la capacité d'adaptation des habitants du Sahel, et il a dirigé des évaluations de la pauvreté dans plusieurs pays, y compris l'Albanie, le Burkina Faso, la Côte d'Ivoire, le Kosovo, le Niger, le Nigéria et la Serbie. Il a publié des articles savants et des documents de travail sur la mesure de la pauvreté, les conflits et leurs répercussions sur le bien-être des populations, et l'inégalité des revenus. Il est titulaire d'un doctorat en économie de l'agriculture et des ressources de l'Université de Californie à Berkeley.

Isis Gaddis est économiste dans le Groupe Parité des sexes de la Banque mondiale. Elle était auparavant basée à Dar es Salaam (Tanzanie), où elle œuvrait à titre d'économiste spécialiste de la pauvreté. Ses recherches portent principalement sur la microéconomie empirique, et plus particulièrement sur la mesure et l'analyse de la pauvreté et de l'inégalité, la parité hommes-femmes, l'économie du travail et la prestation des services publics. Elle est titulaire d'un doctorat en économie de l'Université de Göttingen, où elle a fait partie de 2006 à 2012 du groupe de recherche sur l'économie du développement.

Camila Galindo-Pardo a travaillé à titre d'analyste-recherche au sein du Bureau de l'économiste en chef, Région Afrique, de la Banque mondiale, où elle s'est penchée sur les liens entre la croissance économique sectorielle et la pauvreté, l'inégalité des revenus et la richesse extrême, la violence fondée sur le sexe et la prédominance des acheteurs nets de denrées de base au sein des ménages africains. Elle poursuit des études doctorales

en économie à l'Université du Maryland à College Park.

Rose Mungai est économiste senior / statisticienne à la Région Afrique de la Banque mondiale et intervient à titre d'agent régional de liaison pour les données sur la pauvreté. Elle justifie de plus de 15 années d'expérience dans la conception d'enquêtes auprès des ménages et dans la mesure et l'analyse de la pauvreté. Elle a dirigé pendant plusieurs années la production du rapport annuel de la Banque mondiale sur les *Indicateurs du développement en Afrique*. Avant d'entrer à la Banque mondiale, elle était économiste senior /statisticienne au Bureau national de la statistique du Kenya, où elle s'intéressait principalement à la mesure de la pauvreté. Elle est titulaire d'une maîtrise en économie du développement de l'Université de Manchester.

Nga Thi Viet Nguyen est une économiste du pôle Réduction de la pauvreté et des inégalités de la Banque mondiale. Son travail porte principalement sur la mesure et l'analyse de la pauvreté, l'évaluation des politiques et l'étude des marchés du travail et du développement humain. Elle faisait partie de l'équipe qui a produit en 2013 le rapport « *Opening Doors: Gender Equality and Development in the Middle East and North Africa* ». En Afrique, elle a étudié les répercussions de l'interdiction des importations du Nigéria sur la pauvreté, le rôle des filets sociaux dans la lutte contre la pauvreté dans les zones rurales du Malawi, et la contribution des revenus du travail dans la réduction de la pauvreté dans cinq pays africains. Elle a en outre contribué à diverses évaluations de la pauvreté. Elle est titulaire d'une maîtrise en politiques publiques de l'Université Harvard.

Agnes Said est une avocate à l'emploi de la Banque mondiale depuis 2009. Elle s'intéresse principalement à la gouvernance dans le secteur public et à la protection sociale. Elle fait partie de l'équipe de gestion d'un fonds d'affectation spéciale multipartite pour la région Moyen-Orient et Afrique du Nord qui a pour but de renforcer la gouvernance et de favoriser l'inclusion sociale et économique dans la région. Ses travaux consacrés à la justice et aux droits fondamentaux ont été publiés par la Commission européenne et par le Parlement européen. Elle est titulaire d'une maîtrise en droit de l'Université de Gothenburg et d'une maîtrise en relations internationales et en économie internationale de l'École d'études internationales avancées de l'Université Johns Hopkins.

Shinya Takamatsu est un consultant du pôle Réduction de la pauvreté et des inégalités de la Banque mondiale (Région Afrique). Il est l'un des membres de base de l'équipe de développement des statistiques de la Région. Il a publié plusieurs documents de travail sur l'estimation de la pauvreté basée sur l'imputation et sur les méthodes d'enquête, et a réalisé des recherches sur les retombées d'un programme de transferts monétaires conditionnels sur le niveau d'éducation, et sur les impacts des crises alimentaires sur la pauvreté. Il est titulaire d'un doctorat en économie de l'agriculture et des ressources, avec une mineure en statistiques, de l'Université du Minnesota.

Abréviations et sigles

EDS	Enquête démographique et sanitaire
EGIM	Enquêtes par grappes à indicateurs multiples
ELM	Écart logarithmique moyen
EPT	Éducation pour tous
ICS	Indicateur de la capacité statistique
IGM	Indicateurs de la gouvernance dans le monde
IMC	Indice de masse corporelle
IPC	Indice des prix à la consommation
IPM	Indice de pauvreté multidimensionnelle
IPV	Indice de pauvreté vécue
ODD	Objectifs de développement durable
OMD	Objectifs du Millénaire pour le développement
OIT	Organisation internationale du Travail
PCI	Programme de comparaison internationale
PIB	Produit intérieur brut
PPA	Parité du pouvoir d'achat
QUID	Questionnaire unifié des indicateurs de développement
S2S	D'une enquête à l'autre (*survey-to-survey*)
SIDA	Syndrome de l'immunodéficience acquise
SWIID	Base de données normalisée sur l'inégalité des revenus dans le monde (*Standardized World Income Inequality Database*)
VIH	Virus de l'immunodéficience humaine

Messages clés

La mesure de la pauvreté en Afrique demeure un défi.

- Le degré de couverture, la comparabilité et la qualité des enquêtes réalisées auprès des ménages pour suivre l'évolution du niveau de vie se sont améliorés. Cependant, en 2012, 27 seulement des 48 pays de la région avaient effectué au moins deux enquêtes comparables depuis 1990 pour assurer un suivi des tendances de la pauvreté.
- Nous manquons également de données régulières et de bonne qualité sur l'évolution du PIB et des prix ainsi que de données de recensements.
- Les nouvelles approches techniques peuvent permettre de combler certaines lacunes, mais rien ne peut remplacer la collecte régulière de données de qualité. Il convient de promouvoir un renforcement des statistiques à l'échelle du continent africain.

Les taux de pauvreté en Afrique ne sont peut-être pas aussi élevés que ne le laissent croire les estimations actuelles, mais le nombre d'Africains pauvres est plus élevé aujourd'hui qu'il ne l'était en 1990.

- Les plus récentes estimations de la Banque mondiale montrent que la proportion des Africains vivant dans la pauvreté est passée de 57 % en 1990 à 43 % en 2012. Les analyses qui ne retiennent que les données issues d'enquêtes comparables, en ajoutant les résultats des enquêtes portant sur des aspects autres que la consommation et en appliquant des déflateurs de prix de rechange, donnent à penser que les taux de pauvreté pourraient avoir marqué une baisse encore plus marquée.
- Néanmoins, même en tenant compte des estimations les plus optimistes, le nombre de pauvres a continué d'augmenter à cause de la croissance démographique : il est passé d'environ 280 millions de personnes en 1990 à plus de 330 millions en 2012.
- La réduction de la pauvreté a été la moins rapide dans les pays fragiles, et les zones rurales restent beaucoup plus pauvres, malgré un rétrécissement de l'écart observé en cette matière entre les zones rurales et urbaines. La pauvreté chronique est importante.

Les dimensions non monétaires de la pauvreté ont laissé constater une amélioration.

- La santé, la nutrition, l'éducation et l'autonomisation ont connu une amélioration, et la violence a diminué.
- Cependant, les défis restent énormes : plus de deux adultes sur cinq sont toujours illettrés, et la qualité de la scolarisation laisse souvent à désirer. Après une décennie de paix relative, le nombre de conflits a recommencé à augmenter.

- Les indicateurs du niveau de bien-être non monétaire sont plus faibles dans les pays riches en ressources, après neutralisation des effets du revenu ; ils laissent deviner le potentiel non exploité d'un riche patrimoine naturel.

L'inégalité en Afrique présente plusieurs dimensions.

- Les données ne laissent pas constater une hausse systématique de l'inégalité dans les pays de la région. Cependant, elles ne prennent pas en compte les Africains très riches dont le nombre et la richesse augmentent.
- Les inégalités spatiales (différences entre les zones urbaines et rurales et entre les régions) sont grandes.
- La mobilité intergénérationnelle du niveau d'éducation et du travail s'est améliorée, mais elle reste insuffisante et contribue à perpétuer les inégalités.

Aperçu général

Les perceptions de l'Afrique ont considérablement évolué au cours des 20 dernières années. La vision d'un continent affligé par les guerres, les famines et une pauvreté enracinée qui prévalait à la fin des années 1990 a laissé place à celle d'une « Afrique en essor » et d'un « XXIe siècle africain »[1]. La croissance économique moyenne, qui atteint 4,5 % par année, s'est montrée remarquablement robuste, en particulier lorsqu'on la compare au déclin continu qui a caractérisé les décennies 1970 et 1980.

Cette croissance aurait dû s'accompagner d'une amélioration sensible du bien-être des Africains, mais cette thèse est difficile à vérifier à cause de la piètre qualité des données (Devarajan, 2013 ; Jerven, 2013), de la nature du processus de croissance (et notamment du rôle des ressources naturelles) (de la Briere *et al.*, 2015), de l'émergence de la richesse extrême (Oxfam, 2015), de l'hétérogénéité de la région et d'une croissance démographique constante de 2,7 % par année (Canning, Raja et Yazbeck, 2015).

Les attentes augmentent également. Toutes les régions en développement sauf l'Afrique ont réussi à réduire de moitié la proportion des habitants vivant dans la pauvreté entre 1990 et 2015 (Nations Unies, 2015) pour atteindre ainsi l'un des objectifs du Millénaire pour le développement (OMD). L'attention se tournera désormais vers l'établissement des nouveaux objectifs de développement durable (ODD) qui incluent l'objectif ambitieux de l'élimination de la pauvreté à l'échelle mondiale d'ici 2030. Le risque d'assister à un ralentissement de la croissance économique et les prévisions selon lesquelles les populations pauvres du monde se concentreront de plus en plus en Afrique, même si le continent parvient à maintenir les taux moyens de croissance atteints de 1995 à 2014, laissent conclure à la nécessité de mettre l'accent sur un programme global de lutte contre la pauvreté en Afrique.

Le présent rapport est le premier d'une série de deux documents portant sur la pauvreté en Afrique. Il examine les défis que présente la collecte des données et passe en revue les principales informations générales concernant la pauvreté en Afrique. Le deuxième de ces rapports se penchera sur les moyens d'accélérer la réduction de la pauvreté sur le continent.

Le présent rapport adopte une perspective large et multidimensionnelle de la pauvreté, évaluant les progrès accomplis au cours des deux dernières décennies sur les plans monétaire et non monétaire. La pénurie de données comparables et de bonne qualité issues d'enquêtes sur la consommation des ménages rend l'évaluation de la pauvreté monétaire particulièrement difficile. Le rapport passe au crible les données utilisées pour évaluer la pauvreté monétaire dans la région, et examine comment les ajustements apportés pour corriger les problèmes liés aux données influent sur les tendances mesurées de la pauvreté[2].

En revanche, l'expansion remarquable des enquêtes normalisées menées auprès des ménages et portant sur les dimensions non monétaires du bien-être, y compris les opinions et les perceptions, ouvre de nouveaux horizons à la recherche. Le rapport examine les progrès réalisés en éducation et en santé, la mesure dans laquelle les gens peuvent vivre en paix et façonner leurs conditions d'existence, et la fréquence de divers types de privations. Il se penche en outre sur les aspects distributionnels de la pauvreté en étudiant les diverses dimensions de l'inégalité.

Afin de mettre en lumière la diversité africaine, le rapport examine les différences entre les résultats des pays selon le lieu et le sexe. Les pays sont caractérisés en fonction de quatre dimensions qui influent sur la croissance et la pauvreté : la richesse en ressources, la fragilité, l'accessibilité géographique (pays enclavés ou côtiers) et les perspectives d'expansion du commerce, et le niveau de revenu (faible, intermédiaire de la tranche inférieure, intermédiaire de la tranche supérieure ou élevé).

Évaluation du paysage statistique

Selon les estimations de la Banque mondiale tirées des enquêtes menées auprès des ménages, la proportion de personnes vivant avec moins de 1,90 dollar par jour (en parité de pouvoir d'achat international (PPA) de 2011) est passée de 57 % en 1990 à 43 % en 2012, tandis que le nombre de pauvres continuait d'augmenter de plus de 100 millions de personnes (de 288 à 389 millions).

Ces estimations sont fondées sur les enquêtes sur la consommation effectuées dans un sous-échantillon de pays couvrant entre la moitié et les deux tiers de la population de la région. Les taux de pauvreté dans les autres pays sont déduits à partir de données d'enquêtes qui remontent souvent à plusieurs années et qui s'appuient sur les tendances affichées par le produit intérieur brut (PIB), ce qui soulève des doutes quant à l'exactitude des estimations. Le nombre moyen d'enquêtes sur la consommation effectuées par pays en Afrique entre 1990 et 2012 n'a été que de 3,8, soit une toutes les 6,1 années. Dans le reste du monde, ces enquêtes sont réalisées toutes les 2,8 années. Cette moyenne masque par ailleurs une couverture passablement inégale d'un pays à l'autre. Cinq pays regroupant 5 % de la population africaine totale ne disposent d'aucune mesure de la pauvreté (absence d'enquêtes auprès des ménages ou impossibilité d'accéder aux données recueillies, ou, dans le cas d'une enquête réalisée au Zimbabwe, données inutilisables recueillies pendant une période d'hyperinflation). En 2012, 27 seulement des 48 pays africains avaient réalisé au moins deux enquêtes comparables depuis 1990 pour suivre l'évolution de la pauvreté.

Le nombre d'enquêtes réalisées auprès des ménages africains a certes augmenté, l'Afrique se classant désormais au deuxième rang, derrière l'Asie du Sud, pour le nombre de telles enquêtes effectuées par pays selon le catalogue du Réseau international d'enquêtes auprès des ménages. Vingt-quatre enquêtes ont été effectuées en moyenne par pays en Afrique de 1990 à 2012, soit plus que la moyenne du monde en développement, qui s'établit à environ 22. Cependant, la presque totalité de ces enquêtes ne servaient pas à recueillir des données sur la consommation.

Le nombre d'enquêtes sur la consommation des ménages — essentielles pour la mesure de la pauvreté et de l'inégalité — est resté insuffisant, malgré une augmentation de la couverture. Depuis 2009, deux pays seulement n'ont effectué aucune enquête décennale sur la consommation (ils étaient dix pour la décennie 1990–1999). Le nombre de pays qui n'ont pas effectué d'enquête sur la consommation ou qui n'ont pas autorisé l'accès aux microdonnées est passé de 18 en 1990–1999 à 4 en 2003–2012, et le nombre de pays qui ont procédé à au moins deux enquêtes sur la consommation est passé de 13 en 1990–1999 à 25 en 2003–2012. Beaucoup d'États fragiles — Tchad, République démocratique du Congo, Sierra Leone et Togo — étaient du nombre. Malgré tout, les États fragiles ont toujours tendance à souffrir le plus de l'absence de données.

L'absence de données sur la consommation et le manque d'accès aux données sous-jacentes constituent des obstacles évidents à l'évaluation de la pauvreté. Cependant, les problèmes ne s'arrêtent pas là. Même lorsqu'elles existent, les données d'enquêtes réalisées par les pays ne sont souvent pas comparables entre elles, ou sont souvent de piètre qualité à cause, par exemple, d'erreurs de déclaration ou de lacunes dans le traitement des données. En conséquence, des pays qui semblent riches en données (ou qui effectuent de nombreuses enquêtes) peuvent se montrer incapables de suivre l'évolution de la pauvreté au fil du temps (par exemple, la Guinée et le Mali effectuent chacun quatre enquêtes qui ne sont pas comparables).

Au niveau national, le manque de données comparables entre les enquêtes et les préoccupations suscitées par les problèmes de qualité soulèvent souvent d'intenses débats techniques concernant les choix méthodologiques et les estimations de la pauvreté (voir Banque mondiale (2012) pour le Niger ; Banque mondiale (2013) pour le Burkina Faso ; Banque mondiale (2015b) pour la Tanzanie). Cependant, la plupart des études régionales effectuées en Afrique et ailleurs ignorent ces différences importantes et s'appuient sur des bases de données — par exemple, système PovcalNet de la Banque mondiale —dont la comparabilité ou la qualité ne font pas l'objet de contrôles cohérents.

Si on ignore les enquêtes qui ne sont pas représentatives au plan national (ne portant par exemple que sur les zones urbaines ou rurales), qui n'ont pas été menées à des périodes de l'année comparables (pour prendre en compte la saisonnalité des schémas de consommation) et qui ont utilisé des périodes ou des instruments différents pour la collecte des données sur la consommation, le pays africain typique n'aura réalisé en moyenne que 1,6 enquête comparable au cours des 23 années écoulées entre 1990 et 2012.

Le défi du maintien d'une comparabilité suffisante entre les enquêtes n'est pas unique à l'Afrique ni aux études d'évaluation de la pauvreté (voir par exemple UNESCO (2015) sur les difficultés de l'évaluation des taux d'alphabétisation des adultes). Cependant, le manque de données comparables observé en Afrique exacerbe les contraintes imposées par la disponibilité déjà limitée des enquêtes sur la consommation. Le problème s'aggrave encore dans les pays populeux comme le Nigéria. Seuls 27 pays sur 48 ont effectué deux enquêtes comparables ou plus entre 1990 et 2012 (carte O.1). Sur le plan positif, il convient cependant de souligner que ces pays représentent plus des trois quarts de la population africaine.

Les estimations de la pauvreté exigent également des données sur l'évolution des prix. Pour comparer la pauvreté entre les pays au cours d'une année de référence — 2011 dans le cas qui nous intéresse — il faut convertir la consommation nominale aux niveaux de prix de 2011. La méthode principale qui sert à procéder à cet ajustement est celle de l'indice des prix à la consommation (IPC) qui s'appuie à la fois sur la collecte de données sur les prix et sur les pondérations du panier de provisions propres aux pays pour mesurer l'inflation. Cependant, outre les difficultés techniques qu'elle présente, cette méthode souffre de trois problèmes particuliers à l'Afrique. Premièrement, dans beaucoup de pays, les données sur les prix ne sont recueillies que dans les marchés urbains. Deuxièmement, les pondérations du panier de provision s'appuient sur des enquêtes auprès des ménages effectuées depuis trop longtemps et qui ne portent parfois que sur les achats sur le marché (à l'exclusion des denrées produites à la maison). Troisièmement, des erreurs de calcul créent parfois des distorsions — par exemple, en Tanzanie (Banque mondiale, 2007) et au Ghana (FMI, 2003, 2007)[3].

Partout dans le monde, lorsque les enquêtes ne sont pas disponibles pour une année donnée, les chercheurs utilisent le PIB

CARTE O.1   **Le manque d'enquêtes comparables en Afrique complique la mesure des tendances de la pauvreté**

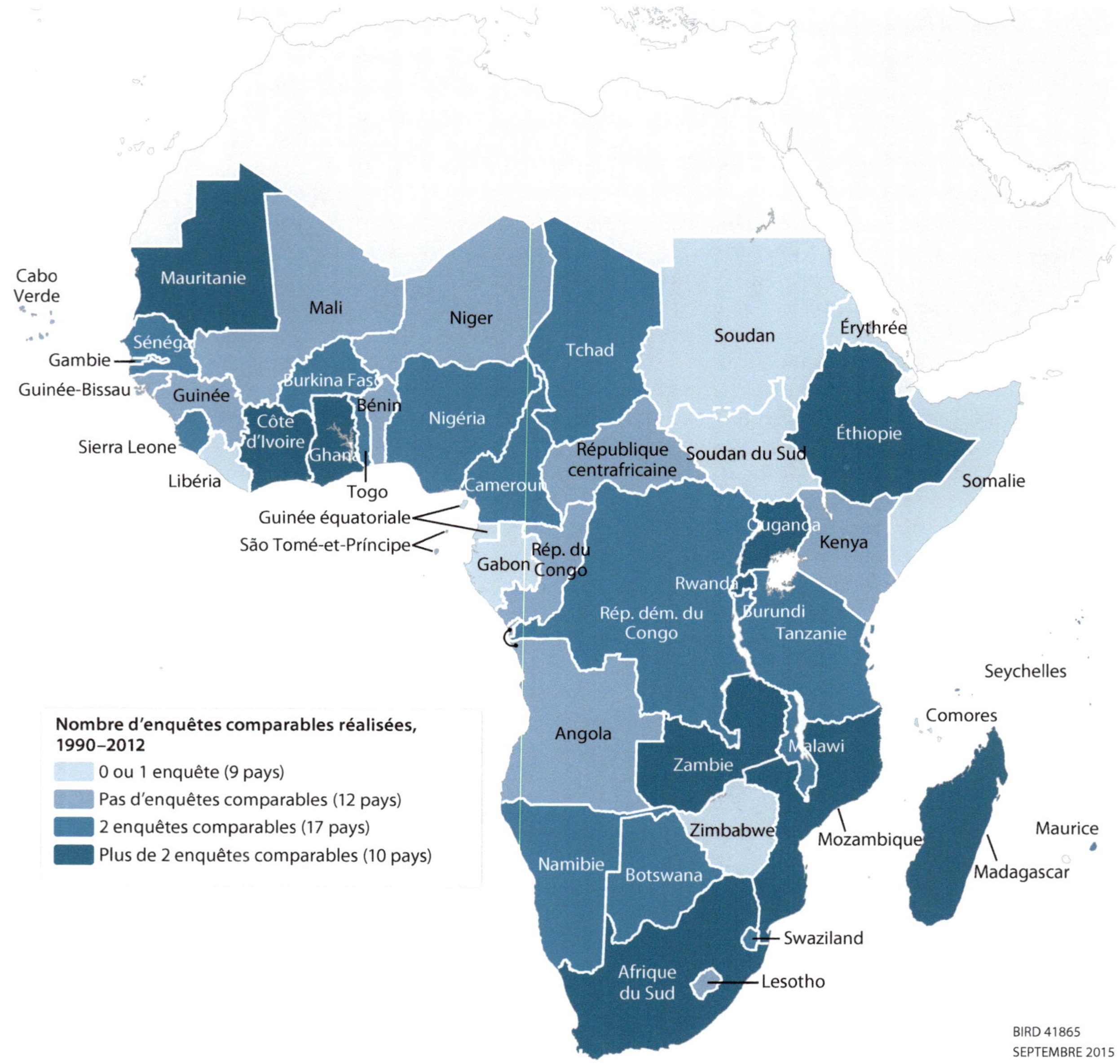

Cabo Verde

Mauritanie

Mali

Niger

Sénégal

Gambie

Guinée-Bissau

Guinée

Burkina Faso

Bénin

Nigéria

Tchad

Soudan

Érythrée

Côte d'Ivoire

Ghana

Togo

Cameroun

République centrafricaine

Soudan du Sud

Éthiopie

Somalie

Sierra Leone

Libéria

Guinée équatoriale

São Tomé-et-Príncipe

Gabon

Rép. du Congo

Ouganda

Kenya

Rwanda

Rép. dém. du Congo

Burundi

Tanzanie

Seychelles

Comores

Angola

Zambie

Malawi

Mozambique

Maurice

Madagascar

Zimbabwe

Namibie

Botswana

Swaziland

Afrique du Sud

Lesotho

Nombre d'enquêtes comparables réalisées, 1990–2012

- 0 ou 1 enquête (9 pays)
- Pas d'enquêtes comparables (12 pays)
- 2 enquêtes comparables (17 pays)
- Plus de 2 enquêtes comparables (10 pays)

BIRD 41865
SEPTEMBRE 2015

Source : Base de données de la Banque mondiale.

pour calculer des estimations annuelles de la pauvreté. Les données manquantes sont interpolées (entre les enquêtes) et extrapolées (sur les années qui suivent et qui précèdent l'enquête la plus ancienne et la plus récente) en tenant compte des taux de croissance du PIB

(voir Banque mondiale, 2015a). Cependant, ces données sur le PIB ne sont pas toutes fiables. Le Ghana, par exemple, est passé de la catégorie des pays à faible revenu à celle des pays à revenu intermédiaire de la tranche inférieure après le rebasage de son PIB en 2010, opération qui a permis du jour au lendemain au Nigéria de dépasser l'Afrique du Sud pour se classer au premier rang des économies africaines. Ces exemples donnent à penser que les taux de croissance du PIB — et, par extension, les réductions de la pauvreté extrapolées à partir de ces taux — pourraient être sous-estimés.

Un autre problème tient au fait que l'imputation fondée sur les taux de croissance du PIB suppose l'existence d'un rapport direct entre la croissance du PIB et la consommation des ménages, et présume que tous les habitants augmentent leur consommation au même rythme. Cependant, le PIB représente beaucoup plus que la simple consommation des ménages : en moyenne, sur un vaste échantillon de pays africains, les enquêtes auprès des ménages ne capturent que 61 % du PIB par habitant. L'hypothèse d'une distribution égale de la croissance peut aussi être mise en doute lorsque la croissance est tirée par des secteurs à forte intensité de capital comme la production minière et pétrolière (Loayza et Raddatz, 2010), et peut conduire à une surestimation du taux de réduction de la pauvreté. La prudence est donc de rigueur, en particulier lorsqu'on extrapole dans le futur (ou le passé) lointain.

Amélioration des données sur la pauvreté

Le manque de fonds et les faibles moyens de l'État sont souvent pointés du doigt comme les causes principales des lacunes dans les données en Afrique. Cependant, il n'y a pas de lien entre le fait d'appartenir à la catégorie des pays à revenu intermédiaire et le nombre d'enquêtes sur la consommation effectués par un pays, et les pays qui reçoivent plus d'aide au développement ne disposent pas de données sur la pauvreté plus nombreuses ou de meilleure qualité. Du point de vue des capacités, la réalisation d'enquêtes et la production de statistiques de haute qualité sur la consommation est techniquement complexe et requiert la mobilisation de ressources financières et humaines à grande échelle ainsi que la mise en place de mécanismes robustes de contrôle de la qualité. Cependant, beaucoup de pays qui ne mènent pas d'enquêtes auprès des ménages pour mesurer la pauvreté s'adonnent à des activités différentes qui sont tout aussi complexes, voire plus (par exemple, programmes de thérapies antirétrovirales destinées aux personnes atteintes de SIDA ou organisation d'élections nationales) (Hoogeveen et Nguyen, 2015). Il existe une corrélation étroite entre la bonne gouvernance et la qualité des données (graphique O.1). Les pays obtenant de meilleurs résultats au chapitre de la sécurité et de la primauté du droit disposent aussi de moyens statistiques supérieurs.

Beaucoup de chercheurs ont récemment laissé entendre que les problèmes de disponibilité, de comparabilité et de qualité des données reflètent les préférences politiques de l'élite (Carletto, Jolliffe et Banerjee, 2015 ; CGD, 2014 ; Devarajan, 2013 ; Florian et Byiers, 2014 ; Hoogeveen et Nguyen, 2015). Plusieurs raisons peuvent servir à expliquer la répugnance que peut manifester l'élite politique pour des statistiques de bonne qualité. Premièrement, lorsque le clientélisme et l'accès au pouvoir politique sont limités, il est inutile de compter sur des statistiques de bonne qualité pour justifier d'antécédents professionnels puisqu'il suffit d'avoir l'appui d'un petit groupe de courtiers de pouvoir. Deuxièmement, le maintien d'un réseau de trafic d'influence est coûteux, et la production de statistiques de haute qualité entraîne un coût d'opportunité élevé. Troisièmement, des statistiques de piètre qualité réduisent l'obligation de rendre compte. Les organisations politiques dominantes préfèrent donc un financement des statistiques moins élevé (ou des sources de financement moins autonomes) puisqu'elles peuvent ainsi exercer plus facilement une influence sur les agences statistiques. Dans certains pays, le financement par les bailleurs internationaux a remplacé le financement intérieur, mais les intérêts des bailleurs ne sont pas toujours au diapason des intérêts des pouvoirs publics. Ce problème montre la nécessité d'adopter des modèles de financement de rechange, y compris des

GRAPHIQUE O.1   **Bonne gouvernance et capacité statistique vont de pair**

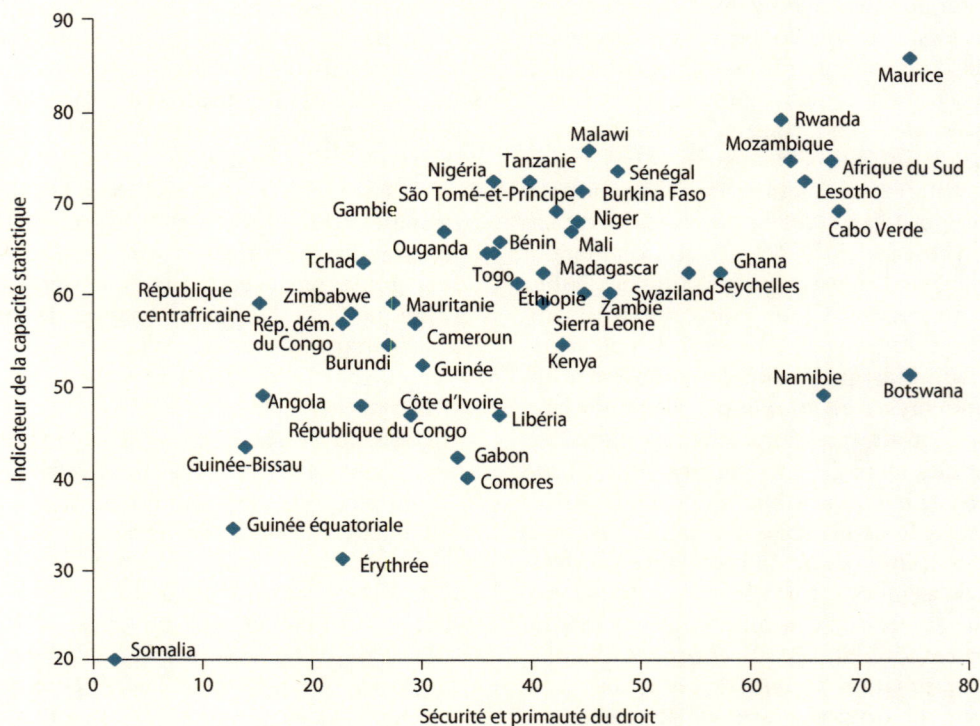

Source : Hoogeveen et Nguyen, 2015.

arrangements de cofinancement, mis en œuvre de préférence dans le cadre d'une coordination régionale et dans un contexte favorable à l'amélioration de la qualité.

La politique et le financement ne sont pas les seules raisons de l'insuffisance des statistiques. Les données présentées dans le présent rapport donnent à penser qu'il aurait été possible d'obtenir de meilleurs résultats en utilisant les données des enquêtes effectivement réalisées. Les pays africains ont réalisé en moyenne 3,8 enquêtes sur la consommation au cours des deux dernières décennies, mais plusieurs de ces enquêtes n'ont pas permis de suivre correctement l'évolution de la pauvreté à cause de problèmes de comparabilité et de qualité dus au non-respect des normes méthodologiques et opérationnelles. Bien que ce problème soit dû en partie à l'absence d'un large soutien politique à l'échelle nationale, la coopération régionale et l'apprentissage avec les pairs, ainsi que des normes internationales claires, pourraient contribuer à améliorer la qualité technique et la cohérence des données. Le Programme régional pour l'amélioration de la mesure des niveaux de vie en Amérique latine et dans les Caraïbes (connu sous son acronyme espagnol MECOVI) propose un modèle convaincant pour l'amélioration des données sur la pauvreté.

Réexamen des tendances de la pauvreté

On peut recourir à divers moyens techniques pour corriger certaines des lacunes des données requises pour définir les tendances régionales de la pauvreté ; par exemple, limiter l'échantillon aux enquêtes comparables de bonne qualité, utiliser les tendances affichées par d'autres données sans rapport avec la consommation au lieu du PIB pour déduire les estimations manquantes de la pauvreté, et mesurer l'inflation à l'aide de méthodes économétriques de rechange.

Le choix de ces mesures influe sur l'évaluation que l'on peut faire de l'évolution de la pauvreté en Afrique. L'évaluation du PovcalNet illustrée dans le graphique O.2 montre la tendance désormais familière de la pauvreté telle qu'on peut l'établir à partir des enquêtes tirées de la base de donnée du système PovcalNet de la Banque mondiale ; elle sert de point de référence. Les données représentent des taux de pauvreté pondérés en fonction de la population établis pour les 48 pays d'Afrique, dont 43 ont mené une ou plusieurs enquêtes[4]. Pour les années au cours desquelles aucune enquête n'a été réalisée, la pauvreté a été déduite à partir des taux de croissance du PIB.

L'estimation fondée uniquement sur les résultats des enquêtes comparables montre les tendances établies lorsqu'on n'utilise que les données comparables et la même méthode d'imputation fondée sur le PIB. Elle reflète en grande partie l'estimation du PovcalNet. Par contre, lorsque la correction prend en compte non seulement la comparabilité, mais également la qualité des données, l'estimation de la pauvreté en Afrique en 2012 est inférieure de 6 points de pourcentage à l'estimation du PovcalNet (37 au lieu de 43 %). Les séries d'enquêtes comparables et de bonne qualité excluent uniquement certaines des enquêtes réalisées au Burkina Faso, au Mozambique, en Tanzanie et en Zambie, et remplacent les estimations de la pauvreté de deux enquêtes comparables mais de moindre qualité réalisées au Nigéria (enquêtes sur le niveau de vie au Nigéria pour 2003–2004 et 2009–2010) par des estimations tirées de l'Enquête générale sur les ménages de 2010–2011, qui a été jugée de bonne qualité. L'écart de pauvreté et les mesures de la gravité de la pauvreté, corrigés pour tenir compte de la comparabilité et de la qualité, affichent les mêmes tendances.

Dans les séries établies à partir du sous-ensemble d'enquêtes comparables et de bonne qualité, la base de connaissances sur le

GRAPHIQUE O.2 **L'ajustement pour tenir compte de la comparabilité et de la qualité modifie le niveau de pauvreté et ses tendances**

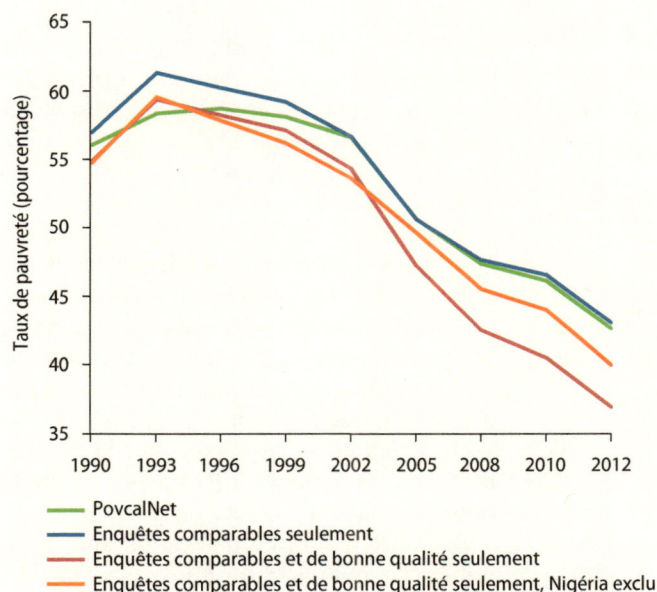

Sources : Base de données de la Banque mondiale sur la pauvreté en Afrique et PovcalNet.
Note : La pauvreté est l'état d'une personne vivant avec moins de 1,90 dollar par jour (sur la base de l'indice de PPA de 2011).

Nigéria, qui représente près de 20 % de la population totale de l'Afrique, change. Les enquêtes de 2003–2004 et de 2009–2010 n'ont laissé constater aucun changement du taux de pauvreté au Nigéria. Le taux mesuré par l'enquête de rechange de 2010–2011 (26 %) est inférieur de moitié à celui obtenu à partir de l'enquête de moindre qualité (53 %) de 2009–2010. Comme on ne retient qu'une seule enquête, la tendance estimée de la pauvreté pour le Nigéria dépend aussi davantage du schéma de croissance du PIB (qui a été élevé au cours des années 2000) ainsi que du taux de pauvreté plus bas mesuré en 2010–2011. Une nouvelle estimation du taux de pauvreté fondée uniquement sur les données des enquêtes comparables et de bonne qualité, mais excluant le Nigéria, montre que ce pays était responsable d'une large fraction du déclin supplémentaire observé en utilisant les séries corrigées (ligne rouge). Sans le Nigéria, la série corrigée passe de 55 à 40 %

(une baisse de 15 points de pourcentage), comparativement à la baisse de 14 points de pourcentage (57 à 43 %) obtenue dans le cadre du PovcalNet. Le degré de confiance accordé aux séries régionales révisées dépend sensiblement de la fiabilité qu'il est possible d'accorder aux données sur les tendances de la pauvreté au Nigéria obtenues en utilisant l'enquête de bonne qualité et en accordant plus de crédit à l'imputation fondée sur le PIB.

Les lacunes des données sur la consommation peuvent également être comblées en appliquant les techniques d'imputation dites « d'une enquête à l'autre » (survey-to-survey, ou S2S) aux données d'enquêtes non axées sur la consommation. Il s'agit de combiner au moins une enquête portant sur la consommation et les caractéristiques de base des ménages avec des enquêtes non axées sur la consommation mais partageant les mêmes caractéristiques fondamentales, et correspondant à des années différentes. La consommation correspondant aux années où il n'y a pas eu d'enquête est ensuite estimée à partir de l'évolution des caractéristiques des ménages non liées à la consommation, estimées à partir de l'enquête sur la consommation des ménages.

Là où elles ont été mises à l'essai, ces techniques de prévision ont donné d'assez bons résultats pour l'évaluation de la pauvreté ; cependant, comme dans le cas de l'extrapolation du PIB, la prudence est de rigueur lorsqu'on extrapole plus loin dans le passé ou dans le futur (Christiaensen *et al.*, 2012 ; Newhouse *et al.*, 2014 ; Banque mondiale, 2015a). L'application de cette méthode aux 23 pays africains les plus grands (qui représentent 88 % de la population africaine ainsi que des pauvres) en ne retenant que les enquêtes comparables et de bonne qualité donne à conclure que la pauvreté a reculé de 55 %, en 1990–1994, à 40 %, en 2010–2012 (graphique O.3, trait bleu). Cette baisse est légèrement plus importante que celle mesurée par le système PovcalNet de la Banque mondiale pour le même groupe de 23 pays (baisse du taux de pauvreté de 57 à 43 %) (trait vert) mais moindre que la réduction de 19 points de pourcentage obtenue à partir des données des enquêtes comparables et de bonne qualité de l'imputation fondée sur le PIB dans ces pays (trait rouge).

Un autre moyen de régler le problème des lacunes dans les données sur la consommation consiste à cesser d'utiliser ces données et de porter plutôt attention à l'évolution des actifs des ménages. Cependant, bien que cela puisse nous renseigner sur certains aspects du bien-être matériel des ménages, cette méthode ne permet toujours pas à l'heure actuelle de remplacer ce que la consommation permet de mesurer.

Une dernière question a trait à la façon d'ajuster les données de consommation correspondant à une année d'enquête particulière sur les résultats de l'année 2011, année de la révision du seuil international de pauvreté. On utilise d'ordinaire les IPC pour corriger la consommation nominale (inflation/déflation) et la ramener à cette année de référence. Pour faire face aux préoccupations suscitées par le recours à l'IPC pour l'ajustement de la consommation des ménages, les chercheurs peuvent guetter les signes d'un niveau possible de biais de l'IPC et les répercussions de tout biais sur les tendances de la pauvreté. Un IPC surestimé (sous-estimé)

GRAPHIQUE O.3   **D'autres estimations donnent aussi à penser que la pauvreté en Afrique aurait diminué un peu plus rapidement et qu'elle serait légèrement plus faible**

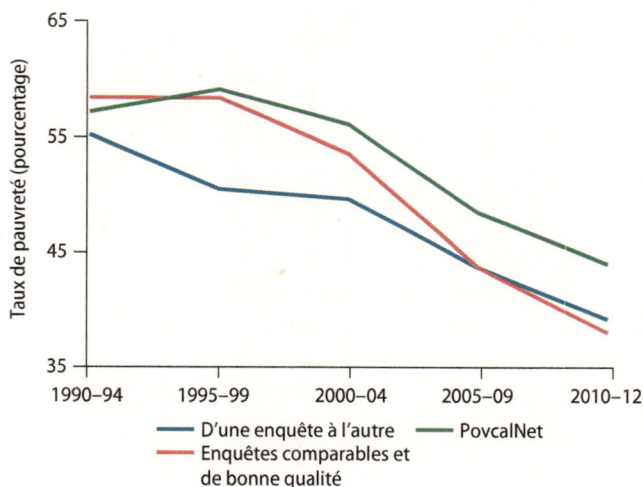

Source : Base de données sur la pauvreté de la Banque mondiale ; calculs utilisant les enquêtes supplémentaires réalisées dans les 23 plus grands pays africains.

conduira à un aplatissement (un relèvement) de la courbe de l'évolution de la pauvreté.

Une des façons d'évaluer le biais de l'IPC consiste à utiliser l'approche d'Engel (Costa, 2001 ; Hamilton, 2001). Cette méthode est basée sur l'hypothèse selon laquelle la courbe d'Engel (qui montre que la part du budget des ménages consacrée à l'alimentation diminue à mesure que la consommation réelle augmente) reste constante dans le temps, de sorte que tout écart trahira une surestimation ou une sous-estimation du déflateur de prix utilisé. L'application de cette méthode à des ménages urbains de 16 pays africains ayant effectué des enquêtes comparables au cours des années 2000 donne à penser que les CPI ont tendance en Afrique à surestimer les hausses du coût de la vie (en zones urbaines). La pauvreté dans beaucoup de pays africains pourrait avoir diminué plus rapidement que ne le laissent conclure les données si l'IPC est surestimé. Il faudra poursuivre les recherches dans un nombre beaucoup plus grand de pays ainsi que dans les zones rurales et sur d'autres périodes de temps pour pouvoir confirmer ces résultats.

Cet ensemble de résultats donne globalement à penser que la pauvreté a reculé au moins autant que ce qu'ont laissé deviner les résultats obtenus à l'aide de la base de données PovcalNet de la Banque mondiale, et que le taux de pauvreté en Afrique pourrait désormais être inférieur à 43 %. Ces nouvelles sont encourageantes. Néanmoins, les défis posés par la pauvreté restent énormes. En raison de la croissance démographique rapide, on compte aujourd'hui un nombre sensiblement plus élevé de pauvres (plus de 330 millions en 2012) qu'il n'y en avait en 1990 (environ 280 millions), même dans le cas de figure le plus optimiste (c'est-à-dire, en n'utilisant que les données d'enquêtes comparables et de bonne qualité).

Cet exercice met aussi en évidence la nécessité d'obtenir des données plus fiables et comparables sur la consommation pour mieux mesurer et suivre les progrès accomplis dans la lutte contre la pauvreté d'ici 2030, tels que l'envisagent les objectifs de développement durable (ODD). Plus généralement, il nous met en garde contre le risque d'une interprétation exagérée de l'exactitude des renseignements tirés des estimations ponctuelles de la pauvreté — ou des statistiques nationales ou régionales sur le bien-être. Ces estimations ne fournissent qu'un ordre de grandeur des niveaux et des changements, bien qu'il gagne en précision à mesure que les bases de données sous-jacentes deviennent plus comparables et plus fiables.

Profilage des pauvres

Qu'est-ce qui distingue les pays qui ont réussi à réduire la pauvreté de ceux qui ont échoué ? Quels sont les effets du niveau de revenu, de la richesse en ressources, de l'isolement géographique et de la fragilité ?

On observe sans surprise que la fragilité constitue l'obstacle le plus sérieux à la réduction de la pauvreté. Entre 1996 et 2012, la réduction des taux de pauvreté a été beaucoup moins prononcée dans les États fragiles (de 65 à 53 %) que dans les économies non fragiles (de 56 à 32 %). L'écart de performance entre les deux groupes s'établit à 12 points de pourcentage en faveur des États non fragiles. Une fois neutralisés les effets des trois autres caractéristiques précitées, la différence observée au chapitre de la réduction de la pauvreté entre les États fragiles et non fragiles atteint 15 points de pourcentage (graphique O.4). Les pays à revenu intermédiaire, en tant que groupe, n'ont pas connu une réduction plus rapide du taux de pauvreté que les pays à faible revenu, et les pays riches en ressources ont affiché une réduction de la pauvreté supérieure de 13 points de pourcentage à ceux des pays pauvres en ressources, après neutralisation des effets des autres caractéristiques. Cependant, la principale cause de la différence observée dans la réduction de la pauvreté entre les pays riches ou pauvres en ressources est l'ajustement effectué pour tenir compte des données relatives au Nigéria. Plus étonnant encore, une fois neutralisés les effets de la richesse en ressources, de la fragilité et du niveau de revenu, les pays enclavés n'affichent pas une réduction de la pauvreté inférieure à celle des économies

GRAPHIQUE O.4   La fragilité cause une réduction sensiblement plus lente de la pauvreté

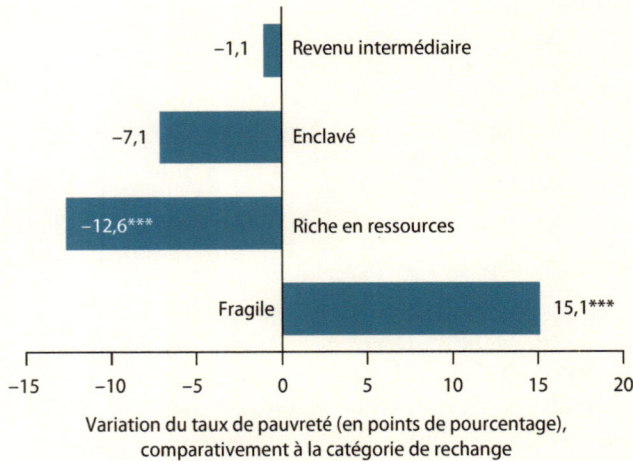

Source : Base de données de la Banque mondiale sur la pauvreté en Afrique.
Note : Le graphique présente les résultats d'une régression sur la variation du taux de pauvreté dans 43 pays, de 1996 à 2012, fondés sur les taux de pauvreté estimés à partir d'enquêtes comparables et de bonne qualité.
*** Statistiquement significatif au seuil de 1 %.

côtières (l'effet n'est pas statistiquement significatif, et le point d'estimation est même négatif). Cette observation contredit l'impression répandue selon laquelle les pays enclavés obtiendraient des résultats inférieurs aux pays côtiers à cause des répercussions des coûts du transport sur le commerce et sur la compétitivité (Bloom et Sachs 1998).

Bien que l'Afrique connaisse une urbanisation rapide, la proportion des Africains vivant en zones rurales atteint 65 à 70 % dans la majorité des pays (Canning, Raja et Yazbeck, 2015). Les habitants affichent partout des taux de pauvreté plus élevés en zones rurales qu'en zones urbaines (46 contre 18 % en 2012), selon les données corrigées pour l'ensemble des pays). Cependant, cet écart entre les zones rurales et les zones urbaines s'est rétréci (de 35 points de pourcentage en 1996 à 28 points de pourcentage en 2012). Entre les quatre régions géographiques, seules les zones urbaines d'Afrique occidentale sont parvenues à réduire la pauvreté de moitié. La pauvreté des populations rurales d'Afrique occidentale et d'Afrique australe a baissé d'environ 40 %.

L'Afrique se distingue par la proportion importante et grandissante des ménages dirigés par des femmes. Ces ménages comptent pour 26 % du total, et renferment 20 % de tous les Africains. L'Afrique australe présente le pourcentage le plus élevé de ménages dirigés par des femmes (43 %) ; l'Afrique occidentale présente le pourcentage le plus bas (20 %) à cause, en partie, de la persistance de la polygamie et d'un taux élevé de remariage des veuves. Les taux de pauvreté au sein des ménages dirigés par des hommes sont plus élevés (48 %) que ceux observés au sein de ménages dirigés par des femmes (40 %) sauf en Afrique australe, où les ménages dirigés par des femmes sont plus pauvres (Milazzo et van de Walle, 2015).

Deux mises en garde s'impose à ce propos. Premièrement, la taille plus petite des ménages dirigés par des femmes (3,9 personnes contre 5,1) fait en sorte que l'utilisation de la consommation des ménages par habitant en guise d'indicateur du bien-être tend à surestimer la pauvreté des ménages dirigés par des hommes, par rapport à ceux dirigés par des femmes, lorsque les ménages plus gros bénéficient d'économies d'échelle (Lanjouw et Ravallion, 1995 ; van de Walle et Milazzo, 2015). Cependant, la composition des ménages diffère également : le ratio de dépendance économique s'établit à 1,2 pour les ménages dirigés par des femmes et à 1,0 pour ceux dirigés par des hommes. Le fait de considérer les enfants sur un pied d'égalité avec les adultes peut conduire à sous-estimer la pauvreté dans les ménages dirigés par des hommes, par rapport à ceux dirigés par des femmes. La compréhension des différences du taux de pauvreté en fonction du sexe du chef de ménage est intimement liée à la façon dont on définit l'indicateur de la consommation utilisé pour la mesure de la pauvreté. Deuxièmement, les chefs de ménage de sexe féminin forment un groupe diversifié. Les ménages dirigés par des veuves, des femmes divorcées ou séparées ou des femmes célibataires sont souvent relativement désavantagés par rapport aux ménages dont le chef, de sexe masculin, est temporairement absent (van de Walle et Milazzo, 2015).

Les données examinées ci-dessus capturent un instantané de la pauvreté. Un examen de la masse d'informations disponibles sur l'évolution de la pauvreté des ménages au fil du temps révèle l'existence d'importantes variations entre les pays. Les estimations fondées sur des données de panel de la pauvreté chronique (la proportion des ménages où la pauvreté est incrustée) varient de 6 à près de 70 %. Des pays affichant des taux de pauvreté semblables peuvent aussi se montrer très différents en termes de dynamique de la pauvreté. Une évaluation systématique utilisant des panels synthétiques sur deux périodes (moins exposés aux erreurs de mesure) élaborée pour 21 pays a révélé que 58 % environ des populations pauvres étaient affligées de pauvreté chronique (observable dans toutes les périodes), tandis que les autres n'étaient pauvres que provisoirement (au cours d'une seule période) (Dabalen et Dang, 2015). La pauvreté chronique reste omniprésente dans la région.

La pauvreté vue sous un angle non monétaire

Plusieurs aspects du bien-être n'ont pas de prix ni de valeur monétaire (Sandel, 2012 ; Sen, 1985) — par exemple, aptitude à lire et à écrire, longévité et bonne santé, sécurité, libertés politiques, intégration dans la collectivité et statut social, et mobilité et rapports sociaux. Reconnaissant le caractère irréductible de ces aspects du bien-être, l'indice de développement humain (IDH) et l'indice de pauvreté multidimensionnelle (IPM) (Alkire et Santos, 2014) mettent l'accent sur les résultats obtenus en matière d'éducation, de longévité et de santé, ainsi que de niveau de vie (en se basant sur le revenu et/ou les actifs), qu'ils combinent ensuite en un seul et même indice.

La présente étude élargit la portée de l'indice pour inclure le droit à une vie sans violence et la liberté de choisir (un indicateur de la notion d'autodétermination essentielle à l'approche fondée sur les capacités préconisée par Sen)[5]. Elle examine en outre la conjonction des privations en calculant la proportion des personnes aux prises avec une, deux ou plusieurs des dimensions de la pauvreté.

Cette méthode propose une solution de compromis entre le recours à un indice unique de la pauvreté non monétaire (qui nécessite une pondération des résultats dans les diverses dimensions) et l'approche du tableau de bord (qui énumère simplement les résultats dimension par dimension, en ignorant la conjonction des privations) (Ferreira et Lugo, 2013).

Le choix des indicateurs a mis l'accent sur les résultats (et non sur les intrants) qui sont mesurés au niveau individuel (et non au niveau du ménage). Les informations sur ces indicateurs sont aujourd'hui beaucoup plus accessibles qu'elles ne l'étaient par le passé, même si certains des problèmes de comparabilité et de qualité signalés plus haut se posent également (voir par exemple UNESCO (2015) pour un examen des défis que pose l'évaluation du taux d'alphabétisation des adultes sur le plan des données).

Globalement, la population africaine a bénéficié d'avancées importantes dans la plupart des dimensions non monétaires du bien-être, et en particulier au chapitre de la santé et du droit à une vie sans violence. De 1995 à 2012, les taux d'alphabétisation des adultes ont augmenté de 4 points de pourcentage. Le taux brut de scolarisation primaire a considérablement augmenté, et les disparités entre hommes et femmes sur le plan de l'éducation ont diminué. L'espérance de vie à la naissance a augmenté de 6,2 années, et la prévalence de la malnutrition chronique chez les enfants âgés de moins de cinq ans a reculé de 6 points de pourcentage. Le nombre de décès dus à la violence politique a diminué de 75 %, et le nombre de cas de violence domestique basée sur le sexe ainsi que la tolérance manifestée à leur égard ont diminué. Les indicateurs de la représentation et de la responsabilité citoyennes ont affiché une légère hausse, et on a observé un mouvement vers une plus grande participation des femmes dans le processus de prise de décisions des ménages.

Malgré ces améliorations, les progrès restent limités dans tous les domaines, et leur rythme est en train de plafonner[6]. Malgré la hausse observée des taux de scolarisation, plus de deux adultes sur cinq sont aujourd'hui encore incapables de lire ou d'écrire. Près des trois-quarts des élèves de sixième année de l'école primaire au Malawi et en Zambie sont incapables de comprendre ce qu'ils lisent — un exemple parmi d'autres du défi que pose la mise en place de programmes scolaires de qualité. Il est urgent de redoubler d'efforts pour relever le défi actuel de l'éducation en Afrique.

Les progrès réalisés dans le domaine de la santé sont semblables à ceux de l'alphabétisation : ils ne sont pas nuls, mais ils restent les pires du monde. Les taux de vaccination et la distribution de moustiquaires sont en baisse. Près de deux enfants sur cinq souffrent de malnutrition, et une femme sur huit présente une insuffisance pondérale. À l'autre extrémité du spectre, l'obésité commence à préoccuper.

Les Africains ont vécu en paix au cours des années 2000 beaucoup plus qu'au cours des décennies précédentes, mais le nombre d'événements violents est en hausse depuis 2010 et est désormais quatre fois plus élevé qu'au milieu des années 1990 (carte O.2). L'agitation politique et le terrorisme ont

graduellement remplacé les conflits civils à grande échelle.

L'Afrique reste aussi en queue de peloton en ce qui a trait au renforcement de la représentation et de la responsabilité citoyennes, bien que sa situation soit légèrement meilleure que celle observée dans les régions Moyen-Orient et Afrique du Nord et Asie de l'Est et Pacifique. La tolérance de la violence domestique (30 % de la population) y reste deux fois plus élevée que dans le reste du monde en développement (graphique O.5), et l'incidence de cette forme de violence y est plus de 50 % plus élevée. La tolérance plus grande à l'égard de la violence domestique et le pouvoir réduit de prise de décisions des jeunes femmes (comparativement aux femmes plus âgées) donne à conclure que l'évolution générationnelle des mentalités reste à venir.

Derrière ces tendances régionales se cachent en outre des variations notables entre les pays et les groupes de populations. Les taux d'alphabétisation sont particulièrement

CARTE O.2   **Le nombre d'événements violents impliquant des civils est en hausse, en particulier en Afrique centrale et dans la Corne de l'Afrique**

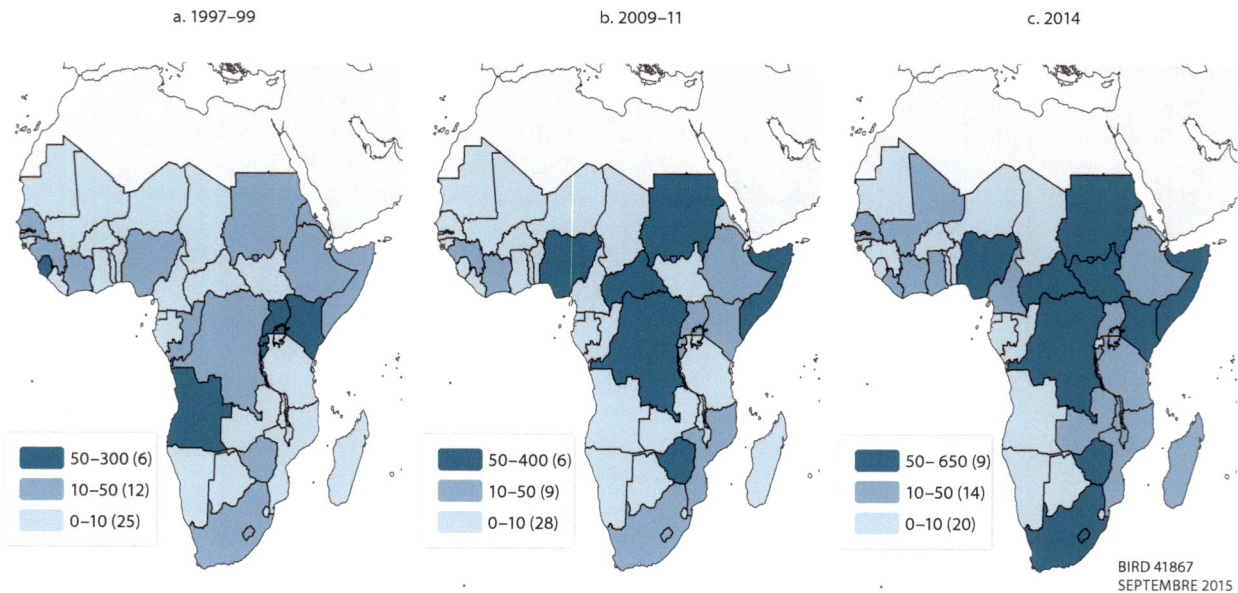

a. 1997–99

b. 2009–11

c. 2014

50–300 (6)
10–50 (12)
0–10 (25)

50–400 (6)
10–50 (9)
0–10 (28)

50–650 (9)
10–50 (14)
0–10 (20)

BIRD 41867
SEPTEMBRE 2015

Sources : Base de données ACLED (*Armed Conflict Location and Events Dataset*) ; Raleigh *et al.,* 2010.
Note : Les cartes indiquent le nombre annuel d'événements violents impliquant des civils ; les nombres entre parenthèses indiquent le nombre de pays. Les pays suivants ne possèdent pas de données : Cabo Verde, Comores, Maurice, São Tomé-et-Príncipe, et Seychelles.

GRAPHIQUE O.5   **Le degré de tolérance de la violence domestique est deux fois plus élevé en Afrique que dans les autres régions en développement**

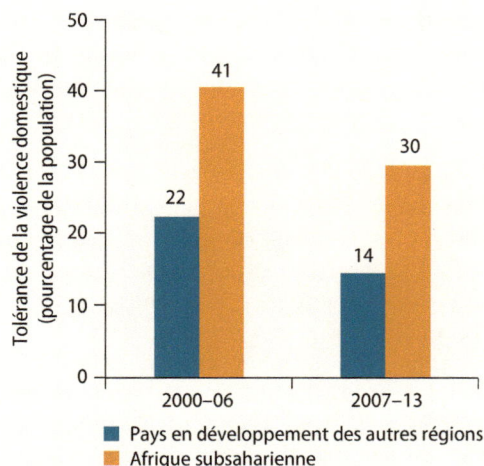

Source : Données des enquêtes démographiques et sanitaires 2000–2013.
Note : Les chiffres correspondent à des moyennes pondérées par le nombre d'habitants de 32 pays africains et de 28 pays non africains en développement.

faibles en Afrique occidentale, où les disparités entre les sexes sont importantes. La forte prévalence du VIH pèse sur l'espérance de vie en Afrique australe. Les conflits sont plus concentrés dans la Corne de l'Afrique et en République démocratique du Congo.

Les populations rurales et les pauvres en termes de revenus connaissent les pires conditions dans tous les domaines, bien que d'autres facteurs, tels que le sexe et l'éducation des femmes et des filles jouent un rôle aussi sinon plus important (parfois de façons inattendues). Par exemple, les femmes peuvent espérer vivre en bonne santé 1,6 année de plus que les hommes et, chez les enfants de moins de cinq ans, les garçons risquent davantage que les filles de souffrir de malnutrition (par 5 points de pourcentage)[7]. En même temps, l'analphabétisme reste sensiblement plus répandu chez les femmes, celles-ci souffrent plus de la violence (surtout domestique), leur accès à l'information est plus limité, et leur pouvoir de prise de décisions est réduit. De multiples privations caractérisent la vie d'une proportion non négligeable des femmes africaines (les données sur la situation des hommes ne sont pas disponibles).

Plusieurs groupes — y compris les orphelins, les personnes handicapées, les réfugiés et les personnes déplacées à l'intérieur de leur pays — partagent des caractéristiques qui risquent de les rendre particulièrement vulnérables. En 2012, 3,5 millions d'enfants africains n'avaient ni père ni mère, et 28,6 millions étaient orphelins de père ou de mère, ce qui portait ainsi à environ 32,1 millions le nombre total d'orphelins africains. Le problème des orphelins est particulièrement aigu dans les pays en guerre ou qui sortent d'un conflit majeur et dans les pays gravement touchés par le VIH/SIDA. Comme il est possible d'établir une corrélation entre la condition d'orphelin et la richesse et le statut urbain, les orphelins ne sont pas toujours désavantagés en termes de scolarisation. Toutefois, les données sur les taux de scolarisation des enfants âgés de 10 à 14 ans issues des plus récentes enquêtes démographiques et sanitaires montrent que dans la moitié des pays étudiés, les orphelins sont moins susceptibles de fréquenter l'école que les non orphelins.

Dans un échantillon de sept pays africains pour lesquels on dispose de données comparables, presque un adulte en âge de travailler sur dix éprouve de la difficulté à se déplacer, à se concentrer, à se souvenir de choses, à voir ou à reconnaître des personnes de l'autre côté de la rue (en portant des verres) ou de prendre soin de sa personne. Les personnes handicapées risquent davantage de se trouver parmi les 40 % les plus pauvres de la population, principalement à cause de leur plus faible niveau d'éducation (Filmer, 2008). Leur note à l'IPM est supérieure de 7,2 % à celle des personnes non handicapées (Mitra, Posärac et Vick, 2013). On constate par ailleurs sans surprise l'existence d'une corrélation significative entre les taux d'invalidité, la prévalence du VIH/SIDA et la présence de conflits.

L'Afrique comptait un nombre estimé de 3,7 millions de réfugiés en 2013, en baisse par rapport aux 6,7 millions dénombrés en 1994, mais en hausse par rapport aux 2,8 millions de 2008. Il y avait en plus 12,5 millions de personnes déplacées dans leur pays, portant le nombre de personnes déplacées par des conflits à 16,2 millions en 2013, soit environ 2 % de la population africaine totale (Maystadt et Verwimp, 2015). Les réfugiés viennent principalement de la grande Corne de l'Afrique, mais on compte toujours environ un million de réfugiés provenant d'Afrique centrale, dont la moitié provient de la République démocratique du Congo.

Bien que ces déplacements de populations soient une source de grandes souffrances, les personnes déplacées ne sont pas nécessairement les plus pauvres, et la fuite leur permet souvent d'atténuer les effets préjudiciables des conflits (Etang-Ndip, Hoogeveen et Lendorfer, 2015). Le statut de réfugié n'est pas non plus toujours associé à une situation socioéconomique moins bonne. Enfin, les économies bénéficient aussi souvent de l'afflux de réfugiés (Maystadt et Verwimp, 2015) grâce à une hausse de la demande pour les produits locaux (y compris les aliments) et les services, à une amélioration de la connectivité (grâce à la construction de nouvelles routes et aux services de transports fournis aux camps de réfugiés) et à l'esprit d'entreprise manifesté par les réfugiés eux-mêmes.

Il ressort de l'examen de la dimension non monétaire de la pauvreté en Afrique trois conclusions principales. Premièrement, les pays fragiles ont tendance à obtenir les pires résultats, tandis que les pays à revenu intermédiaire se tirent mieux d'affaire. Cette observation n'a rien de surprenant et sert à confirmer les effets pernicieux des conflits. Elle est en outre conforme aux rapports largement observés avec le développement économique global.

Deuxièmement, après neutralisation des effets de ces facteurs, on constate que le fait d'habiter un pays riche en ressources peut avoir des conséquences malheureuses : les habitants de ces pays ont tendance à afficher des taux d'alphabétisation inférieurs (de 3,1 points de pourcentage), à avoir une espérance de vie plus courte (de 4,5 années), à présenter des taux de malnutrition plus élevés chez les femmes (de 3,7 points de pourcentage) et chez les enfants (de 2,1 points de pourcentage), à être plus exposés à la violence domestique (de 9 points de pourcentage), et à vivre dans des milieux qui affichent moins de progrès dans le domaine de la représentation et de la responsabilité citoyenne (graphique O.6).

Troisièmement, les femmes plus instruites (niveau secondaire et supérieur) et les enfants des ménages où les femmes sont plus instruites obtiennent un classement nettement meilleur dans toutes les dimensions (santé, vie à l'abri de la violence et liberté de décision). Des améliorations plus rapides au chapitre de l'éducation des femmes et de l'accroissement de leurs perspectives socio-économiques changeront les règles du jeu en renforçant les capacités d'accomplissement des pays africains.

GRAPHIQUE O.6 **Les habitants des pays riches en ressources sont pénalisés au plan de leur développement humain**

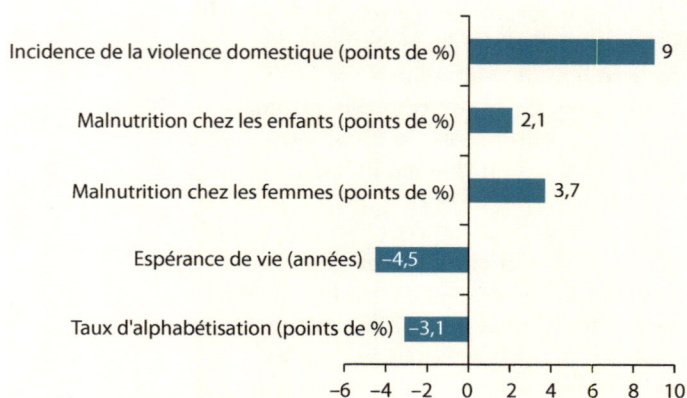

Source : Estimations des services de la Banque mondiale fondées sur les enquêtes de l'Organisation mondiale de la santé et sur de multiples enquêtes démographiques et sanitaires
Note : Le graphique montre l'écart qui sépare les pays riches en ressources des autres pays d'Afrique. Résultats ajustés pour tenir compte des facteurs démographiques, de l'éducation, de la pauvreté et d'autres caractéristiques des pays (revenu, fragilité, isolement géographique).

Mesure des inégalités

Bien que l'inégalité ne présente pas que des inconvénients (la récompense de l'effort et de la prise de risques peut promouvoir la croissance), des inégalités très marquées peuvent imposer à la société un lourd tribut socio-économique. Mécaniquement, une inégalité initiale plus élevée engendre un taux inférieur de réduction de la pauvreté pour un niveau de croissance donné. Des données provisoires donnent aussi à croire que l'inégalité conduit à une croissance moins marquée et moins durable, et nuit ainsi aux efforts de réduction de la pauvreté (Berg, Ostry et Zettelmeyer, 2012) (si, par exemple, la richesse conduit à la recherche de rente ou à d'autres comportements économiques ayant un effet de distorsion sur le marché [Stiglitz, 2012]). Les voies par lesquelles l'inégalité évolue ont donc une incidence sur la réduction de la pauvreté et la croissance.

Le rapport mesure l'inégalité en utilisant l'indice de Gini qui va de 0 (égalité parfaite) à 1 (inégalité parfaite). Il révèle que les inégalités sont particulièrement profondes en Afrique australe (Botswana, Lesotho, Namibie, Afrique du Sud, Swaziland et Zambie), où les indices sont très supérieurs à 0,5 (carte O.3).

Sept des 10 pays les plus inéquitables du monde se trouvent aujourd'hui en Afrique. En excluant ces pays (dont cinq ont une population inférieure à 5 millions d'habitants et dont la plupart se trouvent en Afrique australe) et en ajustant pour tenir compte du niveau de revenu national, on constate que l'Afrique présente des niveaux d'inégalité comparables à ceux des pays en développement d'autres régions du monde. Les niveaux d'inégalité ne diffèrent pas sensiblement entre les pays côtiers ou enclavés, entre les pays fragiles ou non, ni entre les pays riches ou pauvres en ressources, après neutralisation de l'effet de la sous-région.

Sur le sous-ensemble de 23 pays pour lesquels on dispose de données d'enquêtes comparables qui peuvent servir à évaluer les tendances de l'inégalité, on constate une réduction de l'inégalité dans la moitié d'entre eux, et une hausse dans les autres. Aucune tendance claire ne se dégage en ce qui concerne la richesse en ressources des pays, leur niveau de revenu ou leur niveau d'inégalité initial. Bien qu'on ait pu s'attendre à une aggravation plus systématique de l'inégalité, compte tenu des deux décennies de croissance qu'a connue le continent et du rôle qu'a joué l'exploitation des ressources naturelles dans cette croissance, les résultats présentés ici ne fournissent pas de preuve manifeste de l'existence d'une telle tendance.

Bien que la réduction des inégalités soit associée à une réduction de la pauvreté, on a observé une réduction de la pauvreté dans beaucoup de pays où l'inégalité s'est aggravée (graphique O.7, quadrant 1).

Pour l'ensemble de l'Afrique, en ignorant les frontières nationales, l'inégalité s'est aggravée. L'indice de Gini panafricain est passé de 0,52 en 1993 à 0,56 en 2008. Une part plus importante de l'inégalité en Afrique est attribuable aux écarts existant d'un pays à l'autre, même si les inégalités internes dominent toujours. Ces résultats tranchent avec les changements observés au chapitre de l'inégalité à l'échelle mondiale (Lakner et Milanovic, 2015). On constate sans surprise que les ménages africains les plus fortunés sont beaucoup plus susceptibles de se trouver dans un pays dont le PIB par habitant est plus élevé.

L'inégalité peut être décomposée en deux parties : l'inégalité entre les groupes (horizontale) et l'inégalité au sein des groupes (verticale). Sur l'éventail des groupes qu'il est possible d'examiner, la géographie, l'éducation et la démographie sont les facteurs qui permettent d'expliquer une large part des inégalités globales observées. La méthode de décomposition permet d'attribuer aux caractéristiques spatiales (région, zone urbaine ou rurale et ainsi de suite) jusqu'à 30 % du total des inégalités observées dans certains pays. Une méthode plus directe d'évaluation de l'inégalité spatiale consisterait peut-être à examiner la consommation moyenne par habitant au niveau des domaines géographiques. Le ratio de la consommation moyenne entre les régions les plus riches et les plus pauvres s'établit à 2,1 en Éthiopie (régions), à 3,4 en République démocratique du Congo (provinces) et à plus de 4,0 au Nigéria (États). Les différences de prix observées entre les régions géographiques expliquent une partie de ces écarts ; après neutralisation de l'effet des différences de prix, les inégalités spatiales sont moins marquées, mais toujours importantes.

CARTE O.3   **L'inégalité en Afrique varie en fonction de la situation géographique**

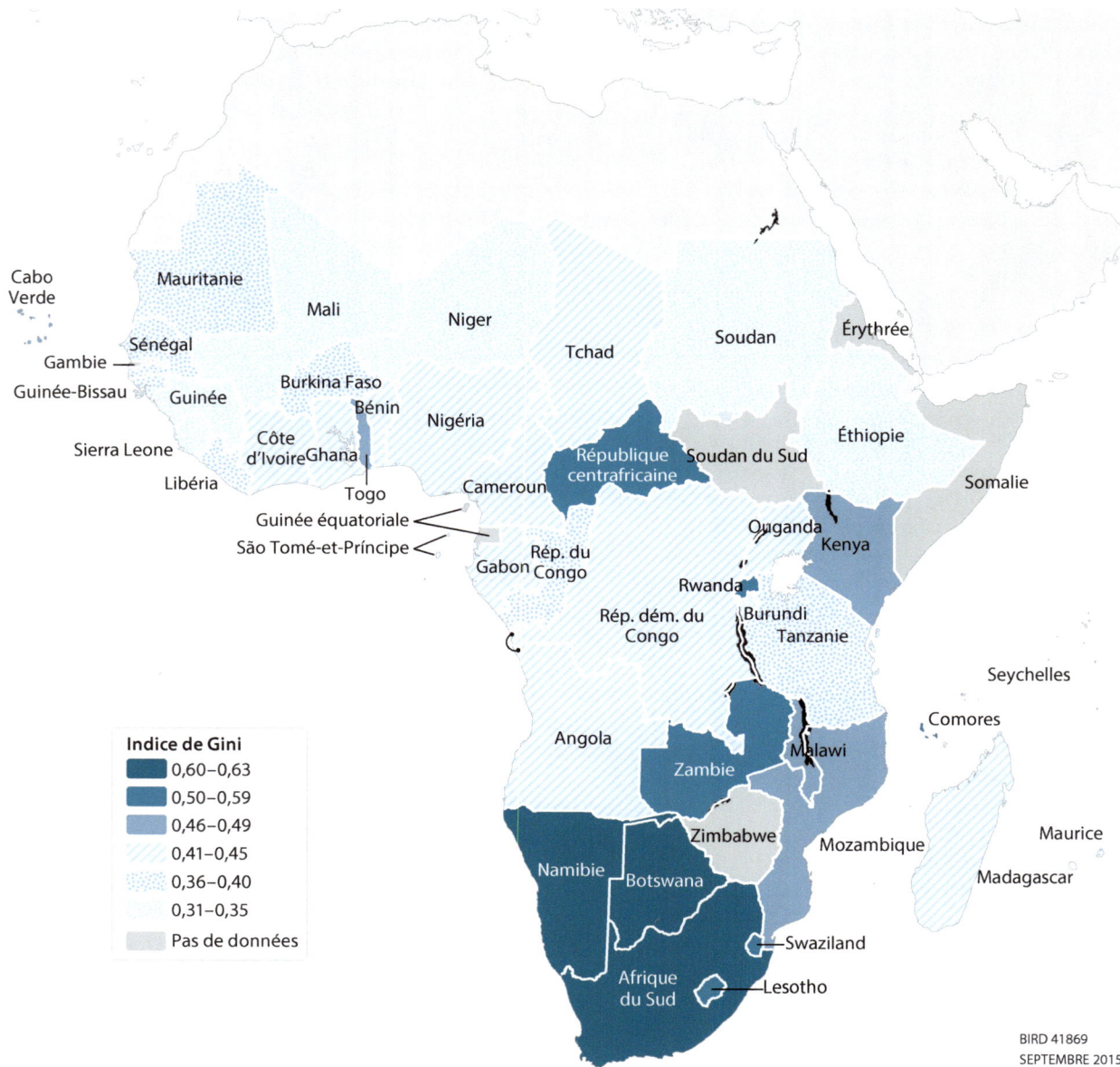

Cabo Verde
Mauritanie
Mali
Niger
Sénégal
Gambie
Guinée-Bissau
Guinée
Burkina Faso
Bénin
Sierra Leone
Côte d'Ivoire
Ghana
Libéria
Togo
Nigéria
Guinée équatoriale
São Tomé-et-Príncipe
Cameroun
Gabon
Rép. du Congo
République centrafricaine
Tchad
Soudan
Soudan du Sud
Érythrée
Éthiopie
Somalie
Ouganda
Kenya
Rwanda
Burundi
Rép. dém. du Congo
Tanzanie
Angola
Zambie
Malawi
Zimbabwe
Mozambique
Namibie
Botswana
Afrique du Sud
Swaziland
Lesotho
Seychelles
Comores
Maurice
Madagascar

Indice de Gini

- 0,60–0,63
- 0,50–0,59
- 0,46–0,49
- 0,41–0,45
- 0,36–0,40
- 0,31–0,35
- Pas de données

BIRD 41869
SEPTEMBRE 2015

Source : Base de données de la Banque mondiale sur la pauvreté en Afrique.

Le niveau d'instruction du chef de ménage est lié à une part encore plus grande des écarts de consommation entre les ménages. Au Rwanda, en Afrique du Sud et en Zambie, il sert à expliquer environ 40 % de l'inégalité globale. Dans les pays plus inégalitaires, l'inégalité des chances en matière d'éducation a tendance à expliquer une part plus grande de l'inégalité globale, une association qui ne s'observe pas dans la plupart des autres groupements socio-économiques.

La composition démographique du ménage explique également une large part de l'inégalité (30 % au Sénégal et 32 % au Botswana). Dans les pays pour lesquels on dispose de données pour l'étude des tendances de l'inégalité horizontale du milieu des années 1990 au moment présent, les principales causes — géographie, éducation et démographie — n'ont pas changé, bien que certaines variations s'observent à l'échelle des pays.

L'inégalité en Afrique est le produit de plusieurs forces. Le milieu dans lequel une personne voit le jour (par exemple, dans une zone rurale, de parents non instruits) peut jouer un rôle critique. L'inégalité des chances (ce que les sociologues appelle l'*inégalité ascriptive*) — la mesure dans laquelle de telles circonstances déterminent une large part des résultats obtenus par les particuliers à l'âge adulte — viole les principes d'équité.

Les données sur l'inégalité des perspectives d'avancement économique en Afrique sont restées limitées. Le rapport s'appuie sur les résultats d'enquêtes menées dans 10 pays africains pour examiner le degré d'inégalité des opportunités économiques. Il porte attention à des aspects, tels que l'ethnicité, le niveau d'instruction et l'occupation des parents, et la région de naissance. La part des inégalités relatives à la consommation attribuable à l'inégalité des opportunités économiques peut atteindre jusqu'à 20 % (au Malawi) (les données étant incomplètes, cette estimation est considérée comme un seuil inférieur). Cependant, l'inégalité des chances n'est pas nécessairement liée à une plus grande inégalité globale.

Un autre moyen de mesurer l'inégalité des chances consiste à examiner la persistance intergénérationnelle du niveau d'instruction et du travail. Le niveau d'instruction des parents a-t-il moins d'effet sur la scolarisation des enfants qu'il n'en avait il y a 50 ans ? Le fils d'un fermier est-il moins susceptible de marcher dans les pas de son père qu'il ne l'était il y a une génération ?

Au sein des cohortes récentes, une année supplémentaire d'études pour les parents a moins d'incidence sur la scolarisation de leurs

GRAPHIQUE O.7 **Le recul de l'inégalité est souvent associé au recul de la pauvreté**

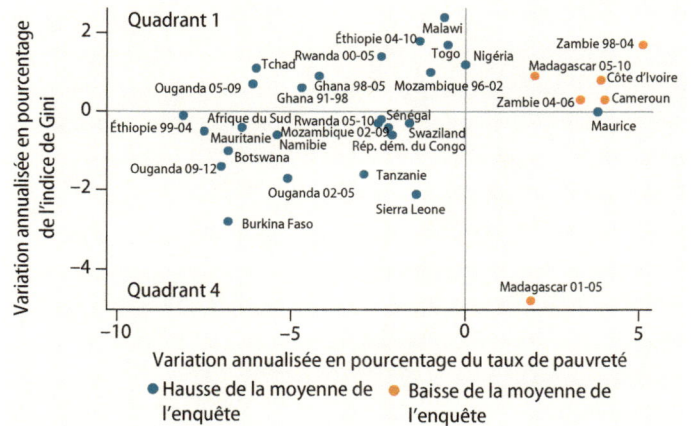

Source : Pays compris dans la base de données de la Banque mondiale sur la pauvreté en Afrique dont les enquêtes sont comparables.
Note : L'Éthiopie 1995–1999, une valeur aberrante, est exclue. Les années d'enquête sont indiquées dans le cas des pays présentant plus d'une paire d'enquêtes comparables.

enfants qu'elle n'en avait dans les générations antérieures, ce qui porte à conclure à l'existence d'une plus grande égalité des chances en matière d'éducation chez les cohortes plus jeunes. Les tendances de la mobilité intergénérationnelle sont comparables à celles estimées pour les autres pays en développement. S'agissant du travail, les résultats obtenus dans les cinq pays pour lesquels des données sont disponibles sont plus inégaux. La mobilité intergénérationnelle du travail a augmenté rapidement aux Comores et au Rwanda. En revanche, elle demeure très limitée en Guinée. L'évolution de la structure des occupations dans l'économie (parfois appelée « changement structurel ») n'est pas la seule raison qui explique les changements de la mobilité intergénérationnelle du travail. D'autres facteurs comme la discrimination, les normes sociales et les obstacles à la mobilité (carences des infrastructures, conflits et ainsi de suite), évoluent également de telle manière qu'ils influent sur la mobilité.

Ces résultats ne disent pas tout puisque les enquêtes auprès des ménages ne sont pas conçues pour mesurer la richesse extrême. Il est difficile d'obtenir des données sur les personnes très fortunées, mais ces dernières retiennent de plus en plus l'attention dans les débats sur l'inégalité menés partout dans le monde.

En 2014, l'Afrique comptait 19 milliardaires selon la liste « The World's Billionaires » de Forbes. La fortune globale des milliardaires n'a cessé d'augmenter entre 2010 et 2014 au Nigéria, (de 0,3 à 3,2 % du PIB) et en Afrique du Sud de 1,6 à 3,9 % du PIB). Le nombre d'Africains aux avoirs nets très élevés (au moins 30 millions de dollars) a aussi augmenté. Il existe peu d'études examinant en détail les niveaux de richesse extrême en Afrique. Le Kenya fait exception à la règle : on estime que 8 300 de ses habitants possèdent 62 % de la richesse du pays (New World Wealth, 2014). La part de la richesse extrême dérivée de régions exposées à la mainmise des intérêts politiques, y compris celles qui accueillent des industries extractives, a marqué une baisse tandis que la part dérivée des services et de l'investissement a augmenté. De 2011 à 2014, quatre milliardaires africains sur 20 dérivaient leur fortune principalement ou en partie des télécommunications. En raison d'un manque de données, il est difficile de déterminer si l'incidence des relations politiques sur l'accumulation des grandes fortunes en Afrique est moindre aujourd'hui qu'elle ne l'était par le passé.

Notes

1. Dans le présent rapport, le terme « Afrique » sert à désigner l'Afrique subsaharienne.
2. L'accent porte sur une gamme de problèmes de mesures, y compris la disponibilité, la comparabilité et la qualité limitées des données sur la consommation et les moyens utilisés pour y remédier. Pour toute une gamme d'autres questions liées aux mesures — y compris la mesure des flux de services associés au logement et aux biens durables, la conversion des mesures de la consommation des ménages en mesures de la consommation individuelle (pour prendre en compte la spécificité des besoins et les économies d'échelle) et les différences entre les méthodes d'établissement des seuils de pauvreté —, le rapport adopte des méthodes standard.

3. Un aspect supplémentaire de la mesure de la pauvreté transnationale consiste à convertir en une monnaie commune les mesures effectuées en monnaie locale. Le présent rapport adopte le nouveau seuil international de pauvreté de 1,90 dollar/jour en 2011 fondé sur les résultats des plus récents exercices de définition de la parité de pouvoir d'achat (PPA), et se penche sur les enjeux complexes suscités par les PPA.
4. Les cinq pays pour lesquels il n'existe pas de données d'enquêtes permettant l'estimation de la pauvreté (Érythrée, Guinée équatoriale, Somalie, Soudan du Sud et Zimbabwe) se sont vu attribuer un taux régional de pauvreté établi à partir des résultats des 43 autres pays.
5. L'approche de Sen fondée sur la capacité fournit les fondements philosophiques de la perspective non monétaire.
6. Les résultats inférieurs à la moyenne affichés par les trois pays africains les plus populeux (Nigéria, République démocratique du Congo et Éthiopie) sont en partie responsables des hauts niveaux de pauvreté enregistrés dans la région.
7. Les femmes peuvent afficher une espérance de vie plus grande même dans un contexte qui les désavantage étant donné qu'elles sont génétiquement prédisposées à vivre plus longtemps (Sen, 2002 ; Banque mondiale, 2011).

Références

ACLED (Armed Conflict Location and Event Data Project) http://www.acleddata.com/about-acled/.

Alkire, Sabina et Maria Emma Santos. 2014. « Measuring Acute Poverty in the Developing World: Robustness and Scope of the Multidimensional Poverty Index ». *World Development* 59: 251–74.

Banque mondiale. 2007. « Underreporting of Consumer Price Inflation in Tanzania 2002–2006 ». World Bank Policy Note, Washington.

———. 2011. « *Rapport sur le développement dans le monde 2012 : égalité des genres et développement* ». Washington, DC: Banque mondiale.

———. 2012. « *Niger: Investing for Prosperity: A Poverty Assessment* ». Washington : Banque mondiale.

———. 2013. « Burkina Faso: A Policy Note: Poverty Trends and Profile for 2003–2009 ». Banque mondiale, Washington.

———. 2015a. « *A Measured Approach to Ending Poverty and Boosting Shared Prosperity: Concept, Data, and the Twin Goals* ». Policy Research Report. Washington : Banque mondiale.

———. 2015b. « Tanzania Mainland Poverty Assessment ». Banque mondiale, Washington.

Berg, Andrew, Jonathan D. Ostry et Jeromin Zettelmeyer. 2012. « What Makes Growth Sustained? ». *Journal of Development Economics* 98 (2): 149–66.

Bloom, David et Jeffrey Sachs. 1998. « Geography, Demography, and Economic Growth in Africa ». *Brookings Papers on Economic Activity* 2: 207–95.

Canning, David, Sangeeta Raja et Abdo Yazbeck, éd. 2015. « *Africa's Demographic Transition: Dividend or Disaster?* ». Série Africa Development Forum. Washington: Banque mondiale.

Carletto, Calogero, Dean Jolliffe et Raka Banerjee. 2015. « From Tragedy to Renaissance: Improving Agriculture Data for Better Policies ». *Journal of Development Studies* 51 (2):133–48.

CGD (Center for Global Development). 2014. « *Delivering on the Data Revolution in SubSaharan Africa* ». Rapport final du Groupe de travail Data for African Development. Center for Global Development and African Population and Health Research Center, Washington.

Christiaensen, Luc, Peter Lanjouw, Jill Luoto et David Stifel. 2012. « Small Area EstimationBased Prediction Methods to Track Poverty: Validation and Applications ». *Journal of Economic Inequality* 10 (2): 267–97.

Costa, Dora L. 2001. « Estimating Real Income in the United States from 1888 to 1994: Correcting CPI Bias Using Engel Curves ». *Journal of Political Economy* 109 (6): 1288–310.

Dabalen, Andrew et Hai-Anh Dang. 2015. « The Transition of Welfare over Time for Africa: Evidence from Synthetic Panel Analysis ». Document d'information préparé pour le présent rapport, Banque mondiale, Washington.

de la Briere, Benedicte, Deon Filmer, Dena Ringold, Dominic Rohner, Karelle Samuda et Anastasiya Denisova. 2015. « *From Mines to Minds: Turning Sub-Saharan's Mineral Wealth into Human Capital* ». Washington : Banque mondiale.

Devarajan, Shantayanan. 2013. « Africa's Statistical Tragedy ». *Review of Income and Wealth* 59 (S1): S9–S15.

Enquêtes sur la démographie et la santé. 2015. Calverton, MD: ICF International.

Etang-Ndip, Alvin, Johannes Hoogeveen et Julia Lendorfer. 2015. « Socioeconomic Impact of the Crisis in North Mali on Displaced People ». Policy Research Working Paper 7253, Banque mondiale, Washington, DC.

Ferreira, Francisco H. G. et María Ana Lugo. 2013. « Multidimensional Poverty Analysis: Looking for a Middle Ground ». *World Bank Research Observer* 28 (2): 220–35.

Filmer, Deon. 2008. « Disability, Poverty, and Schooling in Developing Countries: Results from 14 Household Surveys ». *World Bank Economic Review* 22 (1): 141–63.

Florian, Krätke et Bruce Byiers. 2014. « The Political Economy of Official Statistics: Implications for the Data Revolution in Sub- Saharan Africa ». PARIS21, document de travail 5.

FMI (Fonds monétaire international. 2003. « *Ghana: Première revue de l'accord triennal au titre de la Facilité pour la réduction de la pauvreté et la croissance* ». Rapport du FMI n° 03/395, Washington.

———. 2007. « *Ghana: Consultations 2007 au titre de l'Article IV — Rapport des services du FMI* ». Rapport du FMI n° 07/210, Washington.

Hamilton, Bruce W. 2001. « Using Engel's Law to Estimate CPI Bias ». *American Economic Review* 91 (3): 619–30.

Hoogeveen, Johannes et Nga Thi Viet Nguyen. 2015. « Statistics Reform in Africa: Aligning Incentives with Results ». Document de travail, Banque mondiale, pôle Réduction de la pauvreté et des inégalités, Washington.

Jerven, Morten. 2013. « Comparability of GDP Estimates in Sub-Saharan Africa: The Effect of Revisions in Sources and Methods since Structural Adjustment ». *Review of Income and Wealth* 59 (S1): S16–S36.

Lakner, Christoph et Branko Milanovic. 2015. « Global Income Distribution: From the Fall of the Berlin Wall to the Great Recession ». *World Bank Economic Review*. Advance access – publié le 26 septembre 2015.

Lanjouw, Peter et Martin Ravallion. 1995. « Poverty and Household Size ». *Economic Journal* 105 (433): 1415–34.

Loayza, Norman V. et Claudio Raddatz. 2010. « The Composition of Growth Matters for

Poverty Alleviation ». *Journal of Development Economics* 93 (1): 137–51.

Maystadt, Jean-François et Philip Verwimp. 2015. « Forced Displacement and Refugees in Sub-Saharan Africa: An Economic Inquiry ». Policy Research Working Paper 7517, Banque mondiale, Washington.

Milazzo, Annamaria et Dominique van de Walle. 2015. « Women Left Behind? Poverty and Headship in Africa ». Policy Research Working Paper 7331, Banque mondiale, Washington.

Mitra, Sophie, Aleksandra Posärac et Brandon Vick. 2013. « Disability and Poverty in Developing Countries: A Multidimensional Study ». *World Development* 41: 1–18.

New World Wealth. 2014. « *Wealth in Kenya: The Future of Kenyan HNWIs* ». Johannesburg.

Newhouse, David, S. Shivakumaran, Shinya Takamatsu et Nobuo Yoshida. 2014. « How Survey-to-Survey Imputation Can Fail ». Policy Research Working Paper 6961, Banque mondiale, Washington.

ONU (Organisation des Nations Unies). 2015. « *Rapport des Nations Unies sur les Objectifs du Millénaire pour le développement, 2015* ». New York: Nations Unies.

Oxfam. 2015. « Wealth: Having It All and Wanting More ». Oxfam Issue Briefing, Janvier. Oxford.

Raleigh, Clionadh, Andrew Linke, Håvard Hegre et Joakim Karlsen. 2010. « Introducing ACLED-Armed Conflict Location and Event Data ». *Journal of Peace Research* 47 (5).

Sandel, Michael J. 2012. « *What Money Can't Buy: The Moral Limits of Markets* ». New York: Farrar, Straus and Giroux.

Sen, Amartya. 1985. « *Commodities and Capabilities* ». Amsterdam: North-Holland.

———. 2002. « Why Health Equity? ». *Health Economics* 11 (8): 659–66.

Stiglitz, Joseph E. 2012. « *The Price of Inequality: How Today's Divided Society Endangers Our Future* ». New York: W. W. Norton.

UNESCO (Organisation des Nations Unies pour l'éducation, la science et la culture). 2015. « *Éducation pour tous 2000–2015 : progrès et enjeux* ». Rapport mondial de suivi de l'EPT. Paris: UNESCO.

van de Walle, Dominique et Annamaria Milazzo. 2015. « Are Female-Headed Households Poorer? New Evidence for Africa ». Mimeo, DECRG. Banque mondiale, Washington.

Introduction

L'économie africaine a marqué un tournant décisif à partir du milieu des années 1990. Au terme de 20 années de déclin, au cours des décennies 1970 et 1980, elle a affiché une croissance robuste de 4,5 % par année, un rythme plus rapide que dans le reste du monde en développement, Chine exclue. Grâce à une nette diminution des conflits à grande échelle au cours des années 1990, à une amélioration des fondamentaux macroéconomiques et de la gouvernance, à la création d'un super-cycle des produits de base et à la découverte de nouvelles ressources naturelles, les perspectives de la croissance africaine sont passées de la tragédie à l'essor.

Cependant, malgré cette croissance, une grande proportion des Africains continuent de vivre sous le seuil international de la pauvreté de 1,90 dollar par jour. Le taux de pauvreté est passé de 57 % en 1990 à 43 % en 2012, selon les plus récentes estimations de la base de données PovcalNet de la Banque mondiale, mais sous l'effet de la croissance démographique, le nombre des personnes pauvres faisant l'objet de ces estimations est passé de 288 millions en 1990 à 389 millions en 2012.

La réduction de la pauvreté en Afrique est largement insuffisante comparativement à celle observée dans d'autres régions en développement. L'Asie de l'Est et l'Asie du Sud, où les taux de pauvreté étaient à peu près aussi élevés qu'en Afrique au cours des années 1990, affichent aujourd'hui des taux beaucoup plus faibles (graphique I.1). Selon le plus récent rapport des objectifs du Millénaire pour le développement (OMD) (ONU, 2015), l'Afrique reste la seule région en développement où le premier OMD, qui était de réduire l'extrême pauvreté de moitié avant 2015, ne sera pas atteint.

Les efforts déployés pour comprendre la pauvreté et y faire face sont compliqués par des données statistiques souvent limitées et dont la qualité est parfois insuffisante. Les estimations de la pauvreté sont basées sur un ensemble hétéroclite d'enquêtes menées à intervalles irréguliers auprès des ménages qui s'avèrent parfois difficiles à comparer et de piètre qualité. Les préoccupations suscitées par la disponibilité, la comparabilité et la qualité des données sur la pauvreté ne sont pas uniques à la situation africaine, mais les défis qu'elles posent en Afrique sont perçus comme étant beaucoup plus graves que dans les autres régions.

Certains chercheurs ont utilisé des données et des méthodes de rechange pour estimer la pauvreté. Leurs résultats donnent à penser

GRAPHIQUE I.1   La réduction de la pauvreté en Afrique accuse du retard par rapport aux autres régions

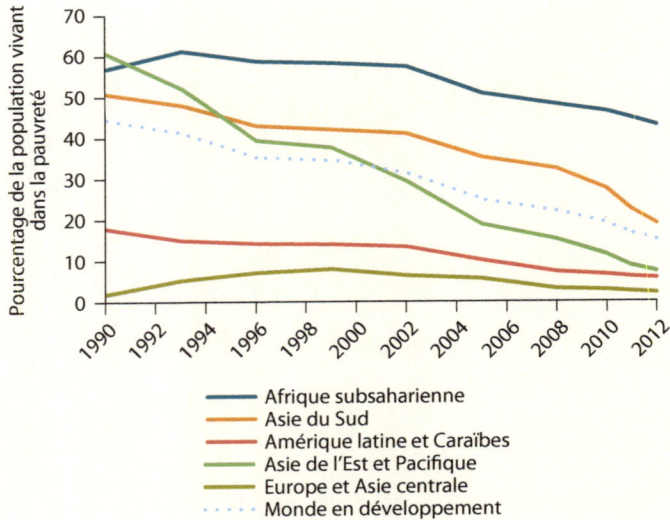

Source : Banque mondiale, 2016.

que le nombre de personnes qui ont pu sortir de la pauvreté serait beaucoup plus élevé que les estimations traditionnelles ne le laissent croire (Pinkovskiy et Sala-i-Martín, 2014 ; Young, 2012). D'autres se sont montrés plus prudents et ont mis en doute ces conclusions optimistes (Chen et Ravallion, 2010 ; Harttgen, Klasen et Vollmer, 2013).

Le manque de données statistiques fiables et à jour sur un large éventail d'enjeux en Afrique, y compris la pauvreté, est de plus en plus reconnu comme un problème qui mérite une plus grande attention de la communauté internationale (Devarajan, 2013 ; Garcia-Verdu, 2013 ; Jerven, 2013). Le cadre de développement post-2015 (post-OMD) des Nations Unies préconise une « révolution des données » (ONU, 2014) qui permettrait d'obtenir en temps utile des données fiables d'enquêtes auprès des ménages et d'autres statistiques (par exemple, indicateurs des comptes nationaux). Si elle se réalise, une telle révolution changera sûrement les termes du débat sur le niveau de vie en Afrique, lequel est aujourd'hui souvent dominé par des

questions de données et de méthodologie. Quoi qu'il en soit, l'enjeu de la qualité des données reste au cœur de toute tentative d'évaluation de la pauvreté en Afrique.

Compte tenu de l'état actuel des données, quel serait donc le meilleur moyen d'étudier la pauvreté en Afrique et de promouvoir un programme propre à accélérer la réduction de la pauvreté ? Le présent rapport est le premier d'une série de deux documents qui ont pour objectifs d'améliorer notre connaissance des enjeux de la réduction de la pauvreté en Afrique (rapport 1) et d'articuler des politiques propres à accélérer cette réduction (rapport 2). Il réévalue les tendances en matière de pauvreté et d'inégalités en Afrique en examinant les principales sources de données et en relevant les biais qu'elles peuvent receler. Une évaluation minutieuse des données utilisées pour le suivi de la pauvreté en Afrique nous aidera à concentrer notre attention sur les enjeux des données en général, et sur ceux des données sur la consommation en particulier.

Un rapport régional comme celui-ci ne saurait fournir une analyse approfondie de la situation dans chaque pays. Au lieu de cela, il se penche sur cinq classes de pays (tableau I.1). Selon la documentation spécialisée, ces classes sont celles qui permettent le mieux de saisir les courants profonds qui influent sur les résultats des efforts déployés en Afrique pour lutter contre la pauvreté et promouvoir la croissance.

Le rapport compte quatre chapitres. Le chapitre 1 présente un aperçu de la disponibilité, de la comparabilité et de la qualité des données requises pour suivre l'évolution de la pauvreté monétaire (consommation, prix, produit intérieur brut et données de recensement), se penche sur la gouvernance et sur les processus politiques qui sous-tendent la situation actuelle de production des données, et décrit certaines stratégies permettant de combler les lacunes de données. Il se signale du fait que les études sur la pauvreté en Afrique passent d'ordinaire sous silence le problème important, mais pourtant courant, de la disponibilité des données.

TABLEAU I.1 **Classement des pays africains**

Classement	Nombre de pays
Riches en ressources[a]	17
Fragiles[b]	17, y compris 6 qui sont aussi riches en ressources
À revenu[c]	
faible	26
intermédiaire de la tranche inférieure	14
intermédiaire de la tranche supérieure et élevé	8
Enclavés	16
Sous-région	
Afrique centrale	9
Afrique de l'Est	18
Afrique australe	5
Afrique occidentale	16

Note : Les pays sont classés en sous-régions selon le classement du Département des affaires économiques et sociales (DAES) des Nations Unies, à l'exception du Soudan, qui est classé dans ce système comme un pays d'Afrique du Nord. L'Afrique centrale comprend l'Angola, le Cameroun, la République centrafricaine, le Tchad, la République démocratique du Congo, la République du Congo, le Gabon, la Guinée équatoriale et São Tomé-et-Príncipe. L'Afrique de l'Est comprend le Burundi, les Comores, l'Érythrée, l'Éthiopie, le Kenya, Madagascar, le Malawi, Maurice, le Mozambique, le Rwanda, les Seychelles, la Somalie, le Soudan du Sud, le Soudan, la Tanzanie, l'Ouganda, la Zambie et le Zimbabwe. L'Afrique australe comprend le Botswana, le Lesotho, la Namibie, l'Afrique du Sud et le Swaziland. L'Afrique occidentale comprend le Bénin, le Burkina Faso, Cabo Verde, la Côte d'Ivoire, la Gambie, le Ghana, la Guinée, la Guinée-Bissau, le Libéria, le Mali, la Mauritanie, le Niger, le Nigéria, le Sénégal, la Sierra Leone et le Togo.

a. Les pays riches en ressources sont ceux dont les rentes tirées des ressources (à l'exclusion des ressources forestières) atteignaient en moyenne plus de 10 % du PIB en 2006–2011, les pays produisant des diamants (Botswana, Libéria, Namibie et Sierra Leone) et le Niger (qui produit de l'uranium). Ce groupe ne comprend pas la Somalie, dont le classement n'est pas possible à cause d'un manque de données.

b. Les pays fragiles sont ceux qui figurent sur la liste harmonisée des situations fragiles de la Banque mondiale (2015) selon laquelle les pays sont jugés fragiles si a) ils obtiennent une note CPIA (Évaluation de la politique et des institutions nationales) de 3,2 ou moins ou b) ont accueilli une mission de maintien ou de consolidation de la paix régionale ou des Nations Unies au cours des trois années précédentes.

c. Les catégories de revenu sont tirées du rapport Indicateurs du développement dans le monde.

Le chapitre 2 évalue la robustesse des estimations de la pauvreté en Afrique. Il conclut que la réduction de la pauvreté en Afrique n'a pas été surestimée et qu'elle pourrait en fait être légèrement supérieure à ce que les estimations traditionnelles laissent croire, même si les estimations les plus optimistes de la réduction de la pauvreté donnent à conclure que plus de 330 millions d'Africains vivaient dans la pauvreté en 2012. Le chapitre propose en outre un profil très général de la pauvreté et de ses tendances dans la région.

Le chapitre 3 brosse un tableau plus large de la pauvreté en Afrique en prenant en compte les dimensions non monétaires du bien-être — par exemple, l'éducation, la santé et la liberté — en utilisant l'approche fondée sur les modes de fonctionnement et les capacités proposée par Sen (1985). Par comparaison avec la pénurie d'enquêtes comparables et de bonne qualité portant sur les dépenses des ménages, les études portant sur ces dimensions et d'autres dimensions non monétaires de la pauvreté ont connu un regain d'intérêt.

Le chapitre 4 examine les données sur l'inégalité en Afrique. Outre les schémas de l'inégalité monétaire, il se penche sur d'autres dimensions, y compris l'inégalité des chances et la mobilité intergénérationnelle du travail et du niveau d'éducation. Il examine le phénomène de l'inégalité tel qu'il se manifeste hors du champ des enquêtes auprès des ménages, et se penche enfin sur la richesse extrême (milliardaires et millionnaires) en Afrique.

Références

Banque mondiale. 2016. *Rapport mondial de suivi 2015/2016 : « Development Goals in an Era of Demographic Change »*. Livret-résumé. Washington : Banque mondiale.

Chen, Shaohua et Martin Ravallion. 2010. « The Developing World Is Poorer Than We Thought, but No Less Successful in the Fight against Poverty ». *Quarterly Journal of Economics* 125 (4): 1577–625.

Devarajan, Shantayanan. 2013. « Africa's Statistical Tragedy ». *Review of Income and Wealth* 59 (S1): S9–S15.

Garcia-Verdu, Rodrigo. 2013. « The Evolution of Poverty and Inequality in Sub-Saharan Africa over the Period 1980–2008: What Do We (and Can We) Know Given the Data Available? ». Fonds monétaire international, Washington.

Harttgen, Kenneth, Stephan Klasen et Sebastian Vollmer. 2013. « An African Growth Miracle? Or: What do Asset Indices Tell Us about Trends in Economic Performance? ». *Review of Income and Wealth* 59 (S1): S37–S61.

Jerven, Morten. 2013. « Comparability of GDP Estimates in Sub-Saharan Africa: The Effect of

Revisions in Sources and Methods since Structural Adjustment ». *Review of Income and Wealth* 59 (S1): S16–S36.

ONU (Organisation des Nations Unies). 2014. « *A World that Counts: Mobilising the Data Revolution for Sustainable Development* » (Un monde qui compte : mobiliser la révolution des données pour le développement durable). Groupe consultatif d'experts indépendants du Secrétaire général des Nations Unies, New York.

———. 2015. *Rapport sur les Objectifs du Millénaire pour le développement, 2015.* New York: ONU.

Pinkovskiy, Maxim L. et Xavier Sala-i-Martín. 2014. « Africa Is on Time ». *Journal of Economic Growth* 19 (3): 311–38.

Sen, Amartya. 1985. « *Commodities and Capabilities* ». Amsterdam: North-Holland.

Young, Alwyn. 2012. « The African Growth Miracle ». *Journal of Political Economy* 120 (4): 696–739.

Données pour la mesure de la pauvreté : état des lieux | 1

L'Afrique a connu pendant deux décennies une croissance robuste qui contraste fortement avec la « tragédie de la croissance africaine » des années 1980 (Easterly et Levine, 1997). Les statistiques donnent à conclure que les Africains se tirent mieux d'affaire et que la pauvreté à reculé. Cependant, une analyse plus serrée de ces statistiques soulève des doutes quant à la qualité des données sous-jacentes et à l'ampleur exacte des progrès réalisés sur le continent. En 2014, l'indicateur de la capacité statistique (ICS) de la Banque mondiale attribuait à l'Afrique une note régionale de 59, très inférieure à la moyenne mondiale de 66 et faible même par rapport à la moyenne des pays à faible revenu. La pénurie de données accessibles et de bonne qualité pour évaluer les changements socio-économiques fait désormais partie des discussions portant sur le programme de développement pour l'Afrique (Devarajan, 2013 ; Jerven, 2013).

Il ne fait aucun doute que l'Afrique a besoin de meilleures données pour suivre l'évolution des dimensions monétaires et non monétaires des conditions de vie de ses populations. Les progrès accomplis à cet égard seront essentiels au suivi de la réalisation des objectifs de développement durable (ODD) pour l'après-2015. La disponibilité des données s'est certes améliorée en Afrique au cours des dernières années : le nombre d'enquêtes auprès des ménages — en particulier celles destinées à recueillir des données sur les dimensions non monétaires de la pauvreté — se sont multipliées grâce à des programmes financés par des bailleurs de fonds comme l'Enquête démographique et sanitaire (EDS) et les enquêtes par grappes à indicateurs multiples (EGIM). La fréquence et le degré de couverture des données de sondages d'opinions abordant un éventail de sujets, y compris la gouvernance, le leadership politique, la démocratie et la corruption, se sont améliorés, et les données utiles au suivi d'événements marquants comme les conflits et les phénomènes météorologiques sont aujourd'hui largement disponibles. Outre les bureaux nationaux de la statistique, d'autres groupes comme les organisations non gouvernementales (ONG), les maisons de sondage et les universités sont désormais engagés dans la collecte de données.

Ce chapitre a été rédigé avec la collaboration de Rose Mungai, Nga Thi Viet Nguyen et Shinya Takamatsu.

Malgré ces améliorations, d'importantes préoccupations subsistent. Les problèmes de disponibilité, de comparabilité et de qualité des données, ainsi que les diverses méthodes utilisées pour les corriger, sont au cœur des controverses qui entourent l'orientation et l'ampleur des mesures de lutte contre la pauvreté engagées en Afrique au cours des deux dernières décennies (Chen et Ravallion, 2010 ; Harttgen, Klasen et Vollmer, 2013 ; Pinkovskiy et Sala-i-Martín, 2014 ; Young, 2012).

S'agissant par exemple de la mesure de la pauvreté monétaire, on estime que la proportion des Africains dont la consommation s'établit à moins de 1,90 dollar par jour (en parité de pouvoir d'achat international de 2011) aurait baissé, selon le système PovcalNet de la Banque mondiale, passant de 57 % en 1990 à 43 % en 2012[1]. Cependant, cette estimation s'appuie sur des enquêtes conduites dans un sous-échantillon de pays qui représentent entre la moitié et les deux tiers seulement de la population totale. Pour le reste de la population, le taux de pauvreté a été calculé à partir de résultats d'enquêtes souvent vieilles de plusieurs années. Pour cinq pays (Guinée équatoriale, Érythrée, Somalie, Soudan du Sud et Zimbabwe), qui représente ensemble 5 % de la population africaine, il n'existe pas de données qui permettraient de mesurer la pauvreté.

Les préoccupations concernant la comparabilité et la qualité des enquêtes auprès des ménages et des données sur les prix sont par ailleurs aussi, sinon plus importantes. La Guinée et le Mali, par exemple, ont réalisé quatre enquêtes depuis le milieu des années 1990, mais il n'en existe pas deux comparables qui permettraient de mesurer la pauvreté.

Sur cette toile de fond et en guise de point de départ pour la révision des estimations de la pauvreté en Afrique, le présent chapitre dresse un état des lieux des données disponibles pour la mesure de l'évolution de la pauvreté monétaire dans la région. Il met l'accent sur la consommation des ménages et sur les prix, mais examine aussi brièvement les sources de données auxiliaires requises pour l'estimation de la pauvreté.

Les données sur la consommation tirées des enquêtes menées auprès des ménages qui sont représentatives de la population constituent la pierre angulaire des estimations de la pauvreté en Afrique (et dans la plupart des autres régions en développement)[2]. Cependant, les données sur la consommation ne suffisent pas à elles seules pour analyser les changements du niveau de vie. Le suivi des changements en termes réels nécessite des données sur l'inflation à l'échelle nationale — par exemple, un indice des prix à la consommation (IPC) — pour convertir la consommation nominale en valeurs réelles. L'estimation des niveaux globaux ou régionaux de pauvreté exige l'établissement d'un seuil de pauvreté commun — par exemple, le seuil de pauvreté international de 1,90 dollar par habitant et par jour, et la conversion en une devise de référence commune des unités libellées en monnaie locale. Les sources de données auxiliaires ont aussi une incidence sur les estimations de la pauvreté en Afrique. Les recensements démographiques servent à dériver les statistiques de populations à partir des enquêtes d'échantillonnage et, utilisés de concert avec une enquête sur la consommation, permettent d'estimer la pauvreté dans de petites régions d'un pays donné. Les données sur le produit intérieur brut (PIB) tirées des comptes du revenu national servent à combler les lacunes entre les enquêtes et fournissent des estimations annuelles de la pauvreté.

Le présent chapitre examine l'état de ces données en Afrique. Il se penche sur la gouvernance et sur les incitatifs politiques qui influent sur la production des données, cherche à mieux comprendre les raisons des difficultés que pose la mesure de la pauvreté, et aborde certaines des méthodes qui pourraient servir à combler les lacunes des données actuelles.

Types de données de mesure de la pauvreté monétaire

L'estimation de la pauvreté requiert des données sur la consommation ou sur les revenus tirées d'enquêtes menées auprès des ménages, mais d'autres types de données sont également nécessaires — notamment des données sur les prix requises pour l'ajustement des valeurs nominales de la consommation en fonction de l'évolution des niveaux de prix au fil du temps, des données de recensement pour l'estimation de la population, et des données de comptabilité nationale pour l'estimation de la pauvreté dans les années au cours desquelles aucune enquête n'a été effectuée auprès des ménages.

Données d'enquêtes menées auprès des ménages

Les enquêtes menées auprès des ménages sont essentielles pour recueillir les données socio-économiques nécessaires à l'estimation du bien-être des populations dans le monde. Il y a quelque 50 ans, il n'existait quasiment aucune enquête régulière de ce genre dans les pays en développement. Aujourd'hui, bien que le nombre d'enquêtes effectuées en Afrique ait augmenté et que leur comparabilité et leur qualité se soient améliorées, de graves lacunes persistent.

Fréquence et portée de la collecte de données

Très peu d'enquêtes auprès des ménages africains ont été réalisées au cours des années 1980. Le rythme de ces enquêtes a peu augmenté pendant presque une décennie, mais il s'est accéléré ensuite au milieu des années 1990 sous l'effet, en partie, de l'intérêt croissant manifesté par les pouvoirs publics et la communauté internationale pour le suivi des objectifs du Millénaire pour le développement (OMD). La première décennie des années 2000 a été l'une des plus productives en matière de collecte de données sur les ménages en Afrique. En 2010, l'Afrique se classait au second rang des régions du monde en développement, derrière l'Asie du Sud, pour le nombre d'enquêtes menées auprès des ménages (Demombynes et Sandefur, 2014 ; Garcia-Verdu, 2013) (graphique 1.1)[3].

La portée des données socio-économiques recueillies dans le cadre des enquêtes s'est aussi élargie. Une majorité de pays

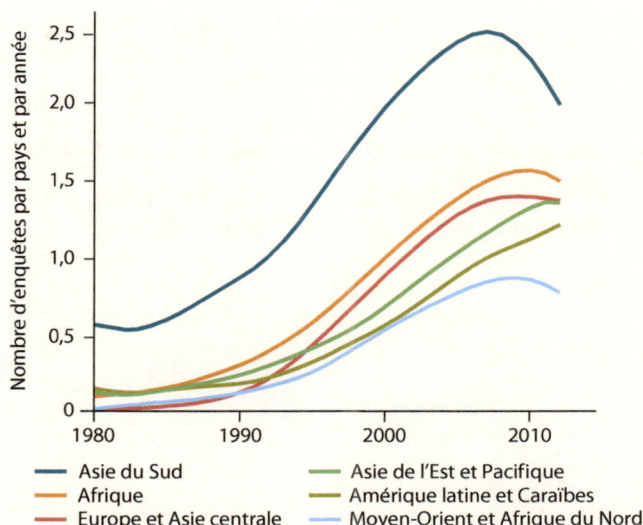

Source : Demombynes et Sandefur, 2014.

africains recueillent des données sur le bien-être et sur les principaux indicateurs de résultats des OMD à partir de sources multiples, y compris les enquêtes intégrées auprès des ménages, qui mettent souvent l'accent sur la consommation ; les enquêtes démographiques et sanitaires (EDS), qui mettent l'accent sur les décisions des femmes en matière de fécondité, sur leur santé et sur leur nutrition ; les enquêtes par grappes à indicateurs multiples (EGIM), conçues pour évaluer les résultats au plan du développement humain, en particulier chez les femmes et les enfants ; le questionnaire unifié des indicateurs de développement (QUID), qui met l'accent sur les indicateurs de pauvreté et sur les résultats de la prestation des services ; les recensements des populations et des habitations ; et les enquêtes auprès des travailleurs. Par ailleurs, d'autres enquêtes spécialisées réalisées en dehors du système statistique national (Afrobaromètre, Gallup, Enquête mondiale sur les valeurs) sollicitent l'avis des gens sur la gouvernance, le leadership, la stabilité politique, la corruption et tout un éventail d'enjeux sociaux, y compris la criminalité, le capital social et les pratiques religieuses (encadré 1.1).

L'amélioration impressionnante de la collecte des données d'enquêtes illustrée dans le graphique 1.1 est due presque entièrement à la multiplication des enquêtes qui ne recueillent pas de données sur la consommation[4]. Le graphique 1.2 présente une ventilation des types d'enquêtes effectuées

---

ENCADRÉ 1.1   Diverses sources hors du système statistique national fournissent des informations précieuses sur le bien-être

Des efforts considérables sont déployés à grande échelle à l'extérieur du système statistique national pour la réalisation d'enquêtes auprès des ménages et permettent d'obtenir des informations sur des aspects autres que la consommation, tels que le bien-être et les perceptions[a].

Afrobaromètre
L'Afrobaromètre est un projet de recherche non partisan qui permet de recueillir des données sur les attitudes sociales, politiques et économiques. Il a effectué des enquêtes dans plus de 30 pays africains. Ces enquêtes se caractérisent en particulier par le recours à un ensemble harmonisé de questions qui permettent des comparaisons entre les pays et au sein de chacun d'eux au fil du temps. Les questions permettent de sonder l'opinion des participants sur des questions, telles que la démocratie, la gouvernance, les élections, le contexte macroéconomique et les conditions du marché, la pauvreté, le capital social, les conflits et la criminalité, la participation et l'identité nationale. La dernière série d'enquêtes a ajouté des modules sur la corruption, l'accès à la justice, le rôle de la Chine en Afrique, le panafricanisme et l'intégration régionale, l'approvisionnement en énergie, la tolérance et la citoyenneté. Les données tirées de ces enquêtes servent à établir l'indice de pauvreté vécue (IPV), lequel est fondé sur des mesures de l'expérience du vécu — par exemple, combien de fois les ménages se trouvent-ils privés de produits de première nécessité (Dulani, Mattes et Logan, 2013). Des enquêtes de ce type sont également effectuées dans d'autres régions du monde.

Sondage mondial Gallup
Depuis 2005, le sondage mondial Gallup se penche sur des enjeux, tels que la confiance dans l'économie, la satisfaction de la vie, l'emploi, la confiance dans les dirigeants, les militaires et la police, la religion, l'accès aux aliments, l'environnement, la migration, la liberté de presse, la souffrance humaine et la

corruption. Les enquêtes sont normalisées pour assurer la comparabilité des résultats entre les pays et au sein des pays au fil du temps. Gallup a récemment ajouté une question portant sur le revenu des ménages afin de mesurer la pauvreté (Phelps et Crabtree, 2013).

Enquête mondiale sur les valeurs
L'Enquête mondiale sur les valeurs, mise en œuvre en 1981, est un projet de recherche mondial qui explore les valeurs et les croyances des gens ainsi que leurs incidences sociales et politiques dans près de 100 pays. Les sujets abordés comprennent l'appui à la démocratie, la tolérance à l'endroit des étrangers et des minorités ethniques, l'appui en faveur de l'égalité des sexes, le rôle de la religion et l'évolution du niveau de pratique religieuse, le travail, la famille, la politique, l'identité nationale, la culture, la diversité, l'insécurité, la sensibilité environnementale, l'impact de la mondialisation et le bien-être subjectif.

Chaque vague de sondages a abordé un éventail de sujets dont certains ont été repris dans plusieurs pays. Onze pays africains ont été inclus, certains participant à plusieurs cycles.

Dispositifs de collecte de données autres que les enquêtes
Les satellites, exploités pour la plupart par l'Agence américaine de l'aéronautique et de l'espace (NASA), recueillent des données sur des paramètres comme l'éclairage nocturne, la couverture végétale et les précipitations. Les ensembles de données ainsi recueillies se caractérisent par leur haute résolution et les possibilités de géoréférencement. Les données sont recueillies sur de petites superficies et à haute fréquence.

L'utilisation des données satellitaires est en pleine expansion. Ces données servent à étudier l'urbanisation, l'exactitude des informations sur le PIB et le déboisement, ainsi qu'à prévoir les sécheresses imminentes ou

(encadré continue page suivante)

ENCADRÉ 1.1 **Diverses sources hors du système statistique national fournissent des informations précieuses sur le bien-être** *(suite)*

les mauvaises récoltes. On a aussi cherché à en étendre l'usage pour comprendre l'évolution de la pauvreté et des inégalités (Elvidge *et al.*, 2009 ; Mveyange, 2015 ; Noor *et al.*, 2008 ; Pinkovskiy et Sala-i-Martín, 2015).

  a. Comme les enquêtes auprès des ménages réalisées par les bureaux nationaux de la statistique, ces enquêtes s'appuient sur des entretiens menés en tête à tête avec des membres des ménages. La grande popularité des téléphones portables en Afrique a ouvert la voie à la collecte de renseignements par téléphone, et réduit le recours aux entretiens en face-à-face. Lorsqu'ils sont réalisés correctement, les sondages téléphoniques peuvent permettre de recueillir des données représentatives sur un large éventail de sujets plus fréquemment et à un coût moindre que les entretiens en tête à tête traditionnels (Hoogeveen *et al.*, 2014). Cette approche s'appuie généralement sur les résultats d'une enquête de référence fondée sur des entretiens en tête à tête. Le projet « À l'écoute de l'Afrique » de la Banque mondiale combine par

exemple une enquête de référence constituée d'entretiens en tête à tête suivie d'une série d'entretiens téléphoniques réalisés auprès d'un échantillon choisi de répondants. Cette méthode permet de recueillir un riche ensemble de données de base et d'approfondir certaines questions portant sur des sujets particuliers (éducation, santé, marchés du travail, etc.) en procédant à des entretiens plus fréquents (mensuels, bihebdomadaires) ou plus éloignés dans le temps qui permettent de mesurer les changements survenus dans les dimensions fondamentales du bien-être. En plus de permettre la collecte de données utiles pour l'analyse des politiques et la recherche, les enquêtes téléphoniques se sont montrées efficaces pour la surveillance des problèmes de prestation de services, de la corruption et du déclenchement des conflits et des épidémies. Elles ont servi à la surveillance des impacts de l'épidémie du virus Ébola en Guinée, au Liberia et en Sierra Leone (Banque mondiale, 2015c) et à l'évaluation du bien-être des réfugiés au Mali (Etang-Ndip, Hoogeveen et Lendorfer, 2015).

en Afrique par périodes quinquennales depuis les années 1990. Il laisse constater une augmentation régulière du nombre d'enquêtes ne portant pas sur la consommation pendant les années 1990. Le nombre de ces enquêtes a atteint un sommet en 2000–2004, mais il était toujours de 92 en 2010–2014.

L'augmentation du nombre d'enquêtes ne portant pas sur la consommation a enrichi notre connaissance des dimensions de la pauvreté non liées au revenu — par exemple, nutrition des enfants, autonomisation des femmes et accès aux services dans plusieurs secteurs — ainsi que de la simultanéité de privations dans diverses dimensions. Plusieurs de ces indicateurs sont recueillis au niveau individuel et renseignent donc sur les différences de l'expérience de la pauvreté et du dénuement entre les hommes et les femmes, informations qui ne pourraient être obtenues à partir des données sur la consommation des ménages. Le chapitre 3 a largement recours à ces ensembles de données pour réaliser une analyse qui aurait été impossible il y a à peine une décennie.

GRAPHIQUE 1.2 **L'Afrique effectue plus d'enquêtes ne portant pas sur la consommation que d'enquêtes portant sur la consommation**

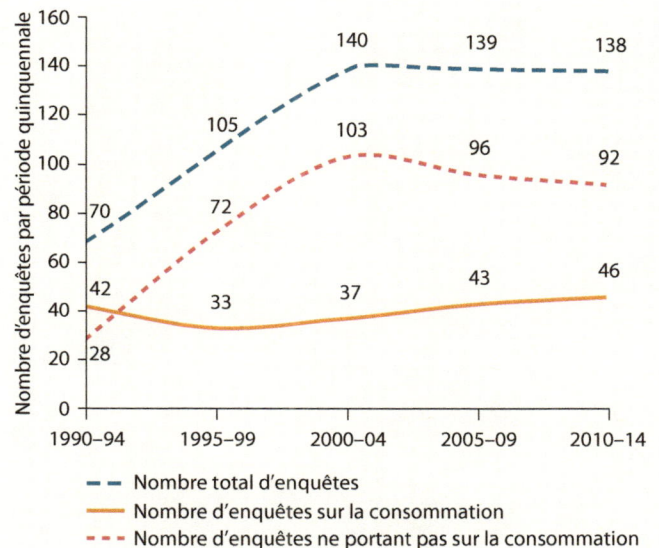

Sources : Bibliothèque de microdonnées de la Banque mondiale, PovcalNet, Indicateurs du développement dans le monde et Réseau international d'enquêtes auprès des ménages.
Note : Les enquêtes sur la consommation ne servent pas toutes de sources pour le calcul des estimations officielles de la pauvreté. Les enquêtes ne portant pas sur la consommation incluent les enquêtes démographiques et sanitaires (EDS), les enquêtes par grappes à indicateurs multiples (EGIM), les enquêtes auprès des travailleurs et d'autres enquêtes ad hoc.

Les enquêtes sur la consommation, sources principales de données pour la mesure de la pauvreté monétaire et de l'inégalité, n'ont pas connu une croissance similaire ; il n'y en a pas plus aujourd'hui qu'au début des années 1990. Le nombre moyen de ces enquêtes par période quinquennale est tout juste inférieur à 40 depuis 1990, et varie très peu par rapport à la moyenne.

Une moyenne de 40 enquêtes sur la consommation par période quinquennale en Afrique signifie que chaque pays africain dispose en moyenne pendant cette période de moins d'une enquête pour mesurer la pauvreté. Par ailleurs, l'inégalité du degré de couverture d'un pays à l'autre est encore plus préoccupante. Entre 1990 et 1999, 18 des 47 pays africains n'ont effectué aucune enquête fournissant des données sur la consommation qui leur aurait permis de suivre l'évolution de la pauvreté (graphique 1.3). Seize des 29 autres pays n'ont effectué qu'une seule de ces enquêtes. Ainsi, pour 34 des 47 pays de la région (représentant 42 % de la population),

on ne dispose d'aucune donnée sur l'évolution de la pauvreté ou sur la consommation pour une décennie entière. La couverture s'est améliorée depuis. Seuls trois pays ne disposent d'aucune donnée pour la période 2000–2009 ; 23 ont effectué une enquête, et 21 en ont effectué au moins deux.

Une série d'enquêtes sur la consommation ont eu lieu dans la région entre 2011 et 2015. Beaucoup d'États fragiles, y compris le Tchad, la République démocratique du Congo, la Sierra Leone et le Togo en ont fait partie. Vingt-sept pays ont effectué une enquête depuis 2011 (carte 1.1).

Les données recueillies au cours d'une enquête ne sont pas toujours nécessairement disponibles. Les microdonnées ainsi recueillies qui ne sont pas intégrées dans la base de données de la Banque mondiale ne sont pas considérées comme disponibles aux fins du présent rapport. Cette définition de l'accessibilité est étroite puisqu'elle ne prend pas en compte l'accès par les membres du public ni

GRAPHIQUE 1.3   **Beaucoup de pays africains n'effectuent pas d'enquêtes qui leur permettraient de mesurer l'évolution de la pauvreté**

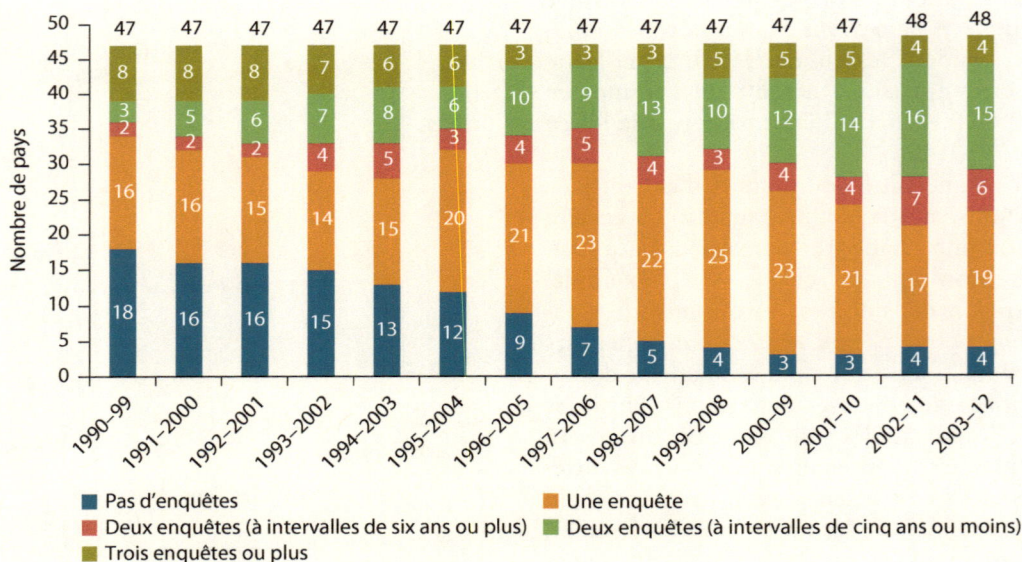

Source : Bibliothèque de microdonnées de la Banque mondiale.
Note : En 2011, le nombre de pays africains est passé de 47 à 48, avec l'accession à l'indépendance du Soudan du Sud. Les enquêtes dont les microdonnées n'étaient pas accessibles ont été considérées comme non disponibles. Quatre pays (plutôt que cinq) ne possèdent pas de données pour la période 2003–2012. Bien que l'enquête du Zimbabwe pour 2007–2008 soit disponible, ses données sur la consommation sont inutilisables pour les mesures monétaires de la pauvreté puisqu'elle a été effectuée pendant une période d'hyperinflation. Voir également la note 5 à la fin du chapitre.

CARTE 1.1 **Plus de la moitié des pays africains ont achevé une enquête sur la consommation entre 2011 et le début de 2015**

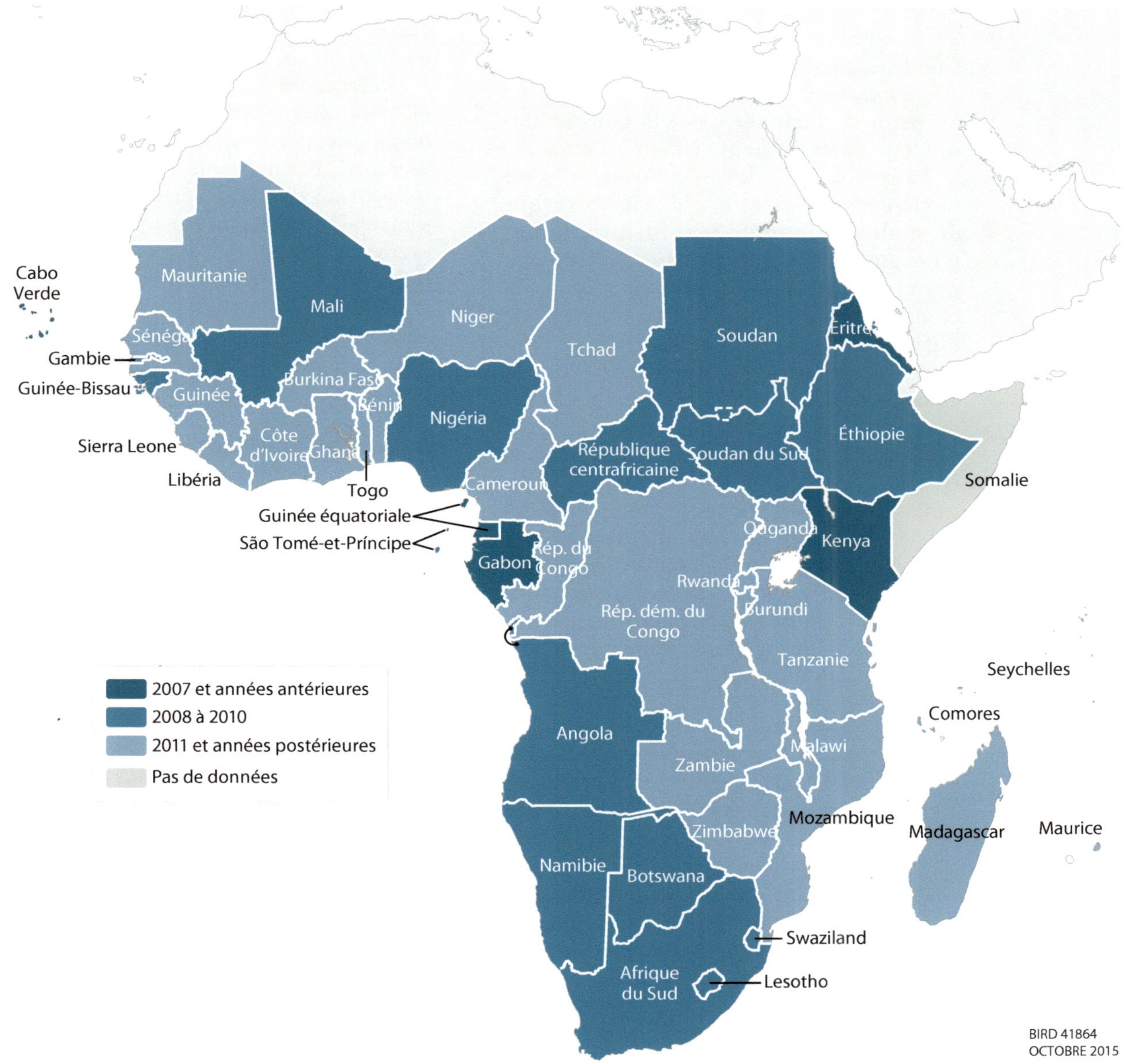

Source : Bibliothèque de microdonnées de la Banque mondiale.

l'obligation qui leur est parfois faite de payer pour les données — deux facteurs importants qui limitent sensiblement l'utilité des données des enquêtes auprès des ménages pour le public et limitent notre compréhension de l'évolution de la pauvreté en Afrique et de ses causes.

Trois pays (Guinée équatoriale, Soudan du Sud et Zimbabwe) ne disposent pas à l'heure actuelle de données récentes même si des enquêtes y ont été effectuées[5]. L'Érythrée et la Somalie n'ont pas communiqué de données sur la consommation nationale depuis vingt ans.

Ces cinq pays représentent 5 % de la population de la région.

Comparabilité des données sur la consommation

La pénurie d'enquêtes sur la consommation constitue un frein évident à l'étude de la pauvreté, mais les problèmes en cette matière ne s'arrêtent pas là. Même lorsque de multiples enquêtes sont disponibles pour un pays donné, elles ne sont souvent pas comparables les unes aux autres (ou comparables à celles d'autres pays). Il est difficile de suivre les tendances de la pauvreté lorsque les changements dans la consommation mesurée reflètent partiellement les changements apportés à la conception des enquêtes ou à leur mise en œuvre.

Les études portant sur la conception des enquêtes décrivent les multiples façons dont deux enquêtes peuvent devenir non comparables. Pour les besoins du présent rapport, les enquêtes sur la consommation sont jugées comparables lorsqu'elles partagent les caractéristiques suivantes[6] :

- *Échantillon représentatif à l'échelle nationale* : Un échantillon représentatif à l'échelle nationale est nécessaire pour obtenir des statistiques applicables à l'ensemble de la population, et non uniquement à un sous-groupe. La comparabilité sera de toute évidence impossible si un cycle d'enquêtes ne couvre que les ménages urbains alors que le suivant ne couvre que les ménages ruraux.
- *Saisonnalité* : Beaucoup de schémas de consommation varient au cours de l'année, et cette variation doit être prise en compte pour la mesure de la pauvreté (Kaminski, Christiaensen et Gilbert, 2014 ; Muller, 2008). En Afrique, par exemple, les aliments et les revenus en espèces sont abondants après les récoltes, mais deviennent de plus en plus limités pendant la maigre saison. La comparabilité peut donc être réduite à néant si les cycles d'enquête sont effectués pendant des mois différents.

- *Méthode d'enquête et période couverte* : On peut recueillir des données sur la consommation en demandant aux membres du ménage de décrire leurs achats et la consommation de leurs propres produits (récolte) correspondant à une période donnée (sept derniers jours, deux dernières semaines, dernier mois, etc.) ou d'établir un journal de telles activités (sur deux semaines, un mois ou plus). D'abondantes preuves montrent que la méthode retenue influe sur les résultats (voir Beegle *et al.*, 2012). Il importe donc de veiller à ce que la période couverte et la méthode d'enquête utilisée (appel à la mémoire ou recours à un journal) restent les mêmes.

La comparabilité de 148 enquêtes sur la consommation effectuées en Afrique entre 1990 et 2012 a été définie sur la base des trois critères précités[7]. Les résultats sont présentés dans le graphique 1.4. Les points bleus indiquent les enquêtes comparables dans un pays donné ; les losanges noirs pleins indiquent les enquêtes non comparables. Les lignes en pointillé relient les enquêtes comparables. Les losanges noirs vides indiquent les enquêtes dont les données ne sont pas disponibles. On observe dans certains cas deux groupes ou plus d'enquêtes comparables dans des pays où quatre groupes ou plus de ces enquêtes ont été réalisées (par exemple, en Afrique du Sud, on observe deux groupes d'enquêtes comparables l'une à l'autre, mais les quatre ne sont pas comparables entre elles).

Les résultats présentés au graphique 1.4 nous amènent à formuler plusieurs observations. Premièrement, plusieurs des enquêtes sur la consommation ne sont pas comparables. Entre 1990 et 2012, seuls 27 des 48 pays ont réalisé deux enquêtes comparables ou plus (carte 1.2). Ainsi, certains pays qui ont réalisé de multiples enquêtes restent incapables de suivre les tendances de la pauvreté au fil du temps. La Guinée et le Mali, par exemple, ont réalisé chacun quatre enquêtes, mais aucune n'est comparable (encadré 1.2).

Deuxièmement, on relève une légère amélioration de la comparabilité entre

GRAPHIQUE 1.4 **La comparabilité des enquêtes sur la consommation s'est améliorée, mais elle pose toujours de graves problèmes**

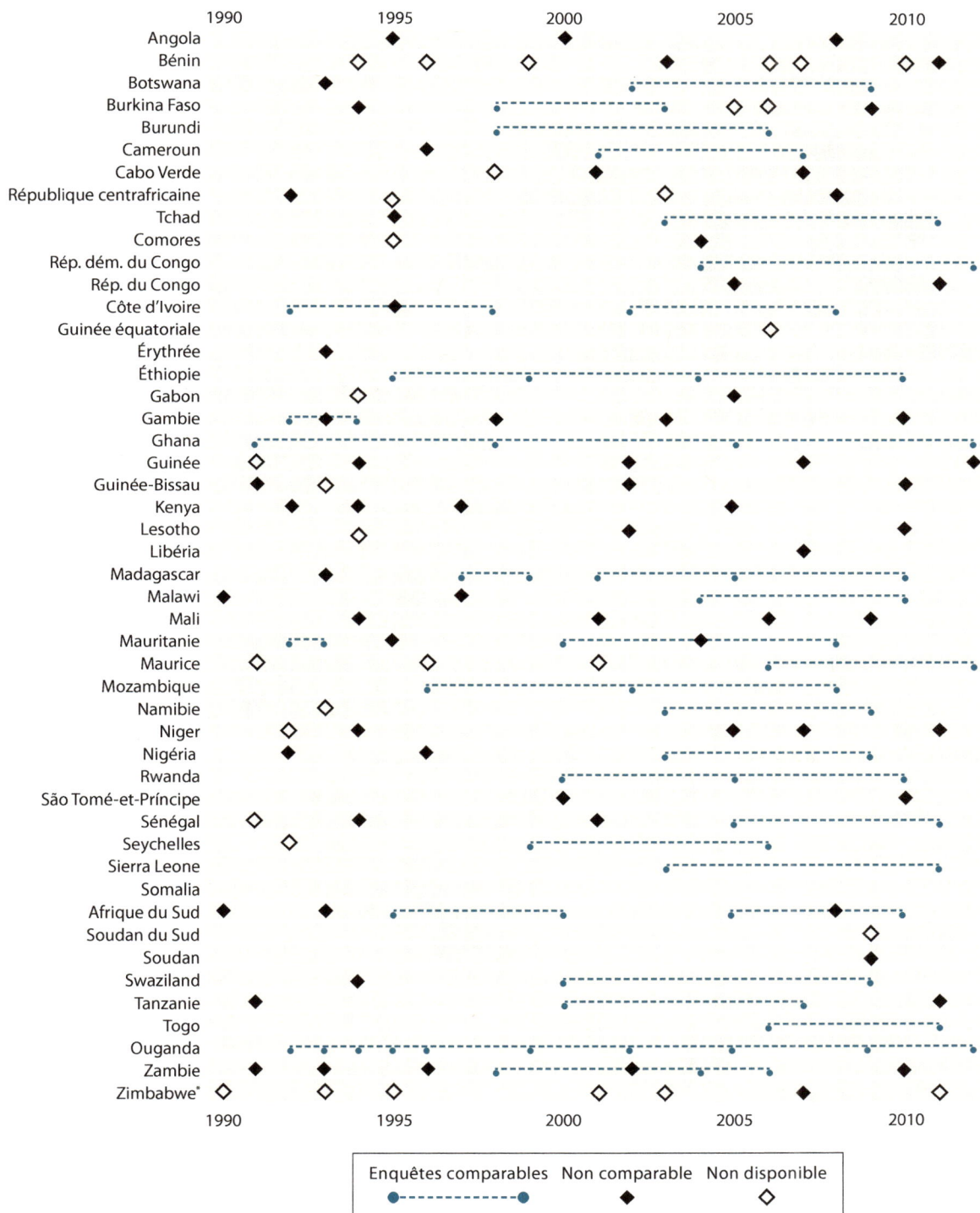

Note : Ce graphique porte sur l'ensemble des enquêtes menées auprès des ménages africains entre 1990 et 2012. Il exclut les enquêtes sur la consommation qui ne servaient pas officiellement au suivi de la pauvreté. Les enquêtes « non disponibles » sont celles dont il était impossible de récupérer les microdonnées ou la documentation.

CARTE 1.2   Le manque d'enquêtes comparables en Afrique complique la mesure des tendances de la pauvreté

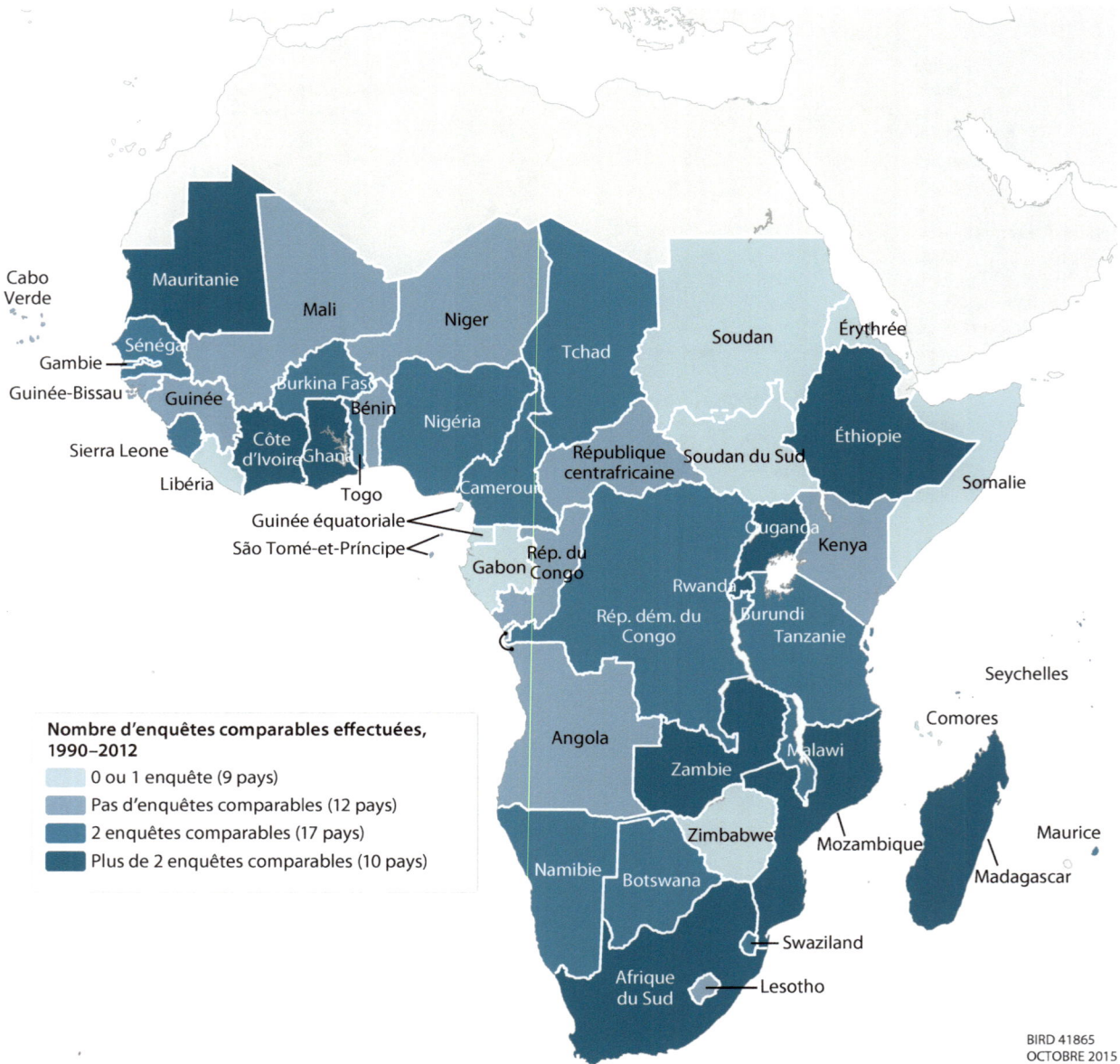

Cabo
Verde

Mauritanie

Mali

Niger

Tchad

Soudan

Érythrée

Sénégal

Gambie

Guinée-Bissau

Guinée

Burkina Faso

Bénin

Nigéria

Sierra Leone

Côte
d'Ivoire Ghana

Libéria

Togo

Cameroun

République
centrafricaine

Soudan du Sud

Éthiopie

Somalie

Guinée équatoriale

São Tomé-et-Príncipe

Gabon

Rép. du
Congo

Ouganda

Kenya

Rwanda

Rép. dém. du
Congo

Burundi

Tanzanie

Seychelles

Comores

**Nombre d'enquêtes comparables effectuées,
1990–2012**

- 0 ou 1 enquête (9 pays)
- Pas d'enquêtes comparables (12 pays)
- 2 enquêtes comparables (17 pays)
- Plus de 2 enquêtes comparables (10 pays)

Angola

Zambie

Malawi

Mozambique

Maurice

Madagascar

Zimbabwe

Namibie

Botswana

Swaziland

Afrique
du Sud

Lesotho

BIRD 41865
OCTOBRE 2015

Source : Bibliothèque de microdonnées de la Banque mondiale.

2000 et 2014. Plus d'enquêtes ont été réalisées après 2000, et la proportion de ces enquêtes comparables était plus grande qu'avant 2000.

La situation paraîtrait encore pire si on avait adopté une définition plus stricte de la comparabilité. Par exemple, la liste des produits de consommation que les membres des ménages sont invités à signaler peut être longue (liste d'aliments particuliers) ou courte (aliments groupés par catégories). Il n'est pas inhabituel de voir un pays modifier

ENCADRÉ 1.2   Comment la pauvreté a-t-elle évolué en Guinée et au Mali ? À cause du manque de données comparables, il est difficile de répondre à cette question

La Guinée a réalisé quatre enquêtes auprès des ménages entre 1994 et 2012. Les enquêtes de 1994–1995 et de 2002–2003 se sont étalées sur 12 mois ; celle de 2007 a été réalisée de juillet à octobre 2007 ; celle de 2012 s'est déroulée en février et en mars 2012. En 1994–1995, chaque ménage a été visité 11 fois, à raison d'une visite tous les trois jours pendant un mois. Les données sur la consommation alimentaire ont été recueillies de la deuxième à la onzième visite en utilisant une période de rappel de trois jours. Un groupe de ménages correspondant au douzième de l'échantillon a reçu des visites mensuelles. En 2002–2003, chaque ménage a été visité trois fois, soit une fois tous les quatre mois (l'enquête constituait donc un panel de trois observations). À chaque visite, les données sur la consommation alimentaire étaient recueillies en fonction d'une période de rappel de trois jours en zones urbaines et de deux jours en zones rurales. En 2007 et en 2012, chaque ménage a été visité une fois. Les participants ont été invités à décrire leur consommation alimentaire mensuelle typique (pas leur consommation réelle ; par exemple, celle de la semaine précédente). Les enquêtes de 2007 et de 2012 ont été réalisées pendant des saisons différentes. Le nombre de produits de consommation a aussi changé : le questionnaire de 1994–1995 comptait 116 produits alimentaires et 110 produits non alimentaires ; en 2002–2003, la proportion s'établissait à 240 contre 425, et en 2007 et 2012, elle s'établissait à 110 contre 130.

Le Mali a réalisé quatre enquêtes entre 1994 et 2012. Ces enquêtes ont varié de diverses façons. L'enquête de 1994–1995 portait sur 10 produits alimentaires et 34 produits non alimentaires, soit le plus petit échantillon de toutes les enquêtes, et utilisait une période de rappel de 15 jours. En 2001–2002 chaque ménage a été questionné à chaque trimestre. Les données sur la consommation alimentaire ont été recueillies à l'aide d'un journal de sept jours ; en théorie, chaque ménage était visité 7 fois par trimestre, soit 28 fois pendant l'année. Les enquêtes de 2006 et 2010 ont utilisé le Questionnaire unifié des indicateurs de développement (QUID) ; elles ont été réalisées de juillet à novembre 2006, et de décembre 2009 à août 2010. Les données sur la consommation alimentaire ont été recueillies à l'aide de l'approche fondée sur le mois normal. Les nombres de produits inclus dans les questionnaires étaient semblables, mais certains types de dépenses (aliments consommés à l'extérieur du foyer, boissons, cigarettes) devaient être déclarés par les membres individuels des ménages à l'aide d'une liste ouverte.

en profondeur cette liste d'un cycle d'enquêtes au suivant (de beaucoup moins à beaucoup plus que 100 produits)[8]. En règle générale, les personnes questionnées se souviennent plus facilement des produits consommés lorsqu'on leur soumet une liste plus détaillée, et la consommation indiquée est donc en général plus élevée dans ces cas ; une liste condensée peut conduire à un nombre plus élevé d'erreurs de mémoire. Les changements apportés à la liste au fil du temps compromettent donc la cohérence des enquêtes. Si d'autres facteurs — par exemple, la qualité du travail sur le terrain et de sa supervision — étaient pris en compte, le nombre d'enquêtes jugées comparables en Afrique serait encore moins élevé.

L'absence de résultats comparables conjuguée aux longues périodes qui séparent parfois les enquêtes (souvent cinq ans ou plus) nuisent à notre aptitude à suivre l'évolution du bien-être au fil du temps. Bien que le nombre de pays africains disposant de données soit satisfaisant et que le continent se compare raisonnablement bien aux autres régions pauvres quant au nombre d'enquêtes réalisées par pays, l'Afrique reste à la traîne par rapport à la plupart des autres groupes de pays en ce qui a trait aux enquêtes comparables, se classant dans la moitié inférieure des groupes régionaux de pays de la Banque mondiale (tableau 1.1). Depuis 1990, les pays africains n'ont réalisé en moyenne que 3,8 enquêtes sur la consommation (environ

TABLEAU 1.1 L'Afrique accuse du retard quant au nombre d'enquêtes comparables réalisées par pays entre 1990 et 2012

Région	Nombre de pays en développement ayant réalisé au moins une enquête sur la consommation			Année médiane de l'enquête la plus récente	Nombre moyen d'enquêtes par pays en développement	Nombre moyen d'enquêtes comparables par pays en développement
	Nombre de pays	Couverture (pourcentage de pays)	Couverture (pourcentage de la population)			
Asie de l'Est et Pacifique	15	63	96	2010	3,9	2,8
Europe et Asie centrale	21	100	100	2011	10,0	6,4
Amérique latine et Caraïbes	22	85	98	2011	11,1	6,3
Moyen-Orient et Afrique du Nord	12	92	98	2007	3,2	1,8
Asie du Sud	8	100	100	2010	4,1	2,8
Afrique	47	98	99	2010	3,8	1,6
Monde	125	89	98	2010	6,0	3,5

Sources : Bibliothèque de microdonnées de la Banque mondiale, PovcalNet et Indicateurs du développement dans le monde.
Note : Le tableau inclut les pays à faible revenu, les pays à revenu intermédiaire de la tranche inférieure et les pays à revenu intermédiaire de la tranche supérieure, à l'exception de la Guinée équatoriale, qui fait partie des pays à revenu élevé.

une tous les six ans), soit 2,2 de moins que la moyenne du monde en développement. Les pays en développement effectuent en moyenne une enquête tous les quatre ans, et les pays d'Amérique latine en effectuent en moyenne au moins une tous les deux ans. En outre, lorsqu'on tient compte de la comparabilité, la situation est encore pire, les pays africains n'ayant effectué en moyenne que 1,6 estimation comparable de la pauvreté entre 1990 et 2012.

Cette non comparabilité a-t-elle une importance ? Les études sur les enquêtes montrent que les changements apportés à la conception des questionnaires ont une grande incidence sur les résultats. Selon Beegle *et al.* (2012), le recours à un journal plutôt qu'à la mémoire des participants, le choix de périodes d'étude courtes ou longues ou la décision de modifier le nombre de produits de consommation peuvent influer radicalement sur les mesures de la pauvreté et de l'inégalité. Le recours à des méthodes autres que la méthode de référence fondée sur la consultation d'un journal personnel conjuguée à des visites quotidiennes a conduit au calcul de taux de pauvreté supérieurs de 7 à 19 points de pourcentage. La plupart des outils, y compris le journal tenu au niveau du ménage ou les questionnaires faisant appel à la mémoire donnant des degrés de granularité

plus ou moins fins, sous-estiment ainsi la consommation comparativement à la consultation étroitement contrôlée des journaux personnels. Backiny-Yetna, Steele et Djima (2014) montrent que les estimations de la pauvreté réalisées au Niger sont sensibles à la durée de la période visée et s'établissent à 51, 47 ou 43 % selon l'approche retenue. Les résultats d'une enquête réalisée au Kenya en 2005–2006 laissent aussi constater des différences importantes des taux de pauvreté calculés selon l'approche retenue pour mesurer la consommation — journal personnel ou appel à la mémoire (Dabalen *et al.*, 2015)[9].

Au Nigéria, deux enquêtes auprès des ménages ont été réalisées la même année. L'enquête sur le niveau de vie des Nigérians (Nigeria Living Standard Survey – NLSS) a été effectuée en 2009–2010 ; elle a chevauché la première vague de l'enquête générale par panel sur les ménages (GHS-Panel) qui a été lancée au cours du dernier trimestre de 2010. La NLSS, qui utilisait l'approche par journal, a fait état d'un taux de consommation beaucoup plus faible que l'enquête par panel, qui se fondait plutôt sur la mémoire des participants (graphique 1.5). Les deux enquêtes se distinguaient aussi par d'autres caractéristiques importantes, en particulier par la composition des équipes de supervision et de travail

GRAPHIQUE 1.5 **Divers plans d'étude peuvent donner des estimations de la consommation très différentes**

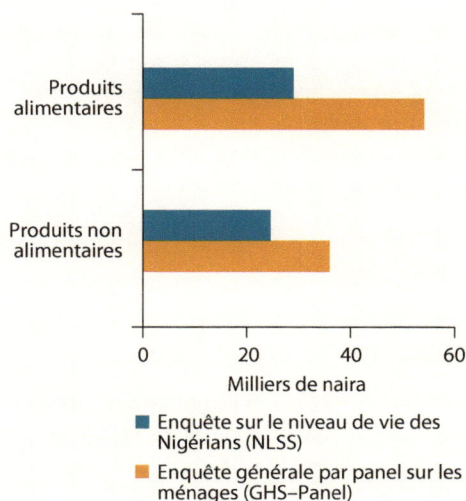

Sources : NLSS et GHS-Panel pour les mois qui se chevauchent en 2010.

sur le terrain, deux aspects qui peuvent influer sur la qualité des résultats.

Au niveau des pays, l'absence de comparabilité entre les cycles d'enquêtes préoccupe souvent ; les rapports nationaux sur le niveau de pauvreté se penchent très souvent sur le problème de la comparabilité (voir Banque mondiale (2013) au sujet du Burkina Faso ; Banque mondiale (2012) au sujet du Niger ; Banque mondiale (2015b) au sujet de la Tanzanie). Ces différences sont souvent ignorées à l'échelon régional en partie du fait que les bases de données comme PovcalNet ne valident pas les enquêtes sur la base de la comparabilité.

Le problème de la comparabilité des enquêtes nationales effectuées au fil du temps ne se limite pas aux mesures de la consommation ; il a aussi été souligné par exemple dans le cas de mesures du degré d'alphabétisation (voir encadré 3.2 du chapitre 3). Une documentation systématique de ces différences dans une base de métadonnées ne permettrait pas de résoudre ces difficultés, mais elle serait utile aux analystes.

Qualité des données sur la consommation

L'approximation la plus juste d'une définition large des données de bonne qualité inclut la notion d'adaptation à l'usage prévu : les données doivent être exactes, détaillées, pertinentes, actuelles et propices à la réalisation des objectifs de l'enquête (Biemer et Lyberg, 2003 ; Gryna et Juran 1980). Les vices de procédures sont souvent au cœur des problèmes de qualité des données[10]. Les intervieweurs peuvent omettre de prendre contact avec les sujets de l'enquête et transmettre par la suite des données factices en raison, peut-être, d'une supervision insuffisamment rigoureuse ou efficace (comme Finn et Ranchhod [à paraître] en font état au sujet d'une enquête réalisée en Afrique du Sud). Les recenseurs peuvent s'avérer insuffisamment formés pour obtenir des réponses utiles aux questions posées. Les sujets peuvent refuser de participer, ou fournir des informations erronées. Les modes de collecte des données — ordinateurs, téléphones, documents sur papier — risquent aussi d'être compromis à cause d'une planification défaillante des infrastructures requises. Des erreurs d'écriture ou de frappe peuvent se glisser lors de la saisie des données. Des données de piètre qualité peuvent nuire à leur comparabilité dans le temps puisque les vices de procédures survenant au cours d'une année donnée risquent de ne pas se répéter une autre année.

Les données fautives constituent clairement le problème de qualité le plus grave. Les autres caractéristiques des données (par exemple, l'actualité, le niveau de détails, la pertinence, la disponibilité et même la comparabilité) seront de peu de valeur si les données sont erronées et ne peuvent en conséquence servir à l'usage auquel elles sont destinées (Biemer et Lyberg, 2003).

La détection systématique des données de piètre qualité est une opération complexe. Judge et Schechter (2009) appliquent la loi de Benford — une méthode statistique d'examen des chiffres permettant de détecter les tendances anormales trahissant des risques de fraude — à des enquêtes réalisées au Bangladesh, au Ghana, au Mexique, au Pakistan, au Paraguay, au Pérou, en Afrique

GRAPHIQUE 1.6   **Les erreurs de données peuvent expliquer certains des changements observés dans la consommation**

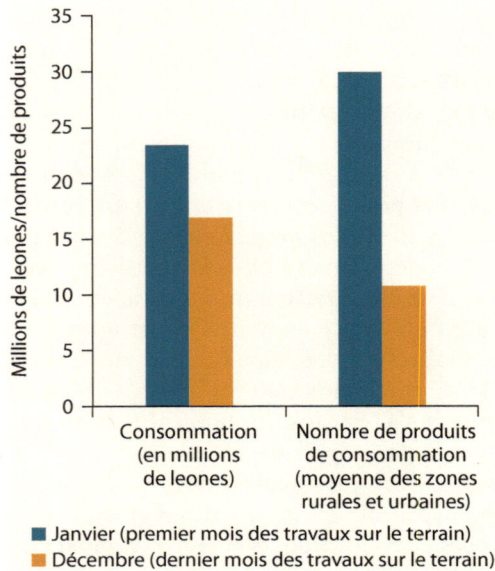

Source : Enquête intégrée auprès des ménages de la Sierra Leone 2011.

du Sud, aux États-Unis et au Viet Nam. Ils relèvent de nombreux signes de données factices de production végétale et animale. Ils constatent que les enquêtes réalisées dans les pays en développement sont celles qui présentent les problèmes de qualité des données les plus sérieux. Les données sur la consommation de près de 40 % des ménages sondés au Malawi en 1997–1998 étaient incomplètes ou inexactes, et elles étaient inutilisables pour les analyses de la pauvreté (Benson, Machinjili et Kachikopa, 2004).

Une des manifestations communément observées de la piètre qualité des données est la détérioration graduelle de la qualité des comptes rendus constatée au fil de la période d'enquête qui ne peut être mise sur le compte de la saisonnalité. En Tanzanie, la taille moyenne des ménages a sensiblement diminué au cours de deux enquêtes réalisées sur douze mois — les enquêtes sur le budget des ménages de 2000–2001 et de 2007 —, traduisant très vraisemblablement un effet de fatigue des recenseurs (NBS, 2009). En Sierra Leone, où

les ménages interviewés ont été choisis au hasard, le nombre de produits alimentaires et les niveaux de consommation ont accusé une baisse constante pendant les 12 mois d'études sur le terrain (graphique 1.6). Le nombre d'achats de produits alimentaires signalés par les personnes questionnées en zones urbaines a affiché une baisse de près du tiers au cours de la réalisation de l'enquête, un phénomène que la saisonnalité ne permet d'expliquer qu'en partie. L'écart observé entre les zones urbaines et rurales s'est aussi rétréci, possiblement à cause des problèmes de qualité des données.

Données sur les prix

Les données sur les prix sont indispensables pour la mesure de la pauvreté. Les estimations de la pauvreté mondiale fournies dans PovcalNet s'appuient sur deux types d'indices des prix : les IPC nationaux qui servent à la déflation de la consommation nominale aux prix d'une année de base commune, et les taux de change de la PPA, qui servent à convertir en une monnaie commune les avoirs libellés en monnaie nationale.

Comme les habitants de pays différents payent des prix différents, la comparaison du niveau de vie d'un pays à l'autre nécessite le recours aux taux de change de la PPA pour déterminer la parité du pouvoir d'achat que leur confèrent leurs revenus. Le même principe s'applique aux pays où les consommateurs des zones rurales et urbaines ont souvent à payer des prix différents, mais les données concernant l'Afrique à ce sujet sont rares. Des études empiriques portant sur les pays en développement d'autres régions du monde donnent à conclure que les écarts de prix à l'intérieur d'un pays donné peuvent être importants, à tout le moins dans les pays plus grands (Deaton et Dupriez, 2011 ; Majumder, Ray et Sinha, 2012).

Malgré l'importance que revêt l'ajustement pour tenir compte des différences au titre du coût de la vie entre les régions d'un pays dans l'établissement du niveau de vie réel, cette procédure n'est pas largement utilisée. En Afrique, PovcalNet, qui possède la plus vaste collection de données sur la consommation tirées des enquêtes auprès des ménages dans les différents pays du monde, ne procède à des ajustements pour tenir compte des différences spatiales de prix qu'en Angola, au Burkina Faso et en Afrique du Sud. Aucune explication n'est fournie à ce sujet. Hors de l'Afrique, les données PovcalNet sur la consommation sont ajustées pour tenir compte des différences spatiales de prix dans des pays d'Amérique latine et des Caraïbes, en Chine, en Inde, en Indonésie et, pour les aliments seulement, dans des pays d'Europe et d'Asie centrale. Le présent rapport utilise les mesures de la consommation de PovcalNet pour l'Afrique, ce qui signifie que pour la plupart des pays, aucun ajustement n'a été effectué pour tenir compte des différences spatiales de prix[11].

Ajustement pour tenir compte des différences de prix à l'aide de l'IPC

L'IPC sert à la surveillance des effets de l'inflation sur les prix à la consommation. Cet indicateur économique de base sert à l'indexation des pensions, des salaires, des taxes et des prestations de sécurité sociale, ainsi qu'à l'ancrage des politiques monétaires.

L'exercice le plus imposant de collecte de données sur les prix à la consommation en Afrique est réalisé par le bureau sud-africain de la statistique (Statistics South Africa) qui recueille régulièrement 65 000 prix pratiqués dans 27 000 points de vente (OIT, 2013). Dans d'autres pays africains, le nombre de prix retenus aux fins du calcul de l'IPC varie de 1 150 (São Tomé-et-Príncipe) à 51 170 (Éthiopie).

Le calcul de l'IPC nécessite le recours à des pondérations pour l'agrégation des données sur les prix de différents produits. Ces pondérations découlent d'ordinaire des estimations de la part du budget provenant d'enquêtes auprès des ménages.

La conjugaison des données sur les prix et des pondérations aux fins de l'établissement de l'IPC est un processus complexe qui varie sensiblement d'un pays à l'autre. En partie du fait de ces variations et du fait que l'IPC n'est pas spécifiquement conçu pour s'appliquer à la mesure de la pauvreté, les IPC risquent de ne pas toujours décrire précisément les changements du coût de la vie auxquels peuvent

être exposés les ménages moyens ou (surtout) les ménages pauvres.

L'IPC est exposé à plusieurs sources possibles de biais. Le *biais de substitution de produits* résulte de l'utilisation d'une formule d'indexation imparfaite et de pondérations obsolètes. L'IPC le plus communément employé est l'indice de Laspeyres qui utilise les pondérations d'une période de base (référence). Cet indice ne tient pas compte du comportement de substitution qui peut découler de l'inflation elle-même, c'est-à-dire qu'il ignore le fait que lorsque les prix de certains produits augmentent plus rapidement que d'autres, les ménages seront portés à modifier leurs habitudes de consommation et à opter pour des produits semblables, mais moins chers. Il surestime donc l'inflation et sous-estime la réduction de la pauvreté.

Une mise à jour des pondérations peut résoudre ce problème, mais les pondérations de l'IPC datent souvent de plusieurs années. Par exemple, en juillet 2012, 13 % des Africains vivaient dans des pays où le panier de l'IPC était fondé sur des données des années 1990 (ou antérieures) et passait sous

GRAPHIQUE 1.7 **Les pondérations utilisées pour établir les indices des prix à la consommation en Afrique sont obsolètes**

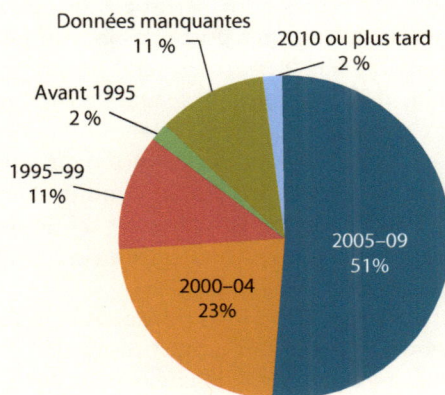

Source : OIT, 2013.
Note : Le graphique indique la répartition de la population africaine de 2013 entre les groupes de pays classés selon la période à laquelle remontent les pondérations utilisées pour calculer l'indice des prix à la consommation (IPC) en juillet 2012.

silence les données de 11 % de la population africaine (graphique 1.7).

Le *biais de substitution de points de vente* découle des changements apportés au paysage du commerce de détail. Les données sur les prix utilisées aux fins du calcul de l'IPC sont souvent recueillies auprès d'un ensemble fixe de points de vente ou de marchés. Or, les magasins de vente au rabais dont on observe l'ouverture dans certains pays africains doivent être pris en compte dans la composition de l'échantillon de points de vente, faute de quoi on s'expose à une surestimation de l'inflation ou à une sous-estimation de la réduction de la pauvreté.

Le *biais du changement de qualité* se produit lorsque la qualité d'un produit change (d'ordinaire pour le mieux) alors que le prix reste inchangé. Les données provenant des pays développés donnent à penser que ce biais conduit en règle générale à une surestimation de l'inflation (Hausman, 2003) et, par ricochet, à une sous-estimation de la réduction de la pauvreté.

Le *biais des nouveaux produits* ressemble au biais du changement de la qualité. La mise en marché de nouveaux produits et de nouvelles marques augmente le niveau de vie. Les techniques économétriques cherchent à estimer les gains qui en découlent. Hausman (1996, 1999) mesure les avantages que tirent les consommateurs de la mise en marché de nouvelles céréales pour petit-déjeuner ou de nouveaux téléphones portables en estimant les prix virtuels (prix planchers) de ces produits. L'idée de recourir à de telles techniques pour l'estimation de l'IPC ne fait toujours pas l'unanimité[12]. Le biais des nouveaux produits est par définition positif ; il conduit à une surestimation de l'inflation dans l'IPC et, par conséquent, à une sous-estimation de la réduction de la pauvreté.

Le *biais ploutocratique* découle d'une méthode de calcul des pondérations de l'IPC des ménages prenant implicitement en compte la consommation totale de ces derniers (pondérations ploutocratiques) et qui est en conséquence plus représentative des ménages plus aisés (Deaton, 1998 ; Ley, 2005 ; Oosthuizen, 2007). Les pondérations ploutocratiques

constituent un choix naturel pour la déflation des agrégats économiques — par exemple, les comptes nationaux —, mais ne constituent généralement pas la meilleure solution pour mesurer la pauvreté et le bien-être. La solution de rechange consisterait à accorder une pondération égale à tous les ménages (Prais, 1959). Si les schémas de consommation et les taux d'inflation diffèrent entre les ménages pauvres, moyens et aisés, l'IPC ne permettra pas un suivi adéquat de l'évolution des prix subie par les pauvres.

En Afrique et dans les autres régions en développement, les données empiriques donnent à penser que l'inégalité de l'inflation peut être importante — c'est-à-dire que les pauvres et les non pauvres risquent de subir des taux d'inflation différents. Il est cependant plus difficile de déterminer si cette différence conduit à une surestimation ou à une sous-estimation de l'inflation qui pèse sur les pauvres. Au Burkina Faso, en 1994–1998, les prix des denrées alimentaires ont augmenté beaucoup plus rapidement que les prix des autres produits de consommation (Günther et Grimm, 2007). Or, comme les pauvres consacrent une part plus importante de leur budget à l'achat d'aliments, ils ont subi une inflation plus élevée que les autres consommateurs. L'inégalité de l'inflation a aussi été observée au Brésil, en Colombie, en Indonésie, au Mexique, au Pérou, en Afrique du Sud, en Tanzanie et en Ouganda (Goñi, López et Servén, 2006 ; McCulloch, Weisbrod et Timmer, 2007 ; Mkenda et Ngasamiaku, 2009 ; Okidi et Nsubuga, 2010 ; Oosthuizen, 2007). Bien que certaines études concluent que les ménages pauvres subissent des taux d'inflation plus élevés, on observe que dans certains pays, ce sont les ménages plus aisés qui se trouvent dans cette situation. Le sens de ce biais peut changer même à l'intérieur d'un même pays. Au Burkina Faso par exemple, les pauvres ont connu des taux d'inflation plus bas que les personnes plus aisées entre 1998 et 2003.

Le *biais urbain* découle du fait que beaucoup d'IPC en Afrique sont fondés uniquement sur les prix relevés en zones urbaines. Certains pays fondent aussi leurs

GRAPHIQUE 1.8   **Les prix et les pondérations utilisés pour établir les indices des prix à la consommation en Afrique reflètent un biais urbain important**

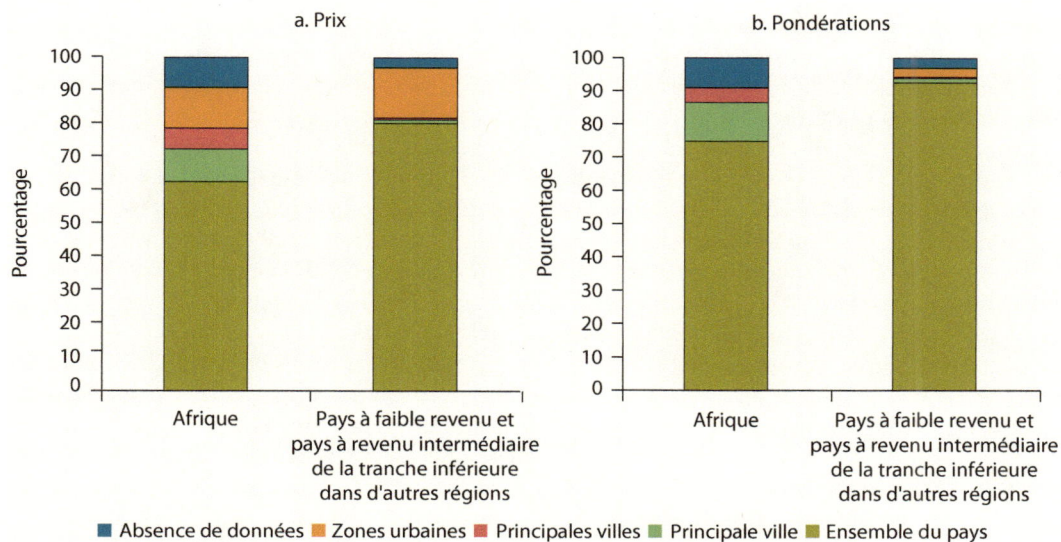

a. Prix

b. Pondérations

■ Absence de données   ■ Zones urbaines   ■ Principales villes   ■ Principale ville   ■ Ensemble du pays

Source : OIT, 2013.
Note : Les valeurs sont pondérées en fonction de la population en 2013.

pondérations uniquement sur les schémas de consommation des citadins. Le recours aux prix et aux pondérations correspondant aux zones urbaines est sensiblement plus fréquent en Afrique qu'ailleurs (graphique 1.8). Il y a des raisons de croire que le *biais urbain* des prix et des pondérations est encore plus commun que ne le laissent croire les données de l'Organisation internationale du Travail (OIT). Par exemple, le Kenya, un pays faisant l'objet d'une couverture nationale dans la base de données de l'OIT, indique dans son rapport sur l'IPC qu'à l'exception de Nairobi, les centres urbains ont été choisis pour représenter chacune des provinces (Bureau national de la statistique du Kenya, 2010). Pour déterminer si le biais urbain influe ou non sur la mesure de la pauvreté, il faut vérifier si l'évolution de l'inflation rurale coïncide ou non avec celle de l'inflation urbaine.

Le *biais des biens et services produits pour l'autoconsommation* découle de la pratique qui consiste à n'inclure dans les pondérations de l'IPC que les achats effectués sur le marché, à l'exclusion de la consommation des denrées

produites par les ménages eux-mêmes. Le quart des Africains vivent dans des pays qui excluent de leurs pondérations la production des ménages ; la question de savoir si les pondérations incluent ou non la production des ménages n'est pas claire pour un autre tiers de la population africaine. Les directives sur l'établissement d'IPC publiées par les Nations Unies (ONU, 2009) laissent à la discrétion des pays le choix de prendre en compte ou non la production des ménages dans l'établissement des pondérations puisque cette décision dépend en partie de l'usage auquel l'indice est destiné. Pour les besoins de l'analyse de la pauvreté, où les biens et services produits pour l'autoconsommation sont d'ordinaire inclus dans l'agrégat de consommation et évalués (approximativement) aux prix du marché, les pondérations pour les indices des prix devraient inclure la consommation par les ménages de leur propre production. Comme dans le cas du biais urbain et du biais ploutocratique, il convient, pour déterminer si ce biais influe ou non sur la mesure de la pauvreté, de vérifier si l'inflation liée à ces biens diffère ou non de l'inflation liée à d'autres catégories de produits.

Le *biais découlant d'erreurs de calcul ou d'autres erreurs semblables* réduit aussi l'exactitude de l'IPC. En Tanzanie, par exemple, l'IPC a sous-estimé l'inflation en 2002–2005 à cause des défauts des protocoles utilisés pour supprimer les valeurs aberrantes et les autres erreurs de calcul. Les erreurs ont par la suite été corrigées et les séries d'IPC révisées, mais les doutes ont persisté quant à la possibilité que les séries d'IPC continuent de sous-estimer l'inflation (Adam *et al.*, 2012 ; Banque mondiale, 2007). Des problèmes semblables ont été signalés pour le Ghana en 1999–2001 (FMI, 2003, 2007).

Dans les situations où les changements de prix posent des problèmes délicats sur le plan politique, l'État peut être incité à exercer des pressions sur les services statistiques pour qu'ils falsifient leurs données sur l'inflation ou modifient leurs méthodes à un moment stratégique qui permettra de réduire les taux mesurés d'inflation. Si les services statistiques ne sont pas indépendants, l'inflation mesurée à l'aide de l'IPC risquera ainsi d'être biaisée à la baisse, ce qui conduira à une surestimation de la réduction de la pauvreté (Barrionuevo, 2011 ; Berumen et Beker, 2011). Bien que la notion de *biais d'économie politique* soit plausible, les cas d'ingérence politique sur le calcul du taux d'inflation restent difficiles à prouver.

À cause de ces lacunes de l'IPC, les estimations de la pauvreté au niveau national utilisent souvent d'autres méthodes pour la prise en compte des effets des différences de prix dans l'espace ou dans le temps. Certaines agences statistiques et études universitaires repondèrent les sous-composantes de l'IPC pour mieux refléter les schémas de consommation des pauvres ou établir des déflateurs de prix basés sur des enquêtes, pour faire en sorte que les prix et les pondérations soient calculés directement à partir des enquêtes menées auprès des ménages. Comme les directives techniques concernant la façon d'ajuster les données de consommation nominale en fonction de l'évolution des prix sont rares et que les méthodes proposées sont loin de faire

l'unanimité, les pays optent souvent pour des méthodes spéciales et liées au contexte.

La méthode de la courbe d'Engel, utilisée pour la première fois par Costa (2001) et par Hamilton (2001) offre une autre solution. Elle repose sur l'idée selon laquelle les changements apportés au fil du temps à la fraction du budget consacrée aux aliments reflètent les changements du revenu réel. Le chapitre 2 examine de plus près ce que cette méthode donne à conclure concernant l'ampleur et le sens des biais de l'IPC et les répercussions qui en découlent pour la mesure de la pauvreté en Afrique.

En dépit des mises en garde exprimées, les IPC nationaux sont utilisés presque sans exception pour l'ajustement des prix entre les enquêtes aux fins des mesures de la pauvreté dans le monde (bien que dans les cas où les taux d'inflation basés sur l'IPC paraissent très peu plausibles, d'autres méthodes d'estimation de l'inflation soient parfois utilisées).

Utilisation des parités de pouvoir d'achat pour la mesure de la pauvreté mondiale

Dans le cas des analyses internationales, il est nécessaire de convertir en une monnaie commune les valeurs libellées en monnaie locale. On utilise généralement à cette fin les PPA plutôt que les taux de change traditionnels pour comparer la pauvreté et le PIB d'un pays à l'autre.

Le taux de change de la PPA s'appuie sur un travail réalisé à grande échelle pour recueillir et comparer les prix d'un ensemble de produits dans tous les pays (voir Banque mondiale (2014) pour une analyse détaillée des PPA). Le Programme de comparaison internationale (PCI), qui se charge des calculs de la PPA, est une entreprise mondiale de grande envergure qui couvre des milliers de biens et services dans 200 pays[13]. Environ 199 pays, représentant 97 % de la population mondiale et 90 % de l'économie mondiale, ont participé au cycle le plus récent (2011). En Afrique, 45 des 48 pays (tous sauf l'Érythrée, la Somalie et le Soudan du Sud) y ont participé (ils étaient 19 en 1993 et 44 en 2005).

Une controverse a éclaté en 2014 à la suite de la publication des PPA de 2011.

Le débat portait sur la question de savoir si le monde était devenu plus ou moins égalitaire, et s'il était devenu moins pauvre par rapport aux États-Unis d'Amérique, pays dont la monnaie sert de point de référence pour le calcul des taux de change. De tels débats sont devenus chose courante après chaque cycle du PCI et la publication des PPA (voir l'analyse dans Almås, 2012 ; Ciccone et Jarociński, 2010 ; Deaton, 2010) à cause, en partie, des changements importants apportés lors de chaque cycle aux méthodes utilisées, au nombre de pays participants et à la couverture (zones rurales et urbaines) à l'intérieur de chaque pays, qui amènent inévitablement certains reclassements. À l'issue du dernier cycle, la consommation et le revenu du pays en développement moyen avaient augmenté de 25 % (Inklaar et Rao, 2014). Les nouveaux PPA laissent prévoir des reculs importants de la pauvreté et un glissement géographique de la pauvreté de l'Asie vers l'Afrique (Dykstra, Kenny et Sandefur, 2014 ; Jolliffe et Prydz, 2015).

Les experts sont divisés quant à savoir lesquels des PPA — ceux de 2005 ou de 2011 — décrivent le mieux l'état du monde. Ceux qui favorisent le cycle 2011 (Deaton et Aten, 2014) soulignent que les changements de méthodes apportés en 2011 — notamment le recours à une liste mondiale de base de biens au lieu de celle des 18 « pays de l'Anneau » du cycle 2005 — a permis de corriger certaines des erreurs commises en 2005 qui gonflaient les ratios de prix pour l'Afrique, l'Asie (Japon exclu) et l'Asie occidentale de 20 à 30 %. Par contre, Ravallion (2014) considère que les PPA de 2011 accordent plus d'importance aux biens qui font l'objet d'un commerce international intense que ne l'avaient fait les cycles PCI du passé, comme en témoigne la convergence observée des niveaux de prix et des taux de change, en particulier en Asie. Il soutient que ces résultats ne sont pas conformes aux attentes formulées dans la foulée des changements méthodologiques apportés lors du cycle PCI de 2011.

Lanjouw, Massari et van der Weide (2015) utilisent une méthode d'imputations multiples qui met complètement de côté l'utilisation des PPA pour le classement des taux de pauvreté des pays. Leur méthode génère pour chaque pays de multiples taux de consommation et de pauvreté (ainsi, pour un échantillon de cinq pays, ils obtiennent cinq estimations par pays) correspondant chacun à l'estimation obtenue lorsqu'un pays en particulier sert de référence dans le modèle. Ils classent ensuite les pays sur la base de ces taux de pauvreté, et comparent ces classements à ceux obtenus en utilisant les PPA de 2005 et ceux de 2011. Pour un échantillon de cinq pays africains, le classement basé sur les PPA de 2011 correspondait de plus près à celui obtenu à l'aide de cette méthode d'imputation que celui basé sur les PPA de 2005. En revanche, il n'y avait pas de différence importante entre les classements basés sur les PPA de 2011 et de 2005 d'une part, et le classement basé sur la méthode d'imputation pour un échantillon de pays d'Europe et d'Asie centrale, et d'Amérique latine et des Caraïbes.

Que nous apprennent les plus récentes PPA sur l'évolution des niveaux de revenus nationaux (PIB par habitant) en Afrique ? La région reste la plus pauvre du monde, même si sa part du revenu mondial a légèrement augmenté, passant de 3,3 % en 2005 à 4,5 % en 2011. Les 10 économies les plus pauvres du monde se trouvent toutes en Afrique. Le classement des pays africains reste passablement stable, bien qu'on observe certains changements, par exemple pour le Botswana et le Gabon à une extrémité du spectre, et pour le Ghana et la Zambie au milieu (graphique 1.9).

Données de recensement démographique et données sur le PIB

Les données d'enquêtes et les données sur les prix ne sont pas les seules nécessaires pour l'estimation de la pauvreté. Les données de recensement sont requises d'abord pour le choix de l'échantillon qui servira à l'enquête, et ensuite pour estimer la taille de la population. Les données sur le PIB tirées du système de comptabilité nationale servent à

GRAPHIQUE 1.9   **L'adoption des parités du pouvoir d'achat de 2011 a conduit à une augmentation des valeurs du PIB par habitant dans toute l'Afrique**

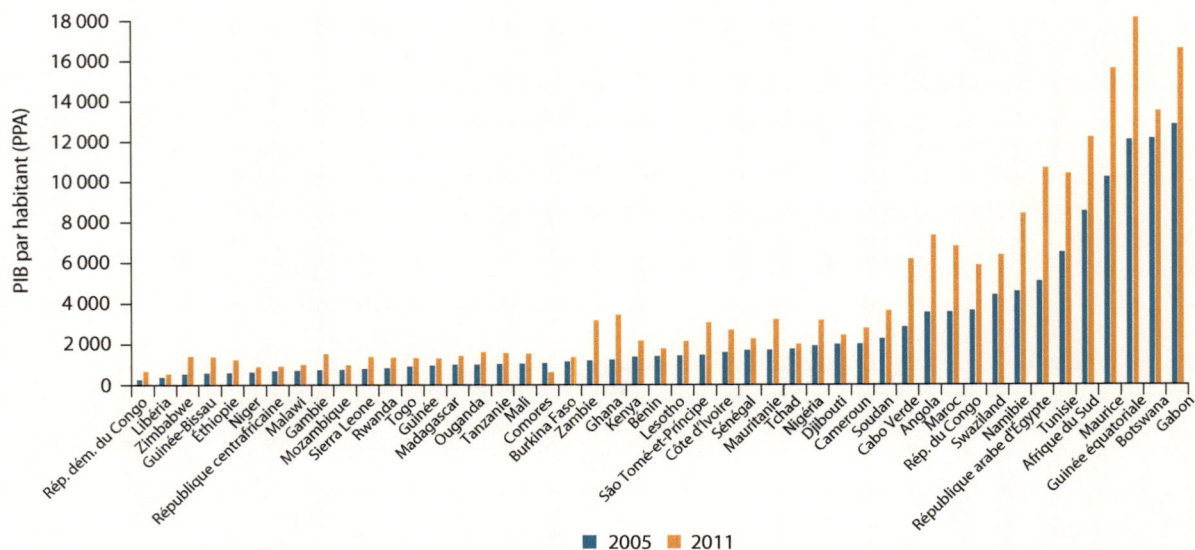

Source : Banque mondiale, 2014.
Note : Les pays sont classés en fonction de leur PIB par habitant estimé sur la base des PPA de 2005. Le PIB par habitant de la Guinée équatoriale estimé sur la base des PPA de 2011 s'établissait à 39 440 dollars ; dans le graphique, il est plafonné à 18 000 dollars pour permettre de distinguer les revenus des autres pays.

l'estimation de la pauvreté pour les années où aucune enquête n'a été effectuée.

Données de recensement

Un recensement est essentiel pour la mesure et le suivi de la pauvreté monétaire et non monétaire, et ce pour plusieurs raisons. Premièrement, il constitue la pierre d'assise du cadre d'échantillonnage requis pour les enquêtes et pour la sélection des unités primaires d'échantillonnage (collectivités) parmi lesquelles les ménages sont échantillonnés. À la fin des enquêtes, les recensements — plus précisément les projections démographiques des recensements antérieurs sur l'année de l'enquête — sont nécessaires pour obtenir les statistiques à partir des estimations d'enquête. L'absence d'un recensement à jour engendre un degré important d'incertitude dans les statistiques démographiques concernant le niveau de vie (ou toute autre mesure tirée des enquêtes auprès des ménages) (Banque mondiale, 2015a). Deuxièmement, les données de recensement servent à estimer les taux de pauvreté et le nombre de pauvres dans les plus petites divisions administratives possibles au moyen de « cartes de la pauvreté » (Elbers, Lanjouw et Lanjouw, 2003). Troisièmement, les données de recensement sont utiles pour élucider un certain nombre des dimensions non monétaires du niveau de vie — par exemple, conditions de logement et niveaux d'instruction.

Comme les recensements coûtent très cher, mobilisent beaucoup de personnel et sont lourds à gérer, ils sont d'ordinaire effectués tous les dix ans. La couverture des recensements de populations s'est sensiblement améliorée en Afrique au cours des deux dernières campagnes. Au cours de la campagne de 2000 (1995–2004), 33 pays sur 47 ont participé ; huit pays seulement — représentant environ 13 % de la population africaine — ont omis de participer à la campagne de recensement de 2010 (2005–2014)[14]. La République démocratique du

Congo n'a pas effectué de recensement depuis 1984. Comme on estime qu'il s'agit du troisième pays le plus populeux d'Afrique, il est essentiel, pour les besoins des estimations régionales, d'obtenir le nombre correct de pauvres qui y habitent.

Quelques pays seulement publient leurs ensembles de données de recensement. Le projet IPUMS (Integrated Public Use Microdata Series) — la plus grande collection mondiale de séries de microdonnées de recensement accessibles au public — inclut à l'heure actuelle 19 pays africains[15].

Données de la comptabilité nationale

Les comptes nationaux forment un ensemble complet de statistiques économiques qui servent à mesurer l'activité économique d'un pays. Ils jouent aussi un rôle important dans l'estimation de la pauvreté pour les années au cours desquelles aucune enquête n'a été réalisée. Au lieu de présumer d'emblée que la pauvreté évolue à un rythme régulier dans les intervalles qui séparent les enquêtes, les chercheurs appliquent les taux de croissance par habitant du PIB ou de la consommation privée (désignés sous le nom de « dépenses de consommation finale des ménages » dans le rapport Indicateurs du développement dans le monde) aux moyennes de l'enquête auprès des ménages pour interpoler les profils de la pauvreté entre deux enquêtes ou les extrapoler à l'extérieur de la période visée par une enquête (lorsqu'aucune autre enquête n'est disponible)[16]. Dans le cas des pays qui n'ont procédé qu'à une seule enquête, on procède à l'ajustement prospectif ou rétroactif de la moyenne des résultats en utilisant le taux de croissance réel du PIB par habitant pour déterminer les estimations de la pauvreté correspondant aux autres années (voir Banque mondiale, 2015a). Ces calculs présument que le PIB par habitant ou la consommation privée par habitant augmentent au même rythme pour tous.

La méthode de l'interpolation basée sur les données des comptes nationaux est préférable à celle basée sur l'hypothèse d'une évolution régulière du taux de pauvreté entre les cycles d'enquêtes. Elle permet de définir les ralentissements et les reprises

économiques qui peuvent survenir entre les enquêtes. L'hypothèse d'une croissance uniforme de la consommation des ménages correspondant au rythme de progression de l'économie globale devient encore moins plausible lorsqu'on extrapole à l'extérieur des périodes d'enquête, en particulier lors d'une extrapolation vers l'avenir (ou le passé) lointain.

La baisse de la fiabilité des estimations de la pauvreté déduites à partir des données du PIB à mesure qu'on s'éloigne de la date de l'enquête est due à l'évolution de la structure de l'économie avec le temps. Les agences statistiques recueillent chaque année des données indirectes sur les niveaux de production de divers secteurs. Elles regroupent ces valeurs en supposant que la structure de l'économie est celle de l'année de référence. Or, à mesure que cette structure évolue (par exemple, que le secteur de l'agriculture régresse et que le secteur des services progresse), l'année de référence devient de moins en moins représentative de l'économie et nécessite une mise à jour. La recommandation internationale préconise une actualisation de l'année de référence au moins tous les cinq ans, opération connue sous le nom de « *rebasage* ».

GRAPHIQUE 1.10 **Le rebasage a conduit à une augmentation des valeurs du PIB dans plusieurs pays africains**

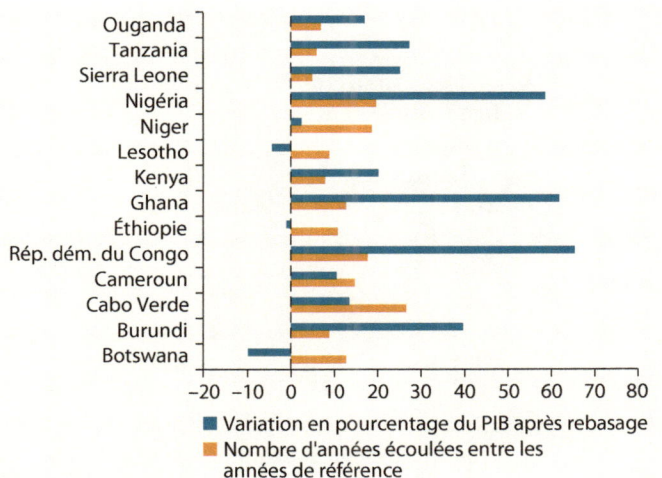

■ Variation en pourcentage du PIB après rebasage
■ Nombre d'années écoulées entre les années de référence

Source : Organismes statistiques nationaux de chacun des pays.

Sous l'effet du rebasage, l'économie nationale d'un pays peut croître statistiquement du jour au lendemain (graphique 1.10). L'exercice de rebasage du PIB réalisé par le Ghana en 2010 a engendré une hausse importante du PIB de ce pays, le faisant passer de la catégorie des pays à faible revenu à celle des pays à revenu intermédiaire de la tranche inférieure. Le rebasage effectué au Nigéria en 2014 a propulsé l'économie de ce pays au premier rang des pays africains, devant l'Afrique du Sud. Cet événement a beaucoup attiré l'attention des médias, des milieux d'affaires, des économistes et des organisations internationales (BBC, 2014 ; Economist, 2014 ; Magnowski, 2014).

Vingt-deux pays africains seulement (moins de la moitié) utilisent des années de référence ultérieures à 2004. Les secteurs en croissance risquent donc d'être sous-estimés, ce qui conduira à une sous-estimation du PIB et de sa croissance, ainsi que de la réduction de la pauvreté. Étant donné que le rebasage donne d'ordinaire plus de poids aux secteurs non agricoles, dont la croissance a moins d'effet que celle du secteur agricole sur la réduction de la pauvreté extrême, la sous-estimation de la réduction de la pauvreté sera vraisemblablement moins importante que celle du PIB (Christiaensen, Demery et Kuhl, 2011 ; Loayza et Raddatz, 2010).

Trois seulement des 14 pays qui ont procédé au rebasage de leur PIB au cours des 10 dernières années ont fait état d'une baisse de leur PIB. Certaines des révisions à la hausse ont été importantes, en partie à cause du fait que l'année de référence n'avait pas été modifiée depuis de nombreuses années.

L'interpolation et l'extrapolation sont nécessaires pour l'estimation de la pauvreté dans les années pour lesquelles des données d'enquêtes ne sont pas disponibles. Ces imputations devraient-elles être basées sur le PIB ou sur les données de consommation privée des comptes nationaux ? La consommation privée est préférable puisqu'elle prend en compte un ensemble de biens et de services qui reflètent plus fidèlement les données de consommation issues des enquêtes auprès des ménages (voir Deaton (2005) pour une analyse critique des

données de consommation privée utilisées en guise d'approximation de la consommation établie à partir des données d'enquêtes auprès des ménages). En pratique, cependant, certaines considérations comme la disponibilité et la qualité des données du PIB et de la consommation privée et le degré de corrélation entre les données issues des comptes nationaux et des enquêtes réalisées auprès des ménages influent sur ce choix. PovcalNet utilise la consommation privée par habitant aux fins de ses interpolations, sauf pour l'Afrique où il utilise le PIB par habitant.

Pour la période 1991–2012, le ratio moyen de la consommation moyenne par habitant établie à partir des enquêtes auprès des ménages sur la consommation privée moyenne par habitant établie à partir des comptes nationaux (eux-mêmes fondés sur les résultats de 83 enquêtes menées auprès des ménages africains) s'établissait à 0,86. Ce résultat est comparable à la moyenne globale, mais inférieur au ratio de 1,0 estimé pour l'Afrique par Deaton (2005). Le ratio de la consommation moyenne par habitant établie à partir des enquêtes auprès des ménages sur le PIB par habitant établi pour le même ensemble d'enquêtes s'établissait à 0,61. Ce résultat correspond aux deux tiers de la moyenne globale (0,9) et à 60 % du ratio de 1,0 estimé par Deaton (2005). Le ratio inférieur obtenu en utilisant le PIB est prévisible puisque le PIB ne dépend pas uniquement de la consommation privée des ménages.

Qu'en est-il des taux de croissance ? Pour un sous-ensemble de pays disposant des résultats de deux enquêtes comparables, il est possible de comparer les taux de croissance annuels par habitant tirés des enquêtes sur la consommation des ménages à la croissance annuelle du PIB et à la consommation privée par habitant correspondantes tirées des comptes nationaux. Les taux de croissance annuelle sont plus élevés de 0,41 point de pourcentage pour la consommation privée par habitant, et plus élevés de 1,2 point de pourcentage pour le PIB par habitant que les estimations de la croissance de la consommation par habitant calculée à partir des résultats d'enquêtes auprès des ménages (fondée sur une moyenne simple des pays pour chaque période pour laquelle on dispose de paires de données d'enquêtes comparables). Pour l'ensemble de l'Afrique, si on ne limite pas les calculs aux seules années pour lesquelles on dispose d'enquêtes comparables, les taux de croissance du PIB et de la consommation privée par habitant établis à partir des comptes nationaux sont très proches, la différence n'étant en moyenne que de 0,02 point de pourcentage en faveur du taux de croissance du PIB par habitant. Cette observation donne à penser que le recours au PIB pour suivre l'évolution de la consommation à partir des données d'enquêtes donne de moins bons résultats dans le cas du sous-ensemble de pays qui ont fait l'objet d'enquêtes comparables. Globalement, le recours à la consommation privée établie à partir des comptes nationaux plutôt qu'au PIB pour l'imputation des taux de pauvreté en l'absence de données d'enquêtes suffisantes ne semble pas faire une grande différence. Les deux sources de données conduisent à une surestimation du recul de la pauvreté.

Au Kenya, par exemple, où la dernière enquête auprès des ménages a été réalisée en 2005, le taux de pauvreté s'établit à 34 % selon le seuil de pauvreté de 1,90 dollar par jour. L'extrapolation à partir des résultats de cette enquête en utilisant un taux de croissance moyen réel par habitant de 2,3 %

donne un taux estimé de pauvreté de 26 % pour 2012. Une réduction du taux de croissance de 0,5 points de pourcentage par année fait passer cette estimation à 28 %. Plus l'erreur de mesure des taux de croissance du PIB sera grande et plus les données d'enquêtes sur lesquelles s'appuient les projections seront anciennes, plus grande sera la différence entre le taux de pauvreté « véritable » et le taux estimé à l'aide de ces projections.

Économie politique de la production de données

Après les années d'investissements consentis en faveur des statistiques par les États africains et la communauté internationale du développement, l'absence persistante de données adéquates (et, *a fortiori*, de haute qualité) pour la mesure de la pauvreté jette une ombre sur les débats récents abordant ces enjeux. Les problèmes ne se limitent pas aux données sur la consommation (encadré 1.3). Les retards dans la mise à disposition des données et dans l'amélioration de la qualité s'expliquent aussi par l'insuffisance des financements, par les moyens limités des bureaux nationaux de la statistique, et par l'absence de planification stratégique et de bonnes pratiques administratives. Certains défenseurs du développement des statistiques dans la région réclament plus

---

ENCADRÉ 1.3   Beaucoup des données africaines ne sont pas fiables

Les problèmes de piètre qualité et d'absence de comparabilité des données africaines ne se limitent pas aux données sur la consommation. La large variance observée d'une enquête à l'autre, dans un même pays, par des indicateurs, tels que l'utilisation des services de santé, les taux de scolarisation, les taux d'alphabétisation des adultes, la mortalité infantile et l'accès à l'eau potable et aux services d'assainissement est révélatrice à cet égard (l'encadré 3.2, dans le chapitre 3, illustre le défi que représente le suivi de l'alphabétisation des adultes). La divergence observée entre les données d'enquêtes

et les données administratives l'est tout autant (voir par exemple Gaddis et Hoogeveen, 2015). Bien que l'intérêt politique à afficher des résultats positifs puisse expliquer certaines des différences observées entre les données d'enquêtes et les données administratives (Sandefur et Glassman, 2015), les problèmes de qualité des données jouent aussi un rôle. Les estimations de la production de maïs au Malawi pour la période 2006–2007, par exemple, varient de 1 700 à plus de 2 500 kilogrammes par hectare (une différence de près de 50 %) (Carletto, Jolliffe et Banerjee, 2015).

de moyens financiers et plus de renforcement des capacités. Cependant, on s'accorde de plus en plus à reconnaître que le problème est plus profond et ne se résume pas à un manque de fonds ou de compétences techniques.

Facteurs nationaux liés à la disponibilité, à la comparabilité et à l'ouverture des données

Les pays africains plus riches ont-ils tendance à effectuer plus d'enquêtes, et plus d'enquêtes aux résultats comparables ? Les pays qui reçoivent plus d'aide font-ils un meilleur travail de collecte des données (peut-être parce que les bailleurs ont intérêt à montrer des résultats) ? Quels sont les pays qui effectuent les enquêtes les plus fréquentes et les plus comparables et qui mettent leurs résultats à la disposition du public ?[17]

La présente section classe les pays de quatre façons — en fonction du niveau de revenu, du patrimoine naturel, de la situation géographique (enclavé ou côtier) et de la fragilité — afin de déterminer des tendances. En plus d'établir ce classement général, l'analyse porte une attention particulière au rôle de la gouvernance et de l'aide au développement dans la production des données. La portion supérieure du tableau 1.2 présente les résultats correspondant à l'Afrique, tandis que la portion inférieure présente les résultats de pays en développement d'autres régions du monde.

Le manque de ressources financières est généralement considéré comme un obstacle important à la collecte de données statistiques en Afrique. Or, curieusement, cette hypothèse n'est pas confirmée par les données. En Afrique, les pays à revenu intermédiaire ne réalisent pas plus d'enquêtes sur la consommation que les pays à faible revenu, et ces enquêtes ne sont pas non plus susceptibles d'être plus comparables ni plus ouvertes au public. Hors d'Afrique, les pays à revenu intermédiaire effectuent plus d'enquêtes sur la consommation que les pays à faible revenu, mais cette différence devient non significative après neutralisation des effets de la part de l'aide extérieur dans le budget, du degré de liberté politique et de l'efficacité des administrations publiques.

Les pays africains qui sont riches en ressources naturelles effectuent moins d'enquêtes sur la consommation que ceux qui ne jouissent pas d'une telle richesse. En Afrique comme dans les autres régions, les pays fragiles effectuent moins d'enquêtes sur la consommation que ceux qui ne sont pas fragiles, bien qu'en Afrique, cette différence devienne non significative après neutralisation des effets de la part de l'aide extérieure dans le budget, du degré de liberté politique et de l'efficacité des administrations publiques. Curieusement, lorsqu'on aborde la question sous certains angles, on peut arriver à penser que la proportion des enquêtes comparables et ouvertes au public pourrait être plus élevée dans les pays fragiles que dans les pays non fragiles en Afrique.

On pourrait par ailleurs penser que les pays qui reçoivent plus d'aide au développement (en proportion du budget national) devraient produire des données sur la pauvreté plus nombreuses et de meilleure qualité (ou plus exactement produire des enquêtes sur la consommation qui sont comparables), à cause, en partie, de l'intérêt que portent supposément les bailleurs à la collecte de données qui permettront de déterminer si l'aide accordée a une incidence sur les pays bénéficiaires. Or, il n'existe pas de preuve solide d'un tel rapport de cause à effet. Dans l'échantillon de pays non africains, on observe une corrélation négative entre le niveau d'aide et le nombre d'enquêtes sur la consommation. Dans l'échantillon de pays africains, on n'observe aucune corrélation statistiquement significative entre le niveau d'aide et le nombre d'enquêtes sur la consommation ni avec la proportion d'enquêtes comparables. En fait, plus un pays africain reçoit de l'aide, moins il est susceptible semble-t-il d'ouvrir ses enquêtes au public.

L'absence de corrélation positive entre le niveau d'aide et la production des données en Afrique est déconcertante. Il est possible que les bailleurs n'exigent pas explicitement ou implicitement qu'ils produisent des données plus nombreuses ou de meilleure qualité. Il est aussi possible que les intérêts des bailleurs et des pays bénéficiaires ne coïncident pas. Par

TABLEAU 1.2   Seules quelques-unes des caractéristiques des pays sont corrélées avec le nombre et la part des enquêtes sur la consommation comparables et ouvertes

Caractéristiques du pays	Nombre d'enquêtes sur la consommation		Proportion des enquêtes sur la consommation qui sont comparables		Proportion des enquêtes sur la consommation qui sont ouvertes	
	(1a)	(1b)	(2a)	(2b)	(3a)	(3b)
Afrique						
Revenu intermédiaire	−0,781	−0,343	−0,072	−0,141	0,068	0,069
Riche en ressources	−0,869*	−1,115*	−0,096	0,075	0,016	−0,079
Enclavé	0,794	1,093	0,047	−0,268*	−0,056	0,015
Fragile	−1,963***	−0,823	−0,084	0,396*	0,169***	−0,010
Part de l'aide dans le budget national (log)		−0,146		0,031		−0,076*
Indicateurs de la gouvernance dans le monde						
— Indice de l'efficacité des administrations publiques		0,363		0,581***		−0,280**
— Indice de l'étendue des droits politiques		−0,165		0,101*		−0,022
Hors de l'Afrique						
Revenu intermédiaire	4,107**	2,360	0,090	0,146	0,094	0,160
Riche en ressources	−0,954	−2,755	0,233**	0,166	0,050	−0,067
Enclavé	1,349	3,675**	0,189**	0,122	0,046	−0,001
Fragile	−6,236***	−4,766***	0,025	0,156	0,020	−0,094
Part de l'aide dans le budget national (log)		−1,707***		0,020		−0,003
Indicateurs de la gouvernance dans le monde						
— Indice de l'efficacité des administrations publiques		−1,371		−0,018		−0,073
— Indice de l'étendue des droits politiques		−0,895		0,026		0,009
Nombre d'observations	133	93	133	93	132	93
R-carré	0,251	0,432	0,098	0,390	0,096	0,189

Sources : Données d'enquêtes : Réseau international d'enquêtes auprès des ménages, bibliothèque de microdonnées de la Banque mondiale et PovcalNet. Indice de l'efficacité des administrations publiques : Indicateurs de la gouvernance dans le monde. Indice de l'étendue des droits politiques : Freedom House. Autres variables de contrôle : Indicateurs du développement dans le monde.

Note : L'ensemble de données comporte une observation par pays. Dans les colonnes 1a et b, la variable dépendante est le nombre total d'enquêtes sur la consommation réalisées entre 1990 et 2012. Dans les colonnes 2a et b, la variable dépendante est la part des enquêtes sur la consommation qui sont comparables. Dans les colonnes 3a et b, la variable dépendante est le nombre d'enquêtes qui sont ouvertes (c'est-à-dire, accessibles au public). L'indice de l'étendue des droits politiques est l'Indice Freedom House des droits politiques et des libertés civiles ; il varie de 1 à 7, où 1 désigne la plus grande liberté et 7 la moins grande. Les régressions prennent en compte la population et la superficie des pays. Les erreurs-types sont regroupées au niveau des pays. La constante n'est pas indiquée. La valeur de *R*-carré correspond à une régression groupée (pays africains et non Africains) avec termes d'interaction.
Seuil de signification : * = 10 %, ** = 5 %, *** = 1 %.

exemple, on peut songer à une situation où le bailleur se montre plus disposé à financer la collecte de données de haute qualité (petits échantillons, enquêtes portant sur de multiples sujets), quitte à ce que les enquêtes soient moins fréquentes, alors que les autorités du pays bénéficiaire préféreront des échantillons plus grands et plus représentatifs aux niveaux administratifs inférieurs (CGD, 2014). Les organismes statistiques nationaux

peuvent ainsi se retrouver en porte-à-faux entre les préférences des bailleurs et celles de leurs administrations publiques.

Contrairement à l'aide, la bonne gouvernance est positivement corrélée à l'amélioration de la qualité des données en Afrique. L'efficacité des administrations publiques — une des six dimensions de la gouvernance visées par la base de données des Indicateurs de la gouvernance dans le monde (IGM) — présente un

GRAPHIQUE 1.11 **La bonne gouvernance et la capacité statistique vont de pair**

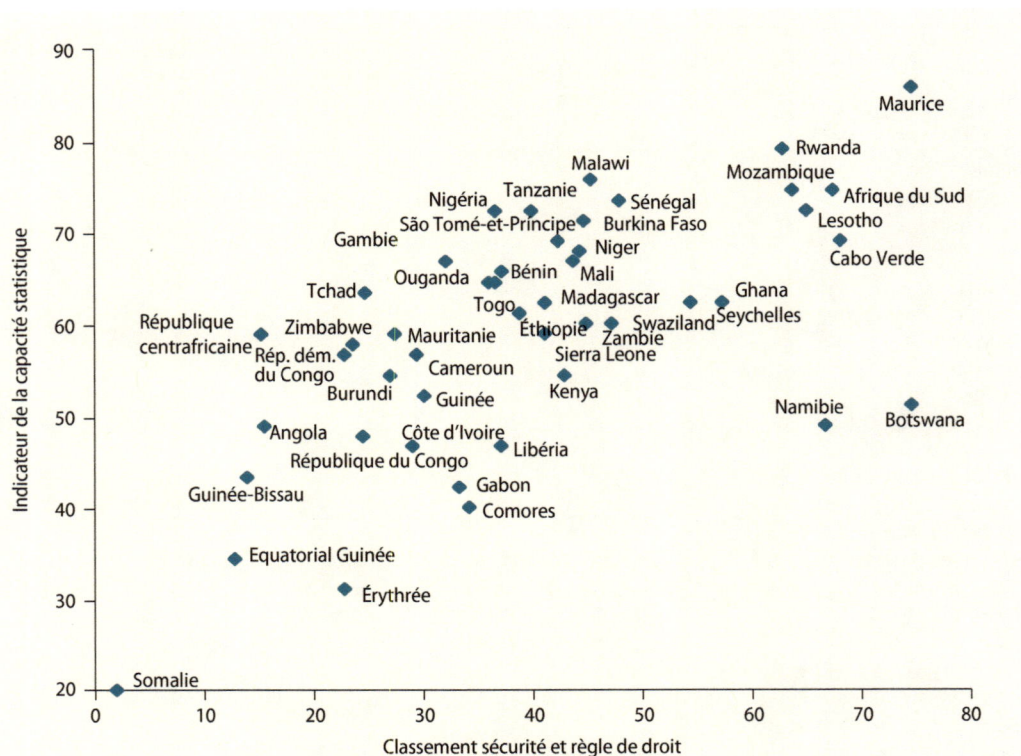

Source : Hoogeveen et Nguyen, 2015.

degré élevé de corrélation avec l'amélioration de la comparabilité des enquêtes. En revanche, elle est négativement corrélée à la part des enquêtes auprès des ménages qui sont jugées ouvertes. L'ouverture politique (mesurée par l'indice de l'étendue des droits politiques) présente pour sa part une corrélation positive avec la hausse de la proportion des enquêtes comparables.

D'autres indicateurs de la capacité statistique et de la gouvernance donnent des résultats plus solides. On observe une corrélation positive forte entre la note attribuée à un pays sur la base de l'indicateur de la capacité statistique (ICS) (qui mesure la collecte des données, leur disponibilité et les pratiques relatives à leur gestion) et celle qui lui est attribuée sur la base de la sécurité et de la primauté du droit (un des indicateurs de la gouvernance mesuré par l'indice Ibrahim de

la gouvernance en Afrique) (graphique 1.11). Les pays qui obtiennent une meilleure note en matière de sécurité et de primauté du droit obtiennent aussi une meilleure note en matière de capacité statistique.

Aspects politiques du manque de données de bonne qualité

La production de statistiques est un travail techniquement complexe. Elle exige la mobilisation de vastes ressources financières et humaines et la mise en place de mécanismes robustes de contrôle de la qualité. L'asymétrie omniprésente de l'information, qui crée des difficultés pour les utilisateurs ou les acheteurs qui cherchent à contrôler la qualité du produit, vient encore compliquer cette tâche.

Ces difficultés expliquent en partie le manque d'enquêtes sur la consommation de haute qualité. Pourtant, les pouvoirs publics africains ont réussi à satisfaire à leurs besoins en matière de renforcement des capacités dans l'accomplissement d'autres activités aussi, sinon plus complexes au plan technique — par exemple, offrir l'accès aux thérapies antirétrovirales aux personnes atteintes du SIDA et organiser des élections nationales (Hoogeveen, 2015). Pourquoi donc n'ont-ils pas réussi à produire des données plus nombreuses et de meilleure qualité sur le niveau de vie de leurs populations ?

Selon plusieurs rapports et documents récents, les données seraient fragiles à cause des préférences politiques des membres de l'élite (Carletto, Jolliffe et Banerjee, 2015 ; CGD, 2014 ; Devarajan, 2013 ; Krätke et Byiers, 2014 ; Hoogeveen, 2015 ; Jerven, 2013). Selon ces études, on peine à mettre en place des agences statistiques autonomes même lorsque les lois l'exigent parce que les normes et procédures de prise de décisions restent informelles (personnalisées), centralisées et même circonstancielles (Krätke et Byiers, 2014). En conséquence, les agences statistiques sont incapables de produire en temps utile des données de bonne qualité et impartiales, ce qui les laisse à la merci des pressions politiques locales et de l'influence de groupes d'intérêt spéciaux bien organisés (CGD, 2014). De plus, lorsque les bailleurs de l'extérieur conditionnent leurs financements à des indicateurs précis (par exemple, taux de scolarisation), les bureaux de la statistique et les politiciens locaux risquent d'être poussés à exagérer les résultats obtenus, et à produire des données non fiables pour appuyer leurs conclusions.

L'environnement politique se caractérise dans de nombreux pays africains par les divisions ethniques, les alliances fragiles, une forte concurrence pour le pouvoir politique et pour les ressources économiques, et des « règles du jeu » obscures. Dans un tel contexte, plusieurs des élites risquent de se montrer hostiles à la collecte en temps opportun de données fiables, assimilant l'opération à un audit partisan de leur performance. Elles seront ainsi fortement tentées de mettre en place des unités statistiques politisées et concurrentielles, ce qui mènera à la fragmentation, aux doubles emplois, au gaspillage des ressources et, à terme, à l'inefficacité des agences statistiques.

Les élites politiques risquent aussi de se montrer défavorables à des statistiques de bonne qualité pour d'autres raisons. Premièrement, dans un climat où règne le clientélisme et où les possibilités d'engagement politique sont limitées, comme c'est le cas dans la plupart des pays africains, il est inutile de justifier de solides antécédents appuyés par des données de bonne qualité puisqu'il suffit de bénéficier de l'appui d'un petit groupe de courtiers de pouvoir (Hoogeveen, 2015). Deuxièmement, comme il est coûteux d'entretenir les réseaux clientélistes, les coûts d'opportunité du financement de statistiques de haute qualité sont élevés en termes de survie politique. Troisièmement, des statistiques de piètre qualité permettent aux élites de se déresponsabiliser puisqu'elles leurs donnent la possibilité de contester les mauvais résultats. Ce manque d'intérêt et d'appui de la part des principaux responsables politiques constitue peut-être le principal obstacle aux efforts d'amélioration de l'environnement des données sur la pauvreté en Afrique. Cependant, l'expérience acquise dans d'autres régions (en particulier en Amérique latine et dans les Caraïbes) donne à conclure que la coopération régionale et la transmission du savoir entre pairs, conjuguées à l'application de normes et de directives techniques internationales, pourraient contribuer largement à l'amélioration de la qualité et de la cohérence des données existantes (encadré 1.4).

Réévaluation de la base de connaissances sur la Pauvreté

Notre aptitude à suivre correctement l'évolution de la pauvreté en Afrique dépendra de la mesure dans laquelle nous parviendrons à résoudre les nombreux problèmes qui se posent au plan des données et qui ont été décrits dans le présent chapitre. Au nombre de ces problèmes figurent ceux liés à la disponibilité, à la comparabilité et à la qualité

ENCADRÉ 1.4   Les bailleurs peuvent-ils améliorer les capacités des bureaux nationaux de la statistique ? Les leçons du programme MECOVI

Le Programme d'amélioration des enquêtes et de l'évaluation des conditions de vie en Amérique latine et aux Caraïbes (MECOVI) était le fruit d'un effort coordonné de la Banque interaméricaine de développement, de la Commission économique des Nations Unies pour l'Amérique latine et les Caraïbes et de la Banque mondiale. Il avait pour objectif de fournir une assistance technique aux bureaux nationaux de la statistique afin d'accroître d'une manière durable leurs capacités à mener des enquêtes de haute qualité auprès des ménages. Lancé en 1996, il s'est poursuivi jusqu'en 2005. Le concept et le cadre qu'il a contribués à élaborer influent toujours aujourd'hui sur les enquêtes menées auprès des ménages dans cette région.

Les succès du programme dans le renforcement des capacités des agences statistiques des pays participants ont été largement reconnus. Le MECOVI a encouragé la coopération régionale et la transmission du savoir entre pairs, et posé les bases de programmes durables d'enquêtes auprès des ménages. Il est possible de tirer de ces succès plusieurs enseignements :

• La planification à moyen terme s'est avérée cruciale. La durée minimale de toutes les activités prévues était de quatre ans.
• L'accent mis sur un ensemble d'activités spécifiquement liées aux enquêtes auprès des ménages a contribué à l'atteinte des objectifs. Une allocation claire des financements locaux à la réalisation des enquêtes, et des ressources extérieures à l'assistance technique plutôt qu'à la collecte des données a permis d'assurer la pérennité des résultats.
• L'engagement et la participation ont joué un rôle déterminant. Les bureaux de la statistique de cha-

cun des pays participants ont clairement défini leurs ressources, leurs activités et leurs plans de travail.
• La définition des structures de gouvernance des trois institutions parraines était importante.
• La formation régionale et les activités de partage d'expérience mettant l'accent sur les échanges Sud-Sud se sont avérées essentielles.

En mettant l'accent sur l'appui aux enquêtes auprès des ménages, le MECOVI a créé des « îlots d'efficacité » au sein de certains des bureaux de la statistique les moins organisés. Les services d'enquêtes sont devenus les « enfants chéris » des administrations publiques, bénéficiant de la majorité des financements et des meilleures ressources, mais la nature technique de l'aide consentie a permis à d'autres services de bénéficier de retombées importantes qui ont favorisé des améliorations dans des domaines, tels que le contrôle de la qualité des données, la conception des questionnaires, l'échantillonnage et la saisie des données.

Le MECOVI est-il reproductible ? Certains des facteurs qui ont contribué à son succès (par exemple, vif intérêt manifesté pour l'utilisation des enquêtes auprès des ménages pour la mesure de la pauvreté) ne peuvent être reproduits. D'autres, cependant, peuvent l'être — par exemple, coordination étroite de la participation des bailleurs, coopération entre les pays, adoption d'une perspective à long terme, objectifs clairement définis et limités, forte participation des bureaux nationaux de la statistique, objectifs précis et financements sûrs.

Contribution de Jose Antonio Mejia-Guerra.

des données sur la consommation. D'autres problèmes se posent également au chapitre de la qualité et des biais possibles de la source de données sur les prix la plus communément utilisée pour suivre l'évolution des niveaux de vie réels (l'IPC).

Intrapolation pour les années sans enquêtes sur la consommation

Un des problèmes importants découle du fait que les enquêtes sur la consommation ne sont

pas effectuées tous les ans. Les estimations mondiales et régionales de la pauvreté comblent les lacunes ainsi créées dans les données en utilisant le PIB ou les données sur la consommation privée en guise d'approximation de l'augmentation de la consommation. Par ailleurs, certaines enquêtes sur la consommation risquent de ne pas être comparables ou d'être de qualité douteuse. Si les préoccupations suscitées par la comparabilité et la qualité des données conduisent à l'exclusion de certaines enquêtes, il conviendra d'accorder plus d'importance aux imputations fondées sur le PIB.

La méthode d'imputation d'une enquête à l'autre (S2S) peut offrir une solution de rechange aux imputations fondées sur le PIB pour combler les lacunes des données. Cette méthode repose sur l'utilisation d'au moins une enquête recueillant des données sur la consommation (l'enquête de référence), laquelle sert à établir un modèle qui sera par la suite utilisé pour estimer la consommation à partir des données d'autres enquêtes axées sur d'autres caractéristiques des ménages. La possibilité de recourir à plusieurs types d'enquêtes qui ne portent pas sur la consommation — par exemple, l'EDS ou les EGIM, compte parmi les principaux avantages de cette méthode. Elle peut servir à corriger de nombreux problèmes de données, y compris une fréquence insuffisante, l'absence de comparabilité et la piètre qualité. Si le modèle renonce aux régresseurs qui nécessitent des ajustements au coût de la vie, il devient possible de répondre simultanément aux préoccupations suscitées par le biais de l'IPC (puisque l'imputation est effectivement réalisée en termes réels). Le succès du modèle dépend de la stabilité des rapports estimés entre la consommation et les caractéristiques du ménage faisant l'objet du suivi. Les données d'observation tendent principalement à montrer que cette méthode ne présente pas de difficultés majeures, à tout le moins dans les cas où l'économie ne subit pas de revirements importants ou lorsque les prévisions portent sur un avenir assez proche (Christiaensen *et al.*, 2012 ; Douidich *et al.*, 2013 ; Kijima et Lanjouw, 2003).

Recours à la courbe d'Engel pour éviter les biais inhérents à l'IPC

La loi d'Engel est la loi selon laquelle la part des dépenses d'alimentation dans le budget des ménages diminue avec l'augmentation du revenu. La méthode fondée sur la courge d'Engel exploite cette régularité empirique pour estimer les changements dans les revenus réels à partir des changements observés dans la part du budget des ménages consacrée à l'alimentation, après neutralisation des effets d'autres facteurs influant sur la répartition par le ménage des ressources dont il dispose pour satisfaire à ses besoins alimentaires et non alimentaires (par exemple, la composition démographique du ménage et les prix relatifs des produits alimentaires et non alimentaires) (Costa, 2001 ; Hamilton, 2001). Les disparités observées entre les changements des revenus réels estimés par la méthode de la courbe d'Engel et ceux effectivement mesurés (par exemple, revenus nominaux déflatés par l'IPC) sont considérés comme une preuve du biais de mesure inhérent à l'IPC. Un déplacement vers la gauche des courbes d'Engel, dénotant une réduction, au fil du temps, de la part du revenu réel consacrée aux dépenses d'alimentation, donne à penser que l'IPC conduit à surestimer les hausses du coût de la vie « réel », et que les revenus réels sont de plus en plus sous-estimés (Hamilton, 2001).

Cette approche a pour principale hypothèse d'identification qu'aucun facteur non observé n'influe sur la part du budget consacrée à l'alimentation (c'est-à-dire, qu'il n'existe aucun changement des préférences ni aucun changement de prix au-delà des grands facteurs contrôlés par le modèle). Cette hypothèse n'est pas triviale et peut être violée (à cause de l'évolution des préférences en faveur de biens de consommation durables particuliers, comme les téléphones portables par exemple). Pour cette raison, et bien que la méthode puisse fournir des indications utiles sur le biais de l'IPC, en particulier lorsqu'on l'applique à un grand nombre de pays, il convient de prendre garde de ne pas surinterpréter les résultats obtenus pour un pays particulier donné.

Reconnaissance des autres enjeux de la mesure de la pauvreté

Plusieurs autres enjeux viennent compliquer la mesure de la pauvreté[18]. Premièrement, il est difficile de monétiser la consommation de plusieurs biens et services. Par exemple, les prix de marché des aliments produits et consommés par les ménages (ou reçus en cadeau ou en guise de salaires) doivent être estimés afin d'en monétiser la valeur. La valeur d'usage des habitations et des biens durables, lorsqu'elle est incluse dans les mesures de la consommation, doit aussi être estimée. Bien que des techniques économétriques puissent servir à estimer le prix de location lorsqu'une habitation est la propriété d'un ménage, par exemple, une telle estimation n'est fiable qu'en présence d'un robuste marché de location, ce qui n'est pas le cas dans de nombreuses zones rurales d'Afrique. Le problème de l'imputation d'une valeur d'usage est encore compliqué par le fait que les données typiques recueillies dans le cadre des enquêtes ne reflètent pas toujours les informations requises pour le calcul des valeurs d'usage. Par exemple, beaucoup d'enquêtes vérifient si les familles possèdent des biens de consommation durables particuliers, mais rares sont celles qui recueillent des informations sur la valeur (actuelle ou passée) de ces biens. Beaucoup de mesures de la consommation incluent les dépenses consacrées à l'éducation et à la santé, mais en sous-estiment la valeur de consommation « réelle » lorsque ces services sont subventionnés ou fournis par l'État.

Deuxièmement, le suivi mondial de la pauvreté utilise la consommation par habitant aux fins des comparaisons du bien-être, en divisant la consommation totale des ménages par le nombre de membres qu'ils contiennent. Cette méthode ignore les différences de consommation entre les membres des ménages ainsi que les économies d'échelle que ces derniers peuvent réaliser. L'ignorance de ces deux aspects risque d'influer sur les comparaisons entre les groupes et entre les pays.

Troisièmement, si la consommation doit servir à la mesure du bien-être, il convient d'établir une norme pour déterminer qui est pauvre et qui ne l'est pas ; diverses méthodes permettent de déterminer un tel seuil de pauvreté (encadré 1.5).

ENCADRÉ 1.5   Où se situe le seuil de pauvreté ?

La mesure de la pauvreté nécessite l'établissement d'un seuil de consommation en-dessous duquel les personnes peuvent être qualifiées de pauvres. La plupart des pays en développement définissent un seuil national de pauvreté fondé sur le coût d'un panier d'aliments de « première nécessité », en ménageant une certaine marge pour les besoins non alimentaires essentiels (par exemple, vêtements et logement). Bien que ces seuils nationaux présentent l'avantage de mesurer la pauvreté en tenant compte de normes et de circonstances particulières au pays, ils ne sont pas comparables d'un pays à l'autre. Par exemple, les seuils de pauvreté nationaux de l'Ouganda sont fondés sur un apport calorique minimal quotidien de 3 000 kcal par adulte, soit beaucoup plus que la norme en vigueur au Kenya (2 250 kcal) ou en Tanzanie (2 200 kcal). Beaucoup d'autres différences importantes nuisent aux comparaisons internationales des seuils nationaux de pauvreté.

Pour mesurer la pauvreté au niveau mondial ou régional et pour comparer la pauvreté d'un pays à l'autre, il est pratique courante d'appliquer dans chaque pays la même norme absolue pour estimer le nombre de pauvres. Le seuil international de pauvreté de la Banque mondiale a été historiquement défini comme représentatif des seuils de pauvreté nationaux des pays les plus pauvres, après conversion en une monnaie commune fondée sur les taux de change de la PPA (Banque mondiale, 1990 ; Ravallion, Datt et van de Walle, 1991 ; Chen et Ravallion, 2010). En 2008, ce seuil international s'établissait à 1,25 dollar par habitant et par jour aux prix de 2005. En 2015, il a été porté à 1,90 dollar par jour, aux prix de 2011, sur la base de l'indice de PPA de 2011. Ce seuil est celui utilisé dans le présent rapport.

Plusieurs chercheurs ont proposé des seuils de pauvreté de rechange. Ravallion et Chen (2011) et Chen et Ravallion (2013) proposent des seuils « faiblement relatifs » qui combinent les caractéristiques d'un seuil de pauvreté absolu pour les pays les plus pauvres, mais posent l'hypothèse qu'à partir du moment où un pays a franchi un certain seuil de revenus, le seuil de pauvreté devrait suivre une courbe ascendante avec l'augmentation du revenu par habitant. Klasen et ses collaborateurs (à paraître) proposent un seuil de pauvreté international d'environ 1,70 dollar aux prix de 2011 qu'ils dérivent en utilisant une méthode semblable à celle de Jolliffe et Prydz (2015).

Conclusions et recommandations

La production de statistiques sociales et économiques en Afrique s'est améliorée au cours des 20 dernières années. Le nombre d'enquêtes réalisées auprès des ménages a augmenté. La participation aux cycles de recensement décennaux est en hausse. Les pays sont plus nombreux à actualiser leur année de base du PIB. La participation des pays africains au plus récent programme de comparaison internationale a atteint un niveau sans précédent. Les données sur la gouvernance, les attitudes politiques et d'autres aspects non monétaires de la pauvreté sont recueillies en plus grands nombres, tout comme les données ventilées par sexe sur la santé, la violence et les questions liées à l'autonomisation. Ces données ont aidé les chercheurs à replacer la pauvreté dans une perspective plus large.

Toutes ces améliorations sont les bienvenues, mais trois grandes sources de préoccupations persistent. Premièrement, bien que la production des données ait augmenté, les volumes de données recueillies au départ étaient très faibles. Un effort soutenu sera requis à cet égard si l'Afrique souhaite rejoindre les autres régions du monde.

Deuxièmement, beaucoup des données qui ont été produites — en particulier celles sur la consommation — sont de piètre qualité, et, dans le pire des cas, inutilisables. Par exemple, sur les 148 enquêtes examinées aux fins du présent examen, 78 seulement étaient comparables à une autre enquête, une condition essentielle pour le suivi de la pauvreté. Seuls 11 pays respectent la fréquence recommandée de révision de l'année de base du PIB et utilisent une année de base remontant à moins de cinq ans.

Troisièmement, les problèmes de données ne sont pas uniquement de nature technique. Une raison importante et souvent négligée de l'insuffisance des investissements en faveur des statistiques en Afrique est que la production de statistiques de haute qualité ne bénéficie pas de solides appuis de la part des politiciens et des décideurs, dont certains craignent qu'elles puissent servir à d'autres personnes — chercheurs indépendants, groupes d'intérêt spéciaux et adversaires politiques — non seulement pour mesurer les progrès accomplis, mais également pour évaluer leur travail.

Étant donné tous ces problèmes, les bases sur lesquelles s'appuient l'élaboration des politiques et l'obligation de rendre compte des résultats sont fragiles. Que faire ?

Repenser le modèle financier. Le moyen le plus souhaitable et le plus fiable de financer la production des données statistiques dont les pays ont besoin consiste à faire appel aux ressources intérieures. Il faut pour cela convaincre les élites des avantages de la prise de décisions basées sur les faits, et confier la responsabilité de la collecte des statistiques à une agence autonome dirigée par un conseil d'administration indépendant et employant des professionnels. Une telle agence devrait disposer d'un mandat clair concernant les types de données qu'elle est censée recueillir, jouir d'un financement réservé tiré des crédits généraux, et répondre à des dispositions précises concernant l'établissement de rapports destinés aux institutions représentant l'électorat — par exemple, le Parlement. Les dispositifs politiques actuels prévoient souvent des financements de faveur limités pour les services de statistiques, peut-être dans le but d'exercer une influence sur les agences statistiques. Le remplacement du financement intérieur par l'aide des bailleurs n'a pas toujours été efficace parce que les intérêts des bailleurs ne coïncident pas toujours avec ceux des autorités publiques.

Il convient donc d'adopter des modèles de financement de rechange. En vertu d'un de ces modèles, le bailleur — par exemple, la Banque mondiale — s'engagerait à financer la production des données statistiques à perpétuité par l'entremise de programmes de dons dans les pays qui ne sont pas disposés à produire des statistiques de bonne qualité. Ce modèle serait semblable à celui utilisé par l'Agence des États-Unis pour le développement international (USAID) pour le financement de l'EDS. Dans les pays qui manifestent un intérêt pour l'augmentation de la quantité et de la qualité des données statistiques mais dont les ressources financières sont insuffisantes, un accord de cofinancement pourrait être conclu. Par exemple, les bailleurs pourraient financer une part plus importante des coûts pendant la phase initiale de la production des données, et réduire ensuite graduellement leur contribution à mesure que les ressources intérieures et que la capacité institutionnelle augmentent. Le dispositif mis en place pourrait aussi prévoir des mesures incitatives supplémentaires visant à stimuler la demande grâce au libre accès aux données, à une participation aux programmes régionaux d'établissement de normes, et à des mesures supplémentaires d'aide au renforcement des capacités.

Mettre l'accent sur les résultats et le libre accès aux données. Trop de programmes d'aide aux services statistiques mettent l'accent sur les intrants et les extrants plutôt que sur les résultats. On constate aussi une faible demande pour la production de données. Le libre accès aux données pourrait corriger ces deux problèmes. Un droit de regard par les utilisateurs et les décideurs pourrait contribuer à améliorer la qualité des données et la reddition de comptes. L'augmentation des activités de recherche utilisant les données conduirait à une expansion des connaissances.

Élaborer et mettre en œuvre des normes méthodologiques et opérationnelles. Le but ultime du renforcement des capacités des bureaux nationaux de la statistique est de permettre à ces derniers de recueillir plus fréquemment des données de meilleure qualité. Cependant, il est possible d'obtenir de meilleurs résultats sans nécessairement accroître la fréquence de la collecte des données. Les pays africains ont effectué en moyenne quatre enquêtes sur la consommation au cours des deux dernières décennies, mais plusieurs de ces enquêtes sont inutiles à cause de problèmes de comparabilité et de qualité. Si les méthodes d'enquêtes avaient été cohérentes, les données recueillies auraient pu être utiles. L'établissement d'un consensus sur les normes internationales à appliquer à la mesure de la pauvreté monétaire aiderait les pays à respecter les meilleures pratiques internationales pour la mesure de la pauvreté monétaire.

Notes

1. PovcalNet est l'outil d'analyse en ligne de la Banque mondiale. Il est disponible à l'adresse suivante : http://iresearch.world bank.org /PovcalNet/.

2. Les pays d'Amérique latine et certains pays d'Europe et d'Asie centrale utilisent traditionnellement le revenu au lieu de la consommation pour mesurer la pauvreté. La mesure du revenu des ménages dans les économies dominées par l'agriculture de subsistance et le travail autonome dans le secteur informel (c'est-à-dire dans la plupart des pays africains) est une opération complexe. Pour cette raison, la consommation est en général l'indicateur de préférence du niveau de vie et de la pauvreté monétaire.

3. Ce résultat est fondé sur les examens de l'inventaire du Réseau international d'enquêtes auprès des ménages, une association volontaire de partenaires de développement et de pays membres qui a pour but d'améliorer la disponibilité, l'accessibilité et la qualité des enquêtes menées auprès des ménages.

4. Les enquêtes sur la consommation recueillent des données portant aussi sur d'autres sujets. Les enquêtes intégrées recueillent des informations sur les sources de revenus, la main-d'œuvre, l'utilisation des services d'éducation et de santé, les envois de fonds en provenance de l'étranger, l'aide sociale et d'autres dimensions socio-économiques des ménages.

5. Les données de l'enquête sur les revenus, la consommation et les dépenses réalisées au Zimbabwe en 2007–08 sont disponibles, mais cette enquête a été réalisée pendant une période d'hyperinflation, ce qui complique sérieusement l'utilisation de toutes les mesures monétaires. Les résultats de cette enquête ont servi à mesurer d'autres aspects du bien-être.

6. D'autres caractéristiques de la conception et de la mise en œuvre des enquêtes peuvent aussi rendre les estimations de la consommation impossibles à comparer. Nous mettons l'accent ici sur les types les plus communs de problèmes de comparabilité.

7. Bien que 180 enquêtes aient été recensées, seulement 148 étaient disponibles dans la bibliothèque de microdonnées de la Banque mondiale et pouvaient être incluses dans le présent examen. Cependant, ces 148 enquêtes n'étaient pas toutes utiles pour les membres de l'équipe de recherche. Certaines d'entre elles ne présentent pas d'agrégats de dépenses qui servent à mesurer la pauvreté. Certaines contiennent des mesures de la consommation, mais ont omis d'utiliser le processus de vérification de la Banque mondiale. D'autres enfin (par exemple, Afrique du Sud, 2000) présentent les agrégats de consommation uniquement sous forme de données groupées. L'équipe a été en

mesure d'utiliser 113 des 148 enquêtes pour l'analyse des tendances de la pauvreté.

8. Au Kenya, par exemple, le nombre de produits alimentaires est passé d'environ 80 lors de l'enquête sur le bien-être de 1997 à plus de 150 lors de l'enquête intégrée de 2005–2006 sur le budget des ménages. En Zambie, le nombre de produits alimentaires est passé de moins de 40 à plus de 130 de l'enquête de 2006 sur les conditions de vie à celle de 2010.

9. Les études du Kenya et du Niger n'offrent pas de référence pour la consommation considérée comme « véritable ». L'étude tanzanienne propose d'utiliser la consommation notée dans le journal en guise de référence. Les études du Kenya et du Niger constatent toutes les deux que la consommation notée dans le journal est inférieure à celle fondée sur la mémoire, mais il est difficile de déterminer si ce résultat trahit une sous-estimation de la consommation dans l'enquête journal ou une surestimation de la consommation dans l'enquête mémoire.

10. La piètre qualité du questionnaire (organisation et énoncé ou contenu des questions) est un aspect important de la qualité générale de l'enquête qui n'est pas lié au processus.

11. Le recours à des mesures spatialement déflatées de la consommation est sans effet sur les conclusions générales du chapitre 2. Certaines estimations de la pauvreté sont plus faibles, d'autres sont plus élevées, et plusieurs ne laissent constater aucun changement lorsque la consommation est ajustée pour tenir compte des différences de prix. De même, l'analyse des inégalités présentée au chapitre 4 est robuste, et le recours à des mesures spatialement déflatées de la consommation n'influe pas sur ses conclusions.

12. Un rapport déterminant du National Research Council (Schultze et Mackie, 2002) plaide contre l'inclusion des réductions de prix virtuelles liées à l'ajout de nouveaux produits dans le calcul de l'ICP américain.

13. Contrairement aux IPC nationaux, les PPA n'ont pas pour objet d'évaluer l'évolution des prix qui survient au niveau des pays au fil du temps (Feenstra, Inklaar et Timmer, 2015).

14. Les 14 pays qui ont omis de participer au cycle 2000 étaient l'Angola, le Burundi, le Cameroun, le Tchad, la République démocratique du Congo, l'Érythrée, l'Éthiopie, la Guinée-Bissau, le Libéria, Madagascar, le Nigéria, la Somalie, le Soudan et le Togo. Les 8 pays qui n'ont pas participé au cycle 2010 étaient la République centrafricaine, les Comores, la République démocratique du Congo, la Guinée équatoriale, l'Érythrée, Madagascar, la Sierra Leone et la Somalie. La Sierra Leone a effectué un recensement à la fin de 2015.

15. Voir https://international.ipums.org/international/.

16. Pour calculer le taux de pauvreté correspondant aux années qui se situent entre deux années d'enquêtes, on peut utiliser les résultats de l'enquête antérieure la plus récente en ajoutant l'effet de la croissance du PIB observée dans l'intervalle, utiliser les résultats de la première enquête ultérieure en retranchant l'effet de la croissance du PIB observée dans l'intervalle, et établir la moyenne des deux estimations ainsi obtenues, pondérée par le nombre d'années écoulées depuis l'enquête antérieure et le nombre d'années écoulées jusqu'à l'enquête ultérieure. Cette pondération accorde un poids plus grand à l'enquête la plus proche de l'année sans enquête.

17. Dans la présente section, on entend par « ouverture » l'accès donné au public. Cette définition diffère du concept de la disponibilité dont il a été question précédemment et qui ne tient compte que de l'accessibilité des données à l'équipe du rapport.

18. Ces enjeux jouent un rôle de premier plan non seulement dans la mesure de la pauvreté d'un pays à l'autre, mais aussi dans la mesure de la pauvreté au sein d'un pays donné fondée sur les seuils de pauvreté nationaux.

Références

Adam, Christopher, David Kwimbere, Wilfred Mbowe et Stephen O'Connell. 2012. « Food Prices and Inflation in Tanzania ». Document de travail, International Growth Centre, Londres.

Almås, Ingvild. 2012. « International Income Inequality: Measuring PPP Bias by Estimating Engel Curves for Food ». *American Economic Review* 102 (2): 1093–117.

Backiny-Yetna, Diane Steele et Ismael Yacoubou Djima. 2014. « The Impact of Household Food Consumption Data Collection Methods on Poverty and Inequality Measures in Niger ». Policy Research Working Paper 7090, Banque mondiale, Washington, DC.

Banque mondiale. 1990. « *Rapport sur le développement dans le monde 1990 : La pauvreté* ». Washington, DC: Banque mondiale.

———. 2007. « Underreporting of Consumer Price Inflation in Tanzania 2002–2006 ». World Bank Policy Note, Washington, DC.

———. 2012. « *Niger: Investing for Prosperity, a Poverty Assessment* ». Washington, DC: Banque mondiale.

———. 2013. « Burkina Faso: A Policy Note: Poverty Trends and Profile for 2003–2009 ». Banque mondiale, Washington, DC.

———. 2014. « *Purchasing Power Parities and the Real Size of World Economies: A Comprehensive Report of the 2011 International Comparison Program* ». Washington, DC: Banque mondiale.

———. 2015a. « *A Measured Approach to Ending Poverty and Boosting Shared Prosperity: Concepts, Data, and the Twin Goals* ». Policy Research Report. Washington, DC: Banque mondiale.

———. 2015b. « Tanzania Mainland Poverty Assessment ». Banque mondiale, Washington, DC.

———. 2015c. « *The Socio-Economic Impacts of Ebola in Sierra Leone: Results from a HighFrequency Cell Phone Survey: Rounds 1–3* ». Washington, DC: Banque mondiale.

Barrionuevo, Alexei. 2011. « Inflation, an Old Scourge, Plagues Argentina Again ». *New York Times*, 5 février.

BBC. 2014. « How Nigeria Will Become Africa's Biggest Economy ». 4 avril. http://www.bbc.com/news/world-africa-26873233.

Beegle, Kathleen, Joachim De Weerdt, Jed Friedman et John Gibson. 2012. « Methods of Household Consumption Measurement through Surveys: Experimental Results from Tanzania ». *Journal of Development Economics* 98 (1): 3–18.

Benson, Todd, Charles Machinjili et Lawrence Kachikopa. 2004. « Poverty in Malawi, 1998 ». *Development Southern Africa* 21 (3): 419–41.

Berumen, Edmundo et Victor A. Beker. 2011. « Recent Developments in Price and Related Statistics in Argentina ». *Statistical Journal of the IAOS* 27 (1–2): 7–11.

Biemer, Paul et Lars E. Lyberg. 2003. « *Introduction to Survey Quality* ». Wiley Series in Survey Methodology. Hoboken, NJ: John Wiley & Sons.

Carletto, Calogero, Dean Jolliffe et Raka Banerjee. 2015. « From Tragedy to Renaissance: Improving Agricultural Data for Better Policies ». *Journal of Development Studies* 51 (2):133–48.

CGD (Center for Global Development). 2014. « *Delivering on the Data Revolution in SubSaharan Africa* ». Rapport final du Groupe de travail Data for African Development. Center for Global Development et African Population and Health Research Center, Washington, DC.

Chen, Shaohua et Martin Ravallion. 2010. « The Developing World Is Poorer Than We Thought, but No Less Successful in the Fight Against Poverty ». *Quarterly Journal of Economics* 125 (4): 1577–625.

———. 2013. « More Relatively-Poor People in a Less Absolutely-Poor World ». *Review of Income and Wealth* 59 (1): 1–28.

Christiaensen, Luc, Lionel Demery et Jesper Kuhl. 2011. « The (Evolving) Role of Agriculture in Poverty Reduction: An Empirical Perspective ». *Journal of Development Economics* 96 (2): 239–54.

Christiaensen, Luc, Peter Lanjouw, Jill Luoto et David Stifel. 2012. « Small Area Estimation-Based Prediction Methods to Track Poverty: Validation and Applications ». *Journal of Economic Inequality* 10 (2): 267–97.

Ciccone, Antonio et Marek Jarociński. 2010. « Determinants of Economic Growth: Will Data Tell? »" *American Economic Journal: Macroeconomics* 2 (4): 222–46.

Costa, Dora L. 2001. « Estimating Real Income in the United States from 1888 to 1994: Correcting CPI Bias Using Engel Curves ». *Journal of Political Economy* 109 (6): 1288–310.

Dabalen, Andrew, Paul Gubbins, Johan Mistiaen et Ayago Wambile. 2015. « Diary versus Recall in Food Consumption: Example from Kenya ». Banque mondiale, pôle Réduction de la pauvreté et des inégalités, Washington, DC.

Deaton, Angus. 1998. « Getting Prices Right: What Should Be Done? » *Journal of Economic Perspectives* 12 (1): 37–46.

———. 2005. « Measuring Poverty in a Growing World (or Measuring Growth in a Poor World) ». *Review of Economics and Statistics* 87 (1): 1–19.

———. 2010. « Price Indexes, Inequality, and the Measurement of World Poverty ». *American Economic Review* 100 (1): 5–34.

Deaton, Angus et Bettina Aten. 2014. « Trying to Understand the PPPs in ICP2011: Why Are the Results So Different? » NBER Working Paper 20244, National Bureau of Economic Research, Cambridge, MA.

Deaton, Angus et Olivier Dupriez. 2011. « Spatial Price Differences within Large Countries ». Document de travail 1321, Woodrow Wilson School of Public and International Affairs, Research Program in Development Studies, Princeton University, Princet on, NJ, et Banque mondiale, Washington, DC.

Demombynes, Gabriel et Justin Sandefur. 2014. « Costing a Data Revolution ». Document de travail 383, Center for Global Development, Washington, DC.

Devarajan, Shantayanan. 2013. « Africa's Statistical Tragedy ». *Review of Income and Wealth* 59 (S1): S9–S15.

Douidich, Mohamed, Abdeljaouad Ezzrari, Roy van der Weide et Paolo Verme. 2013. « Estimating Quarterly Poverty Rates Using Labor Force Surveys: A Primer ». Policy Research Working Paper 6466, Banque mondiale, Washington, DC.

Dulani, Boniface, Robert Mattes et Carolyn Logan. 2013. « After a Decade of Growth in Africa, Little Change in Poverty at the Grassroots ». Afrobarometer Policy Brief 1. http://www.afrobarometer.org/publications/pp1-after-decade-growth-africa-little-change-poverty-grassroots.

Dykstra, Sarah, Charles Kenny et Justin Sandefur. 2014. « Global Absolute Poverty Fell by Almost Half on Tuesday ». Center for Global Development, Washington, DC. http://www.cgdev.org/blog/global-absolute-poverty-fell-almost-half-tuesday.

Easterly, William et Ross Levine. 1997. « Africa's Growth Tragedy: Policies and Ethnic Division ». *Quarterly Journal of Economics* 112 (4): 1203–50.

The Economist. 2014. « Nigeria's GDP. Step Change: Revised Figures Show that Nigeria Is Africa's Largest Economy ». 12 avril. http://www.economist.com/news/finance-and-economics/21600734-revised-figures-show-nigeria-africas-largest-economy-step-change.

Elbers, Chris, Jean O. Lanjouw et Peter Lanjouw. 2003. « Micro-Level Estimation of Poverty and Inequality ». *Econometrica* 71 (1): 355–64.

Elvidge, Christopher D., Paul C. Sutton, Tilottama Ghosh, Benjamin Tuttle, Kimberly E. Baugh, Budhendra Bhaduri et Edward Bright. 2009. « A Global Poverty Map Derived from Satellite Data ». *Computers & Geosciences* 35 (8): 1652–60.

Etang-Ndip, Alvin, Johannes Hoogeveen et Julia Lendorfer. 2015. « Socioeconomic Impact of the Crisis in North Mali on Displaced People ». Policy Research Working Paper 7253, Banque mondiale, Washington, DC.

Feenstra, Robert, Robert Inklaar et Marcel Timmer. 2015. « The Next Generation of the Penn World Table ». *American Economic Review* 105 (10): 3150–82.

Finn, Arden et Vimal Ranchhod. À paraître. « Genuine Fakes: The Prevalence and Implications of Data Fabrication in a Large South African Survey ». *World Bank Economic Review.*

FMI (Fonds monétaire international). 2003. « *Ghana: Première revue de l'accord triennal au titre de la Facilité pour la réduction de la pauvreté et la croissance : Rapport des services du FMI* ». Rapport du FMI 03/395. Washington, DC: FMI.

———. 2007. « *Ghana: Consultation 2007 au titre de l'article IV: Rapport des services du FMI* ». Rapport du FMI 07/210. Washington, DC: FMI.

Gaddis, Isis et Johannes Hoogeveen. 2015. « Primary Education in Mainland Tanzania: What Do the Data Tell Us? » In *Preparing the Next Generation in Tanzania: Challenges and Opportunities in Education* », publié sous la direction de Arun Joshi et Isis Gaddis. Washington, DC : Banque mondiale.

Garcia-Verdu, Rodrigo. 2013. « The Evolution of Poverty and Inequality in Sub-Saharan Africa over the Period 1980–2008: What Do We (and Can We) Know Given the Data Available? » Fonds monétaire international, Washington, DC.

Goñi, Edwin, Humberto López et Luis Servén. 2006. « Getting Real about Inequality: Evidence from Brazil, Colombia, Mexico, and Peru ». Policy Research Working Paper 3815, Banque mondiale, Washington, DC.

Gryna, Frank et Joseph Juran. 1980. « *Quality Planning and Analysis* », 2e édition. New York: McGraw-Hill.

Günther, Isabel et Michael Grimm. 2007. « Measuring Pro-Poor Growth When Relative Prices Shift ». *Journal of Development Economics* 82 (1): 245–56.

Hamilton, Bruce W. 2001. « Using Engel's Law to Estimate CPI Bias ». *American Economic Review* 91 (3): 619–30.

Harttgen, Kenneth, Stephan Klasen et Sebastian Vollmer. 2013. « An African Growth Miracle? Or: What Do Asset Indices Tell Us about Trends in Economic Performance? » *Review of Income and Wealth* 59 (S1): S37–S61.

Hausman, Jerry. 1996. « Valuation of New Goods under Perfect and Imperfect Competition ». In « *The Economics of New Goods* », publié sous la direction de Timothy F. Bresnahan et Robert J. Gordon, 209–48. Chicago: University of Chicago Press.

———. 1999. « Cellular Telephone, New Products, and the CPI ». *Journal of Business and Economic Statistics* 17 (2): 188–92.

———. 2003. « Sources of Bias and Solutions to Bias in the Consumer Price Index ». *Journal of Economic Perspectives* 17 (1): 23–44.

Hoogeveen, Johannes et Nga Thi Viet Nguyen. 2015. « Statistics Reform in Africa: Aligning Incentives with Results ». Document de travail, Banque mondiale, pôle Réduction de la pauvreté et des inégalités, Washington, DC.

Hoogeveen, Johannes, Kevin Croke, Andrew Dabalen, Gabriel Demombynes et Marcelo Giugale. 2014. « Collecting High-Frequency Panel Data in Africa Using Mobile Phone Interviews ». *Canadian Journal of Development Studies* 35 (1): 186–207.

OIT (Organisation internationale du Travail). 2013. « *All Countries CPI Descriptions: Methodologies of Compiling Consumer Price Indices* ». 2012 ILO Survey of Country Practices. Genève : OIT.

Inklaar, Robert et D. S. Prasada Rao. 2014. « Cross-Country Income Levels over Time: Did the Developing World Suddenly Become Much Richer? » Groningen Growth and Development Centre, Université de Groningen, Pays-Bas.

Jerven, Morten. 2013. « Comparability of GDP Estimates in Sub-Saharan Africa: The Effect of Revisions in Sources and Methods since Structural Adjustment ». *Review of Income and Wealth* 59 (S1): S16–S36.

Jolliffe, Dean Mitchell et Espen Beer Prydz. 2015. « Global Poverty Goals and Prices: How Purchasing Power Parity Matters ». Policy Research Working Paper 7256, Banque mondiale, Washington, DC.

Judge, George et Laura Schechter. 2009. « Detecting Problems in Survey Data Using Benford's Law ». *Journal of Human Resources* 44 (1): 1–24.

Kaminski, Jonathan, Luc Christiaensen et Christopher L. Gilbert. 2014. « The End of Seasonality? New Insights from Sub-Saharan Africa ». Policy Research Working Paper 6907, Banque mondiale, Washington, DC.

Kijima, Yoko et Peter Lanjouw. 2003. « Poverty in India during the 1990s: A Regional Perspective ». Policy Research Working Paper 3141, Banque mondiale, Washington, DC.

Klasen, Stephan, Tatyana Krivobokova, Friederike Greb, Rahul Lahoti, Syamsul Pasaribu et Manuel Wiesenfarth. À paraître. « International Income Poverty Measurement: Which Way Now? » *Journal of Economic Inequality*.

KNBS (Kenya National Bureau of Statistics). 2010. « *The New Consumer Price Index (CPI) Users' Guide* ».

Krätke, Florian et Bruce Byiers. 2014. « The Political Economy of Official Statistics: Implications for the Data Revolution in Sub-Saharan Africa ». PARIS21, document de travail 5.

Lanjouw, Peter, Renzo Massari et Roy van der Weide. 2015. « International Poverty Comparisons: An Imputation-Based Approach ». Banque mondiale, Washington, DC.

Ley, Eduardo. 2005. « Whose Inflation? A Characterization of the CPI Plutocratic Gap ». *Oxford Economic Papers* 57 (4): 634–46.

Loayza, Norman et Claudio Raddatz. 2010. « The Composition of Growth Matters for Poverty Alleviation ». *Journal of Development Economics* 93 (1): 137–51.

Magnowski, Daniel. 2014. « Nigerian Economy Overtakes South Africa's on Rebased GDP ». Avril, Bloomberg.

Majumder, Amita, Ranjan Ray et Kompal Sinha. 2012. « Calculating Rural-Urban Food Price Differentials from Unit Values in Household Expenditure Surveys: A Comparison with Existing Methods and A New Procedure ». *American Journal of Agricultural Economics* 94 (5): 1218–35.

McCulloch, Neil, Julian Weisbrod et Peter Timmer. 2007. « Pathways out of Poverty during an Economic Crisis: An Empirical Assessment of Rural Indonesia ». Policy Research Working Paper 4173, Banque mondiale, Washington, DC.

Mkenda, Adolf F. et Wilhelm Ngasamiaku. 2009. « An Analysis of Alternative Weighting System on the National Price Index in Tanzania: The Implication to Poverty Analysis ». *Botswana Journal of Economics* 6 (10): 50–70.

Muller, Christophe. 2008. « The Measurement of Poverty with Geographical and Intertemporal Price Dispersion: Evidence from Rwanda ». *Review of Income and Wealth* 54 (1): 27–49.

Mveyange, Anthony. 2015. « Night Lights and Regional Income Inequality in Africa ». Department of Business and Economics, University of Southern Denmark, Odense (Danemark).

NBS (National Bureau of Statistics). 2009. « *Household Budget Survey 2007: Final Report* ». Dar es Salaam (Tanzanie).

Noor, Abdisalan M., Victor A. Alegana, Peter W. Gething, Andrew J. Tatem et Robert W. Snow. 2008. « Using Remotely Sensed

NightTime Light as a Proxy for Poverty in Africa ». *Population Health Metrics* 6: 5. http://www.biomedcentral.com/content/pdf/1478 -7954 -6-5.pdf.

ONU (Organisation des Nations Unies). 2009. *« Guide pratique pour l'établissement d'indices des prix à la consommation »*. New York: Organisation des Nations Unies. http://www .unece.org /fileadmin/DAM/stats/publications /Practical _Guide_to_Producing_CPI.pdf.

Okidi, John et Vincent Nsubuga. 2010. « *Inflation Differentials among Ugandan Households: 1997–2007* ». Research Series 72, Economic Policy Research Centre, Kampala (Ouganda).

Oosthuizen, Morné. 2007. « Consumer Price Inflation across the Income Distribution in South Africa ». Development Policy Research Unit Working Paper 07–129, University of Cape Town, Rondebosch, Cape Town (Afrique du Sud).

Phelps, Glenn et Steve Crabtree. 2013. « More Than One in Five Worldwide Living in Extreme Poverty ». Gallup. http://www.gallup.com /poll/166565/one-five-worldwide-living -extreme-poverty.aspx.

Pinkovskiy, Maxim et Xavier Sala-i-Martín. 2014. « Africa Is on Time ». *Journal of Economic Growth* 19 (3): 311–38.

———. 2015. « Lights, Camera…, Income! Estimating Poverty Using National Accounts, Survey Means, and Lights ». Staff Report 669, Federal Reserve Bank of New York. Base de données PovcalNet. http://iresearch.worldbank .org/PovcalNet/.

Prais, Sigbert. 1959. « Whose Cost of Living? » *Review of Economic Studies* 26 (2): 126–34.

Ravallion, Martin. 2014. « An Exploration of the International Comparison Program's New Global Economic Landscape ». NBER Working Paper 20338, National Bureau of Economic Research, Cambridge, MA.

Ravallion, Martin et Shaohua Chen. 2011. « Weakly Relative Poverty ». *Review of Economics and Statistics* 93 (4): 1251–61.

Ravallion, Martin, Gaurav Datt et Dominique van de Walle. 1991. « Quantifying Absolute Poverty in the Developing World ». *Review of Income and Wealth* 37 (4): 345–61.

Sandefur, Justin et Amanda Glassman. 2015. « The Political Economy of Bad Data: Evidence from African Survey and Administrative Statistics ». *Journal of Development Studies* 51 (2): 116–32.

Schultze, Charles et Christopher Mackie. 2002. *« At What Price? Conceptualizing and Measuring Cost-of-Living and Price Indexes »*. Washington, DC: National Academy Press.

Young, Alwyn. 2012. « The African Growth Miracle ». *Journal of Political Economy* 120 (4): 696–739

Réexamen des tendances de la pauvreté | 2

Dans ce chapitre, nous examinons l'évolution de la pauvreté en Afrique sur la base de la consommation des ménages, généralement la variable de choix pour suivre la pauvreté sur ce continent[1]. Dans de nombreux pays africains, ces données sont recueillies sporadiquement et sont de mauvaise qualité ou difficiles à comparer d'une enquête à l'autre. La manière d'aborder ces problèmes reflète souvent des divergences de vues sur les progrès réalisés dans la lutte contre la pauvreté en Afrique, pour ce qui est notamment d'atteindre l'objectif du Millénaire pour le développement (OMD) consistant à réduire la pauvreté de moitié d'ici à 2015[2].

Ce chapitre est divisé en cinq sections. La première section examine si la prise en compte de la comparabilité et de la qualité des données modifie l'idée qu'on se fait de l'évolution de la pauvreté en Afrique. Elle examine les tendances régionales et mentionne certains pays uniquement à titre d'exemple. Les résultats sont évalués au moyen de l'outil PovcalNet de la Banque mondiale, la base de données sur la pauvreté la plus complète qui

existe pour déterminer les tendances régionales et mondiales. Certaines données doivent être exclues pour des raisons de qualité et de comparabilité, ce qui oblige à recourir à des imputations pour établir les tendances à long terme. La deuxième section examine si ces imputations influencent les tendances différentes présentées ici, en utilisant de nouvelles méthodes et hypothèses pour présenter les chiffres de la pauvreté. La troisième section fournit un bref profil des pauvres, à partir d'une typologie de pays, du milieu (urbain ou rural) et du genre. La quatrième section examine la dynamique de la pauvreté — la façon dont la population tombe dans la pauvreté ou en sort. La dernière section résume les principales conclusions du chapitre.

Tendances établies à partir de données comparables et de meilleure qualité

Selon les estimations les plus récentes de PovcalNet, la part de la population africaine vivant en dessous du seuil de pauvreté international (1,90 dollar par jour) a diminué de 57 % en 1990 à 43 % en 2012, ce qui représente le taux de réduction le plus faible de toutes les grandes régions du monde.

Ce chapitre a été rédigé en collaboration avec Nga Thi Viet Nguyen et Shinya Takamatsu.

GRAPHIQUE 2.1   **La prise en compte de la comparabilité et de la qualité des données modifie le niveau, la profondeur et la gravité de la pauvreté**

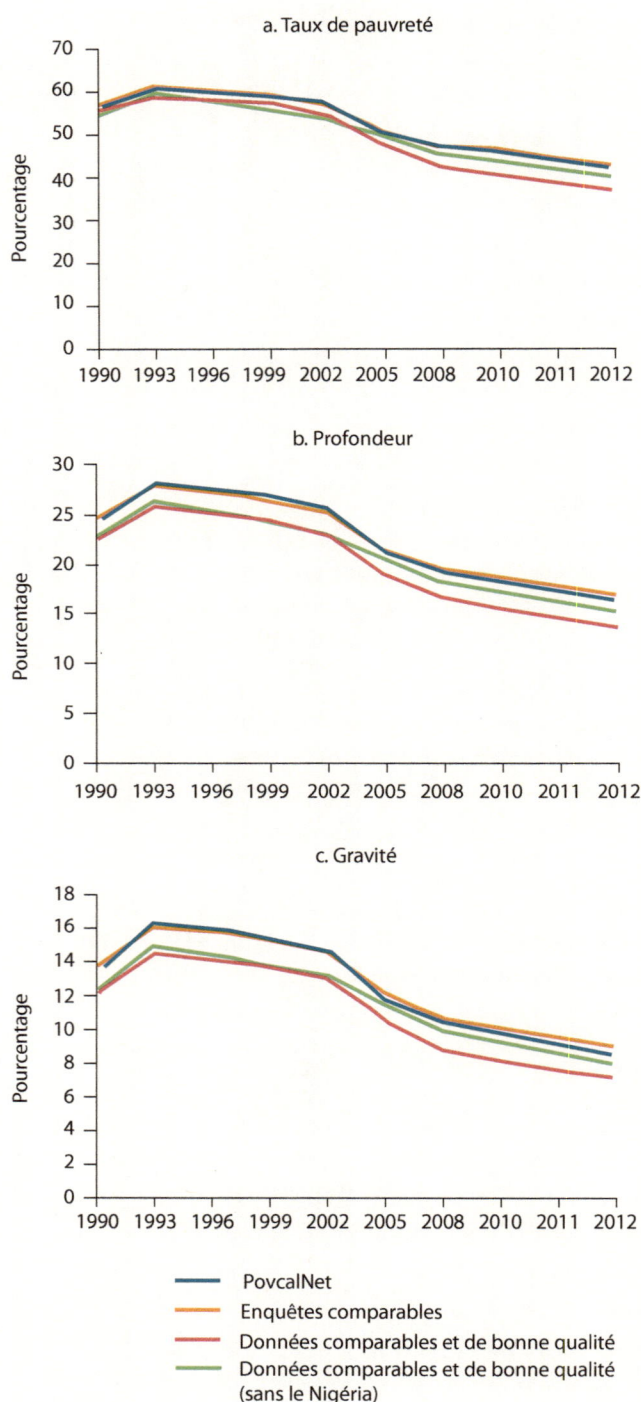

Source : Base de données de la Banque mondiale sur la pauvreté en Afrique

Les avis divergent sur l'exactitude de ces chiffres en raison du débat sur la qualité des données (Pinkovskiy et Sala-i-Martín 2014 ; Young 2012). Quelles tendances se dégagent si l'on tient compte des problèmes de comparabilité des données issues de différentes enquêtes nationales et des problèmes de qualité[3] ?

Le graphique 2.1 indique quatre tendances. La courbe PovcalNet montre l'évolution de la pauvreté basée sur toutes les données d'enquête recueillies. Les chiffres représentent les taux de pauvreté dans 47 des 48 pays africains, pondérés par le nombre d'habitants. Sur les 47 pays pour lesquels des chiffres de pauvreté ont été calculés, 43 ont fait l'objet d'une ou plusieurs enquêtes[4]. Pour chacun de ces pays, le taux de pauvreté est estimé à partir des données d'enquête effectives (sans tenir compte de leur comparabilité ou de leur qualité). Pour les années où aucune enquête n'a été réalisée, on utilise la croissance du produit intérieur brut (PIB) par habitant pour simuler la croissance de la consommation entre les années d'enquête (voir Banque mondiale 2015b pour le détail de la méthode utilisée).

D'autres estimations ont été établies uniquement à partir d'enquête comparables, à partir d'enquêtes comparables et de bonne qualité (telles que décrites au chapitre 1, et ci-après désignées « données corrigées »), et à partir d'enquêtes comparables et de bonne qualité en excluant le Nigéria[5]. Pour le sous-ensemble des enquêtes comparables identifiées dans chaque pays, on a appliqué la méthode d'imputation utilisée dans PovcalNet, qui est basée sur la croissance du PIB par habitant, pour combler les lacunes entre deux enquêtes. Cette méthode utilise délibérément un plus petit nombre d'enquêtes et davantage d'estimations imputées de la pauvreté.

Un autre ensemble d'estimations va un peu plus loin en tenant compte de la qualité et de la comparabilité. Ces estimations utilisent uniquement les enquêtes jugées comparables, en éliminant celles de qualité médiocre. Les cinq pays concernés par cette restriction sont le Burkina Faso, le Mozambique, le Nigéria, la Tanzanie et la Zambie, qui représentent 30 % de la population africaine. On a utilisé une description détaillée de la qualité des enquêtes pour déterminer lesquelles exclure (Alfani et al., 2012 ; Banque mondiale 2012, 2013, 2014b, 2015c). Au Nigéria, qui abrite 18 % de la population africaine, il a fallu éliminer les deux enquêtes comparables (toutes deux de qualité médiocre) et les remplacer par une enquête jugée de bonne qualité (ce qui a cependant limité les possibilités d'imputation). Le dernier ensemble d'estimations est basé sur un échantillon qui tient compte de la comparabilité et de la qualité et exclut le Nigéria.

Les estimations qui utilisent uniquement des enquêtes comparables font apparaître des taux de pauvreté régionaux légèrement plus élevés entre 1990 et 1999, mais des tendances quasiment identiques aux chiffres PovcalNet. Si l'on prend en compte uniquement les enquêtes comparables et de qualité, les chiffres de la pauvreté sont différents après 2002 : le taux de pauvreté en Afrique est inférieur de 6 points de pourcentage (37 % au lieu de 43 %) à l'estimation PovcalNet pour 2012. Cet écart tient en grande partie au Nigéria. Le quatrième ensemble d'estimations, qui est basé sur des enquêtes à la fois comparables et de bonne qualité et exclut le Nigéria, indique un recul du taux de pauvreté d'environ 55 % à 40 % (soit 15 points de pourcentage), comparé à la baisse de 14 points de pourcentage (de 57 % à 43 %) indiquée par les données PovcalNet.

Le taux de pauvreté est une mesure simple de la proportion de la population vivant en dessous du seuil de pauvreté ; il ne fait aucune distinction entre les pauvres. La profondeur de la pauvreté indique le déficit de consommation des pauvres en pourcentage de la valeur du seuil de pauvreté. La gravité de la pauvreté met davantage l'accent sur le déficit de consommation des plus pauvres et montre donc l'inégalité entre les pauvres.

Les mesures de la profondeur et de la gravité de la pauvreté suivent la même trajectoire que le taux de pauvreté (voir les sections b et c du graphique 2.1). En 1990, la profondeur de la pauvreté atteignait 25 % selon les données PovcalNet (contre 23 % selon les données corrigées), ce qui indique que des ressources équivalant à 25 % de la valeur du

seuil de pauvreté par personne auraient été nécessaires pour combler le déficit de consommation des pauvres. En 2012, ce chiffre variait entre 14 % et 17 %, selon l'échantillon utilisé. La gravité de la pauvreté a également diminué, d'environ 12 % en 1990 (ou 14 % selon les données PovcalNet) à 7 ou 8 % selon les données corrigées (ou 9 % selon les données PovcalNet)[6].

Les tendances établies à partir des données corrigées soulèvent deux problèmes susceptibles de fausser les résultats d'une manière qui pourrait exagérer la réduction de la pauvreté. Le premier est l'influence des ajustements effectués au titre des enquêtes de mauvaise qualité au Nigéria (encadré 2.1), ce qui a un impact sur le niveau de pauvreté. Le second est la mesure dans laquelle on utilise des imputations du PIB pour combler les lacunes, ce qui risque d'affecter les tendances.

Le nombre de données d'enquête disponibles pour calculer les taux annuels de pauvreté en Afrique est faible (voir tableau 2.1). Entre 1990 et 1994, par exemple, seulement 13 % des 215 données ponctuelles nécessaires pour 43 pays étaient basés sur des données PovcalNet—et le chiffre est encore plus faible si l'on tient compte de la comparabilité et de la qualité. Les taux de couverture sont également faibles pour d'autres périodes, bien qu'on note une convergence depuis 2005 entre la proportion de données effectives utilisées dans PovcalNet et les données corrigées. Le fait de limiter les chiffres de pauvreté révisés aux enquêtes comparables et de qualité raisonnable réduit de 143 à 74 le nombre d'enquêtes utilisées. L'élimination des données non comparables et de mauvaise qualité accroît délibérément le nombre d'imputations et le recours aux estimations du PIB.

Le recours aux estimations du PIB pour combler les lacunes dans les données sous-entend plusieurs hypothèses importantes. Premièrement, les modèles supposent que le revenu supplémentaire est entièrement alloué aux dépenses de consommation. Cette hypothèse pourrait surestimer le recul de la pauvreté en période de forte croissance (lorsque les gens peuvent économiser) ou l'accroissement de la pauvreté en période de forte récession (lorsque les gens

ENCADRÉ 2.1   La correction des données relatives au Nigéria a une influence considérable sur les estimations de la réduction de la pauvreté

Le Nigéria abrite 18 % de la population africaine et a donc un effet sensible sur les niveaux et les tendances régionales de la pauvreté. Le pays effectue des enquêtes sur le budget des ménages depuis les années 90, mais elles ne sont pas comparables parce que les plans d'enquête ont été modifiés. Depuis 2003, la pauvreté a été mesurée par deux enquêtes sur le niveau de vie des Nigérians (Nigeria Living Standard Survey - NLSS) et deux enquêtes générales par panel sur les ménages (Household Survey Panel - GHS-Panel). Les mesures officielles de la pauvreté à l'échelle nationale et PovcalNet utilisent les enquêtes NLSS 2003/2004 et 2009/2010.

Les enquêtes NLSS et GHS-Panel ne sont pas comparables, et elles diffèrent par la qualité de leur exécution (Banque mondiale 2014c). Les estimations et les tendances de la pauvreté établies à partir de ces deux sources sont également très différentes. Au seuil de pauvreté de 1,90 dollar (en PPA de 2011), les taux de pauvreté basés sur l'enquête NLSS 2009/2010 (53 %) sont deux fois plus élevés que ceux établis à partir de l'enquête GHS-Panel 2010/2011 (26 %). Selon l'enquête NLSS, le taux de pauvreté n'a pas changé entre 2003/2004 et 2009/2010, alors que selon l'enquête GHS-Panel, il a reculé de 26 % en 2009/2010 à 23 % en 2012/2013. Le niveau de pauvreté au Nigéria – et donc dans la région – n'est pas le même selon qu'on utilise l'enquête GHS-Panel ou l'enquête NLSS.

Les taux de croissance du PIB du Nigéria étaient plus élevés dans les années 2000 que dans les années 90. Le PIB étant utilisé pour pallier le manque de données pour les années où aucune enquête n'est

effectuée, cette différence influence également l'évolution de la pauvreté. Le fait d'utiliser à la fois des imputations et l'enquête GHS-Panel au lieu de l'enquête NLSS modifie sensiblement les tendances de la pauvreté au Nigéria et dans la région.

Afin de pouvoir se fier aux séries régionales révisées, il faut accepter les tendances de la pauvreté au Nigéria qui sont établies à partir de l'enquête GHS-Panel et des prévisions de croissance du PIB. Le récent rebasement du PIB porte à favoriser l'utilisation des données de l'enquête GHS-Panel, qui décrivent mieux le lien entre croissance et pauvreté, l'écart entre zones urbaines et zones rurales, la répartition géographique de la pauvreté (Banque mondiale 2014b) et la performance du Nigéria par rapport à ses pairs. Selon les taux de pauvreté qui se dégagent de l'enquête GHS-Panel, le Nigéria ne serait plus le pays le plus pauvre d'Afrique de l'Ouest (comme l'indique l'enquête NLSS).

Les éléments supplémentaires à l'appui des données corrigées sont obtenus par imputation de données d'une enquête à l'autre (survey-to-survey, ou S2S) (cette méthode est examinée plus loin dans ce chapitre) au lieu d'utiliser les prévisions du PIB pour établir les tendances. Les imputations qui utilisent la croissance du PIB montrent que le taux de pauvreté au Nigéria a reculé de 12 points de pourcentage entre 2004 et 2012. Les imputations S2S qui utilisent la consommation des ménages dans l'enquête GHS-Panel indiquent un recul de 10 points de pourcentage pour la même période (Corral, Molini et Oseni 2015).

TABLEAU 2.1   La résolution des questions portant sur la qualité et la comparabilité réduit le nombre d'enquêtes consacrées à l'évolution de la pauvreté

(pourcentage du nombre total de points de données fournis par les enquêtes)

Estimations	1990–94	1995–99	2000–04	2005–09	2010–12
PovcalNet	13,5	11,6	15,3	16,7	17,8
Enquête comparables uniquement	1,4	4,7	9,3	13,5	14,7
Enquête comparables et de bonne qualité uniquement	1,4	3,7	7,0	12,1	17,1

Note : Le nombre de points de données nécessaires durant toutes les périodes s'élevait à 215, sauf pendant la période 2010–12 au cours de laquelle ce nombre se chiffrait à 129 étant donné que chaque période couvrait 3 au lieu de cinq ans.

peuvent puiser dans leurs économies pour lisser leur consommation). Deuxièmement, ils supposent que la croissance est partagée équitablement entre les ménages, à l'échelon national ou par secteur d'activité,

hypothèse qui n'est pas toujours confirmée par les faits. Troisièmement, les estimations du PIB posent également des problèmes de qualité et de mesure (Jerven 2013 ; Deaton 2005).

Solidité des estimations non basées sur des imputations du PIB

Pour évaluer la solidité des estimations des tendances de la pauvreté établies sans recourir à des imputations du PIB, nous présentons trois exemples de sources d'information sur les tendances. La première méthode consiste à choisir un échantillon de pays pour lesquels au moins deux enquêtes comparables et de relativement bonne qualité sont disponibles. La deuxième méthode, l'imputation d'une enquête à l'autre (S2S), utilise également des imputations, mais qui ne font pas intervenir le PIB. Le dernier exemple illustre une autre source potentielle de distorsion des tendances : le rôle que jouent les prix depuis 2002.

Collecte de données comparables sur certaines périodes pour assurer la solidité des résultats

Entre 1990 et 2012, très peu de pays africains ont effectué plus de deux enquêtes sur la consommation qui soient comparables et de bonne qualité. Si ces données avaient été disponibles dans un grand nombre de pays, nous aurions pu comparer les tendances établies à partir d'imputations du PIB avec les données effectives. Seulement trois pays (l'Éthiopie, le Ghana et l'Ouganda) disposent de données qui répondent aux conditions sus-mentionnées, ce qui représente un échantillon trop petit pour tirer des conclusions générales. Des données sont cependant disponibles pour 24 des 27 pays ayant effectué au moins deux enquêtes comparables pendant cette période[7]. Le graphique 2.2 indique la réduction annuelle de la pauvreté, en points de pourcentage, entre les enquêtes comparables menées dans ces pays.

La réduction de la pauvreté a été très différente d'un pays à l'autre. La pauvreté a augmenté dans quatre pays[8], elle a stagné dans trois pays[9] et elle a reculé de 0,3 à 4,9 points de pourcentage par an dans les deux tiers restants. Dans plus de la moitié des pays, la pauvreté a reculé de plus d'un point de pourcentage par an. En moyenne, ces 24 pays ont affiché un taux annuel de réduction de la pauvreté de 0,92 point de pourcentage. Par contre, les données corrigées font apparaître une réduction annuelle de la pauvreté de 0,8 point de pourcentage entre 1990 et 2012 en Afrique. Pour l'ensemble des pays en développement, la réduction annuelle de la pauvreté est de 1,5 point de pourcentage (en utilisant des données non corrigées). À l'exception de quelques pays (l'Éthiopie, le Ghana et l'Ouganda, où les premières enquêtes ont été effectuées dans la première moitié des années 90), la plupart de ces enquêtes comparables ont été effectuées dans les années 2000. Les résultats restent inchangés si l'analyse porte uniquement sur les enquêtes effectuées dans les années 2000 : la réduction moyenne de la pauvreté basée sur des données effectives reste d'environ un point de pourcentage par an. En revanche, si elle est calculée uniquement à partir d'enquêtes comparables et de bonne qualité et en utilisant des imputations du PIB pour combler le manque de données dans tous les pays et dans les 27 pays pour lesquels on dispose de données comparables, la réduction de la pauvreté est d'environ 1,6 point de pourcentage par an dans les années 2000 — taux de réduction beaucoup plus élevé que celui basé sur des données effectives. Les données corrigées sont fortement influencées par les données sur le Nigéria. Si l'on exclut le Nigéria, la réduction de la pauvreté basée sur les données corrigées n'est que de 1,2 point de pourcentage par an, ce qui est plus proche du taux de réduction de 1 point de pourcentage par an calculé à partir des données effectives en excluant le Nigéria pour toute la période.

Ces 24 pays abritent 75 % de la population totale de l'Afrique et 83 % des pauvres du continent. La liste comprend des pays de toutes tailles, des pays qui ont connu des conflits entre les enquêtes, des pays côtiers, des pays enclavés et des pays plus ou moins riches en ressources. On peut dire que l'expérience de ces pays reflète l'expérience des pays de la région. Selon certaines estimations, la réduction annuelle moyenne de la pauvreté

GRAPHIQUE 2.2 **Une analyse fondée uniquement sur les données comparables montre que la pauvreté en Afrique a reculé à un rythme plus rapide que prévu**

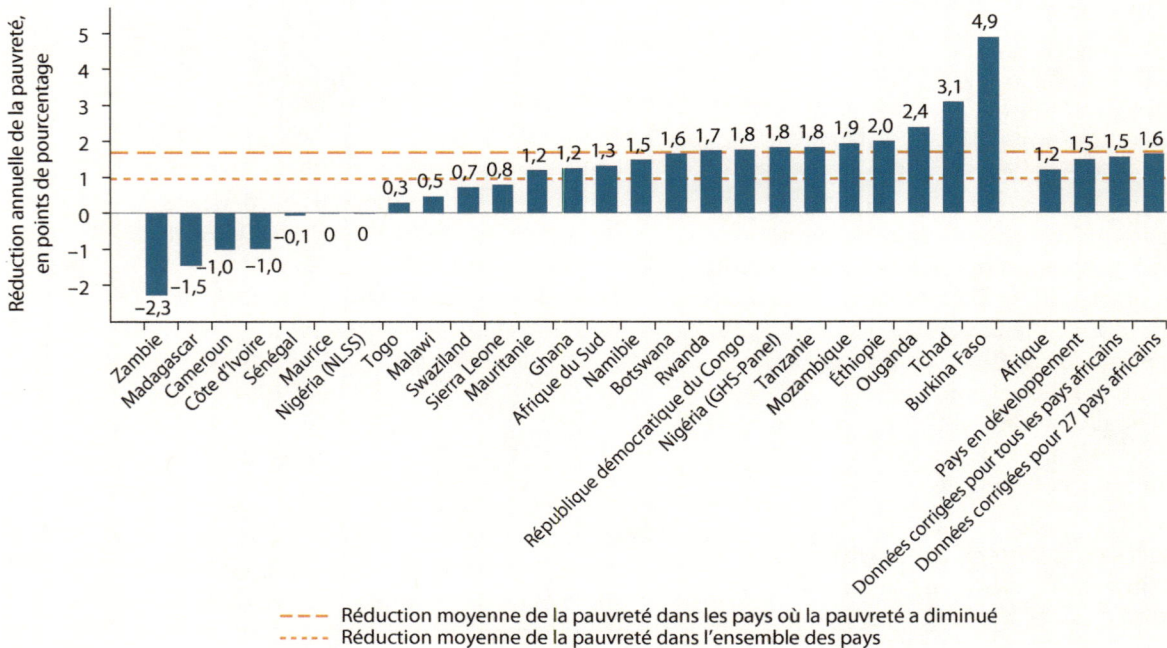

- – – – Réduction moyenne de la pauvreté dans les pays où la pauvreté a diminué
- · · · · Réduction moyenne de la pauvreté dans l'ensemble des pays

Source : Les données sur chaque pays africain proviennent de la base de données de la Banque mondiale sur la pauvreté en Afrique. Les données sur les pays en développement proviennent de PovcalNet.
Note : Les valeurs positives indiquent une réduction de la pauvreté, tandis que les valeurs négatives indiquent une augmentation de celle-ci. Les années d'enquête sont les suivantes : Botswana (2002 et 2009), Burkina Faso (1998 et 2003), Cameroun (2001 et 2007), Tchad (2003 et 2011), République démocratique du Congo (2004 et 2012), Côte d'Ivoire (2002 et 2008), Éthiopie (1999 et 2010), Ghana (1998 et 2005), Madagascar (2001 et 2010), Malawi (2004 et 2010), Mauritanie (2000 et 2008), Maurice (2006 et 2012), Mozambique (2002 et 2008), Namibie (2003 et 2009), Nigéria (2003 et 2009 [Enquête sur le niveau de vie des Nigérians] et 2010 et 2012 [Enquête générale par panel sur les ménages, ou GHS-Panel]), Rwanda (2000 et 2010), Sénégal (2005 et 2011), Sierra Leone (2003 et 2011), Afrique du Sud (2005 et 2010), Swaziland (2000 et 2009), Tanzanie (2000 et 2007), Togo (2006 et 2011), Ouganda (1999 et 2012) et Zambie (1998 et 2006). Les données GHS-Panel sont présentées mais n'ont pas été utilisées pour le calcul des moyennes. Les données sur l'Afrique dans son ensemble et sur les pays en développement couvrent la période 1999–2012. « Données corrigées pour 27 pays africains » : chiffres basés sur des données comparables et de bonne qualité pour les pays qui ont effectué au moins deux enquêtes comparables. « Données corrigées pour tous les pays africains » : moyenne basée sur les données comparables et de bonne qualité pour toute l'Afrique.

basée sur ces enquêtes est relativement proche du taux établi à partir d'une comparaison appropriée des estimations de la pauvreté basées sur des imputations du PIB.

Imputation de données d'une enquête à l'autre pour assurer la solidité des résultats

Au lieu d'utiliser les taux de croissance du PIB pour pallier le manque de données dans les enquêtes sur la consommation, l'imputation de données d'une enquête à l'autre (S2S) tire parti des enquêtes auprès des ménages qui ne portent pas sur la consommation. Cette méthode est utilisée depuis longtemps par les économistes et les statisticiens.

Elle permet de retrouver les valeurs manquantes d'une ou plusieurs variables lorsque les personnes interrogées ne fournissent pas les informations requises, lorsque les données ont été altérées ou lorsque des erreurs dont on ne peut faire abstraction ont été commises lors de la mesure des variables. Les imputations d'une enquête à l'autre présentent un intérêt en Afrique parce qu'elles permettent de faire face aux problèmes posés par la non-comparabilité des enquêtes, la mauvaise qualité des données sur la consommation, la rareté des enquêtes sur la consommation et le manque de données ponctuelles sur la pauvreté, ainsi que l'insuffisance ou la mauvaise qualité des données sur les prix. La comparaison des imputations d'une enquête à l'autre avec les tendances effectives de la pauvreté établies à partir de données fiables montre que la méthode permet de bien suivre la pauvreté à condition qu'il ne se produise pas de redressement économique majeur et que les périodes ne soient pas trop éloignées les unes des autres (Christiaensen et al., 2012 ; Douidich et al., 2013).

Le graphique 2.3 montre comment l'imputation d'une enquête à l'autre peut servir à déterminer la tendance de la pauvreté et pourquoi il importe de tenir compte de la comparabilité. Elle présente les estimations de la pauvreté dans dix pays où les enquêtes ne sont pas comparables et quatre pays où elles le sont. Deux conclusions se dégagent des résultats. D'une part, pour les enquêtes comparables, les changements imputés et effectifs vont dans le même sens et les estimations ont le même ordre de grandeur (pour 3 des 5 périodes).

Cette constatation valide dans une certaine mesure la méthode de l'imputation d'une enquête à l'autre.

D'autre part, les tendances établies à partir d'enquêtes non comparables ne sont pas très fiables. Les estimations basées sur l'imputation de données d'une enquête à l'autre inversent les tendances de la pauvreté dans quatre des dix pays, et l'écart entre le taux de pauvreté effectif et le taux calculé par imputation d'une enquête à l'autre est sensiblement plus important pour les enquêtes non comparables que pour les enquêtes comparables. Ces constatations soulignent qu'il peut être important de prendre en compte la comparabilité, comme le montre le graphique 2.1.

Nous avons appliqué la méthode de l'imputation d'une enquête à l'autre aux 23 plus grands pays africains pour vérifier la solidité

GRAPHIQUE 2.3 **L'imputation d'une enquête à l'autre et les données d'enquêtes comparables produisent des taux de pauvreté similaires**

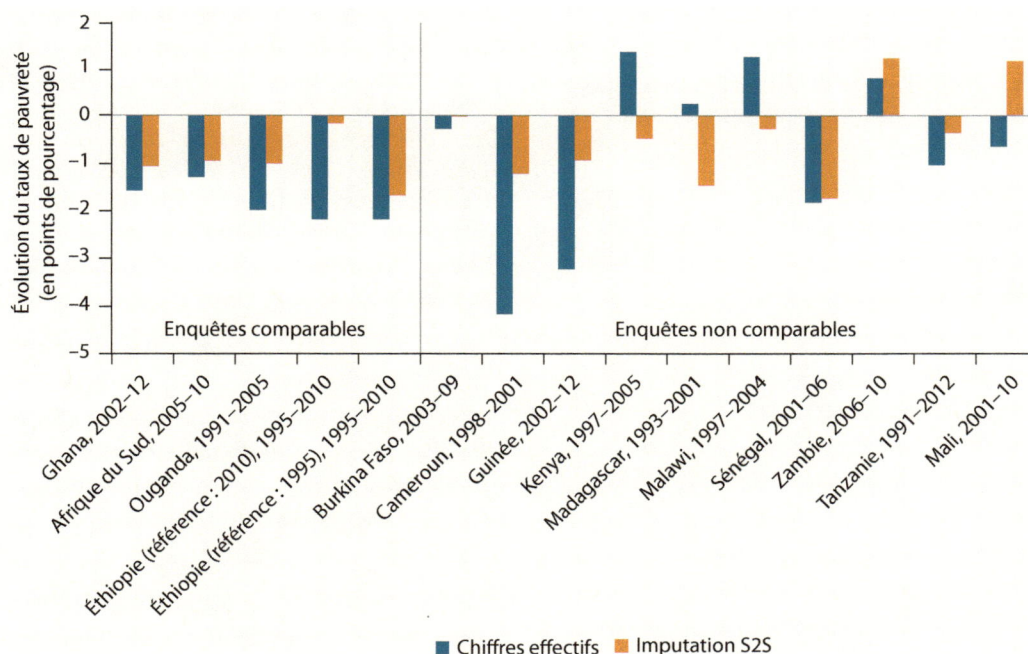

Source : Base de données de la Banque mondiale sur la pauvreté en Afrique.
Note : On a utilisé les données de l'année finale pour imputer celles de l'année initiale, sauf en Éthiopie où, du fait que l'imputation était sensible au choix de l'année de référence, les deux résultats sont présentés. Les ensembles de covariables utilisés pour établir un modèle de consommation sont les suivants : caractéristiques du chef de ménage (niveau d'instruction, activité professionnelle, situation au regard de l'emploi), caractéristiques démographiques du ménage, logement et propriété d'actifs, lieu de résidence (milieu urbain ou rural) et interactions avec d'autres variables. Pour l'imputation S2S, on a utilisé le programme STATA (pour de plus amples détails, voir Dang et Nguyen 2014).

des tendances qui reposent en grande partie sur des imputations du PIB[10]. Pour ces pays, le modèle d'imputation a été étalonné sur la base d'une récente enquête de bonne qualité sur la consommation et les paramètres estimés ont été appliqués aux variables non quantitatives permettant de prédire le taux de pauvreté qui sont utilisées dans d'autres enquêtes portant ou non sur la consommation (y compris, par exemple, les enquêtes démographiques et sanitaires). Pour chaque pays, au moins une donnée ponctuelle a été recueillie pour chacune des cinq périodes suivantes : 1990–1994, 1995–1999, 2000–2004, 2005–2009 et 2010–2015. La couverture de l'enquête était insuffisante pour faire des estimations annuelles. Lorsqu'aucune enquête appropriée n'avait été effectuée pendant une période, on a utilisé l'estimation la plus récente disponible pour la période précédente ou suivante[11], et si cela n'était pas possible, on a utilisé un taux régional moyen de pauvreté calculé à partir des données nationales pour lesquelles des imputations étaient disponibles[12].

GRAPHIQUE 2.4   **Les imputations d'une enquête à l'autre montrent que le taux de pauvreté en Afrique est plus faible que ne l'indiquent les enquêtes auprès des ménages**

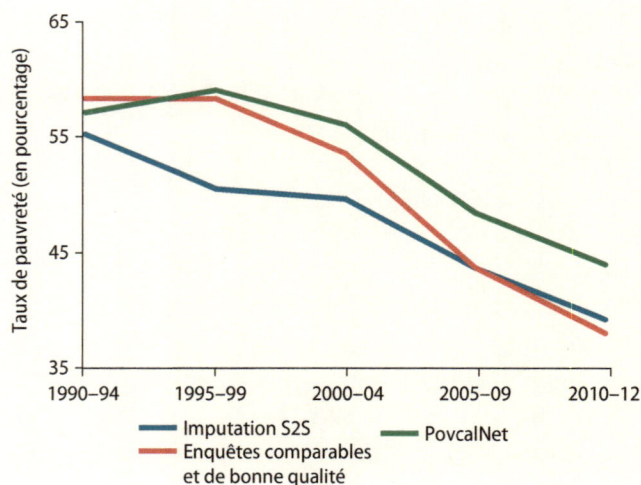

Source : Base de données de la Banque mondiale sur la pauvreté en Afrique.
Note : L'échantillon se compose des 23 plus grands pays de la région. La ligne S2S représente le taux de pauvreté pendant la période, basé sur les enquêtes disponibles et la méthode S2S décrite dans le texte. La ligne Enquêtes comparables et de bonne qualité indique la tendance établie au moyen des données corrigées pour ces 23 pays, et la ligne PovcalNet montre l'estimation PovcalNet pour ces 23 pays.

Le graphique 2.4 indique les taux moyens de pauvreté pondérés par le nombre d'habitants pour chaque période. Étant donné qu'une seule donnée ponctuelle est disponible par pays et par période pour l'imputation, on suppose que l'estimation correspondant à une période est égale à la moyenne pour le pays durant cette période. Ces moyennes ont ensuite servi à établir une estimation régionale moyenne pour la période. Ces estimations sont comparées aux estimations régionales pour les 23 plus grands pays africains établies à partir des moyennes sur cinq ans en utilisant PovcalNet et les données d'enquêtes comparables et de bonne qualité[13].

Selon la méthode d'imputation d'une enquête à l'autre, le taux de pauvreté a diminué de 16 points de pourcentage (de 55 % durant la période 1990–1994 à 39 % durant la période 2010–2012), soit un peu plus que la réduction de 13 points de pourcentage calculée à l'aide de PovcalNet (de 57 % à 44 %) mais moins que la réduction de 20 points de pourcentage basée sur les données corrigées pour tenir compte de la comparabilité et de la qualité.

Les estimations régionales de la pauvreté établies à partir de l'imputation des données d'une enquête à l'autre appellent deux autres observations. D'une part, les taux de pauvreté calculés au moyen de cette méthode sont plus faibles pendant toute la période. D'autre part, les écarts entre les taux de pauvreté calculés au moyen de cette méthode et ceux calculés à l'aide de PovcalNet et des données comparables et corrigées pour tenir compte de la qualité sont plus importants à la fin des années 90 ; ils diminuent durant les années 2000. Les résultats obtenus avec cette méthode pourraient laisser entendre que les résultats obtenus à l'aide de PovcalNet et des données comparables et corrigées pour tenir compte de la qualité donnent une fausse image de l'ampleur de la réduction de la pauvreté dans la région — PovcalNet parce qu'il ne tient pas compte de la non-comparabilité et de la mauvaise qualité des enquêtes, et les données corrigées parce qu'elles font une trop grande place aux imputations du PIB.

Le rôle des ajustements de prix dans la mesure de la pauvreté

Les indices des prix à la consommation (IPC), utilisés pour estimer la consommation réelle en 2011 (l'année de référence pour le seuil de pauvreté) ne prennent peut-être pas pleinement en compte l'inflation associée aux crises alimentaires et pétrolières qui se sont produites durant la période couverte par l'étude (1990–2012) (encadré 2.2)[14]. Le panier utilisé pour calculer l'IPC représente généralement la structure des dépenses des ménages les plus aisés, qui consacrent une part beaucoup plus faible de leur budget à l'alimentation que les familles pauvres. Si les prix des produits alimentaires augmentent beaucoup plus rapidement que l'ensemble des prix à la consommation, l'IPC risque de sous-estimer l'inflation réelle subie par les pauvres et le taux de réduction de la pauvreté sera donc surestimé. Il y a d'autres raisons, exposées au chapitre 1, pour lesquelles l'IPC ne décrit pas toujours exactement l'inflation subie par les pauvres. Si l'IPC ne reflète pas fidèlement les augmentations de prix, la mesure de la pauvreté sera faussée. Un IPC sous-estimé (surestimé) se traduira par une surestimation (sous-estimation) de la réduction de la pauvreté. En ce qui concerne le niveau de pauvreté, lorsqu'on compare les données d'une enquête effectuée avant 2011 aux chiffres de 2011, si l'IPC est surestimé, le taux de pauvreté pour l'année antérieure à 2011 sera sous-estimé. Et lorsqu'on compare les données d'une enquête effectuée après 2011 aux chiffres de 2011, un IPC surestimé se traduira par une surestimation du taux de pauvreté pour l'année ultérieure à 2011.

Quel impact la correction de ces distorsions a-t-elle sur les taux et les tendances de la pauvreté ? Il existe deux méthodes générales pour étudier les distorsions introduites par l'IPC et réévaluer les taux de pauvreté et les tendances de celle-ci. Une méthode utilise les données sur les prix de différents articles (par exemple, les données unitaires tirées de la liste des prix à la consommation) pour identifier les erreurs résultant de l'agrégation, essayer

différents coefficients de pondération et estimer plus précisément la demande afin de donner une idée approximative de la contribution relative de diverses sources de distorsions liées à l'IPC (voir par exemple Boskin et al., 1996 ; Diewert 1998 ; Hausman 2003).

Une autre méthode consiste à tirer parti d'une constatation : la part du budget consacré à l'alimentation diminue à mesure que la consommation augmente — autrement dit, elle évolue selon la loi d'Engel[15]. Par conséquent, à condition que la consommation nominale ait été mesurée de façon cohérente au fil du temps, les différences dans la part du budget consacré à l'alimentation par des ménages démographiquement similaires et affichant le même niveau de consommation à différentes époques signifient que l'IPC ne mesure pas l'évolution réelle du coût de la vie (Costa 2001 ; Hamilton 2001). Selon cette méthode, tout écart entre les changements dans la consommation réelle estimés à partir de la demande de denrées alimentaires (autrement dit, à partir de la courbe d'Engel) et les changements mesurés dans la consommation réelle (autrement dit, la consommation nominale déflatée par l'IPC) est attribué au biais de mesure inhérent à l'IPC.

La méthode Engel est appliquée à des enquêtes comparables menées dans 16 pays pour estimer le sens et l'ampleur du biais de l'IPC[16]. La collecte des données utilisées pour calculer l'IPC étant souvent limitée aux zones urbaines, seuls les ménages urbains sont pris en compte pour ces estimations (sauf en Éthiopie, à Maurice, au Nigéria et au Rwanda[17]). Le biais inhérent à l'IPC en Afrique a été estimé en suivant la méthode décrite dans Gibson, Stillman et Le (2008) (pour une analyse de ces méthodes, voir également Gaddis 2015). Cette méthode suppose que : a) la consommation alimentaire et non alimentaire est mesurée de façon cohérente d'une enquête à l'autre, et sans grave erreur de mesure ; et b) les préférences restent stables dans le temps.

Certains facteurs non observés qui varient dans le temps et sont corrélés avec la part de l'alimentation dans le budget peuvent également fausser les estimations. Ils peuvent aussi

ENCADRÉ 2.2   Quel est l'impact des hausses de prix sur la mesure de la pauvreté?

Selon les estimations, la réduction de la pauvreté s'est accélérée vers 2002. Cette constatation soulève un problème, à savoir que les IPC dans les années 2000 risquent d'avoir sous-estimé la flambée des prix des denrées alimentaires, notamment des produits de base comme le maïs, le blé et le riz, observée en 2007/2008 et en 2011.

Une comparaison de l'évolution des prix des denrées alimentaires et de l'indice général des prix à la consommation dans les pays africains avec les séries d'IPC à long terme montre l'effet de la crise des produits alimentaires de 2007/2008. La plupart des pays ont affiché une hausse des prix des produits alimentaires beaucoup plus importante durant cette période que dans les années 2000. Entre 2007 et 2009, l'indice des prix à la consommation des denrées alimentaires a augmenté beaucoup plus rapidement que l'indice général des

prix à la consommation dans sept pays sur neuf (graphique B2.2.1, section a).

Pour la période plus longue (2002–2012, section b), l'indice des prix à la consommation des denrées alimentaires a augmenté plus rapidement que l'indice général des prix à la consommation au Burkina Faso, en Éthiopie, au Mozambique et en Ouganda, et moins rapidement au Ghana, au Malawi et en Zambie. Au Nigéria — qui, en raison de son poids démographique, a une forte influence sur la tendance régionale — les deux taux d'inflation sont pratiquement identiques. Ces résultats seraient peut-être différents si l'on avait utilisé des déflateurs des prix mieux adaptés aux modes de consommation des pauvres. Mais l'expérience montre que la réduction générale de la pauvreté après 2002 ne tient pas seulement au fait que la flambée des prix des denrées alimentaires n'a pas été prise en compte.

GRAPHIQUE B2.2.1   **La hausse des prix des denrées alimentaires n'est pas toujours supérieure à la hausse générale des prix**

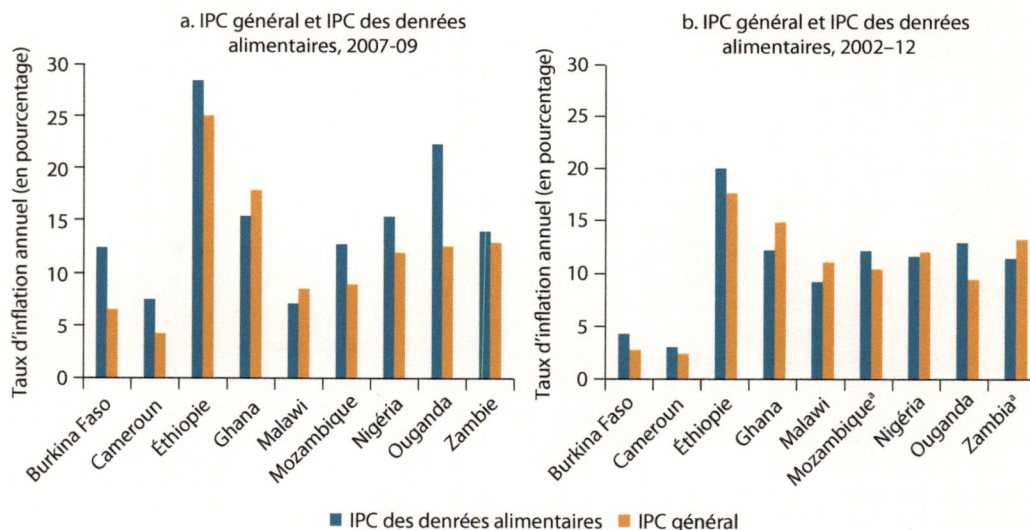

a. IPC général et IPC des denrées alimentaires, 2007-09

b. IPC général et IPC des denrées alimentaires, 2002–12

■ IPC des denrées alimentaires   ■ IPC général

Sources : Bases de données de l'Organisation internationale du Travail (http://laborsta.ilo.org/STP/guest) et de l'Organisation des Nations Unies pour l'alimentation et l'agriculture (http://faostat3.fao.org/download/P/CP/E).
a. Les séries de données sur le Mozambique et la Zambie s'arrêtent à 2011.

expliquer pourquoi la méthode Engel est moins fiable lorsqu'il s'agit de comparer les différences de coût de la vie dans l'espace — entre régions ou provinces, par exemple (Gibson, Le et Kim 2014).

Le graphique 2.5 indique l'ampleur du biais de l'IPC pour des paires d'enquêtes. La dernière année de chaque paire a été utilisée comme référence ; le taux de pauvreté implicite qui corrige la distorsion pendant la période couverte par les enquêtes a été calculé pour l'autre année. Les estimations de la réduction de la pauvreté tirées de la courbe d'Engel et de l'IPC sont ensuite comparées.

Selon les estimations de la courbe d'Engel, les IPC en Afrique ont tendance à surestimer les augmentations du coût de la vie[18]. Dans onze pays, le coût de la vie pour un ménage urbain moyen a moins augmenté que ne le laisse entendre l'IPC officiel. (Pour une analyse détaillée de l'estimation, voir Dabalen, Gaddis et Nguyen 2015). L'écart entre la réduction annualisée de la pauvreté calculée selon la méthode Engel et les IPC actualisés varie d'un écart positif de 5 points de pourcentage au Ghana à un écart négatif de presque 6 points de pourcentage en Tanzanie. Le Burkina Faso, le Ghana et l'Ouganda sont les trois pays pour lesquels les écarts estimés sont positifs, bien que l'écart ne soit pas statistiquement significatif au Burkina Faso. Cela signifie que l'IPC actualisé dans ces pays sous-estime l'augmentation du coût de la vie (et surestime donc la réduction de la pauvreté) pendant la période étudiée. L'ampleur de l'écart au Nigéria dépend de l'enquête utilisée. L'enquête de moins bonne qualité (enquête NLSS 2003/2004 et 2009/2010) montre un écart de 3 points de pourcentage dans la réduction de la pauvreté entre les méthodes IPC et Engel, ce qui veut dire que l'IPC surestime le coût de la vie et sous-estime donc la réduction de la pauvreté ; l'enquête de meilleure qualité (enquête GHS-Panel 2011 et 2013) ne fait apparaître aucune différence entre les deux méthodes.

Les seize pays figurant sur le graphique 2.5 représentent 70 % de la population africaine. Les résultats montrent qu'en moyenne, l'IPC actualisé sous-estime la réduction de la pauvreté de 1 point de pourcentage par an[19].

GRAPHIQUE 2.5 **La correction du biais de l'IPC donne à penser que la réduction de la pauvreté est sous-estimée**

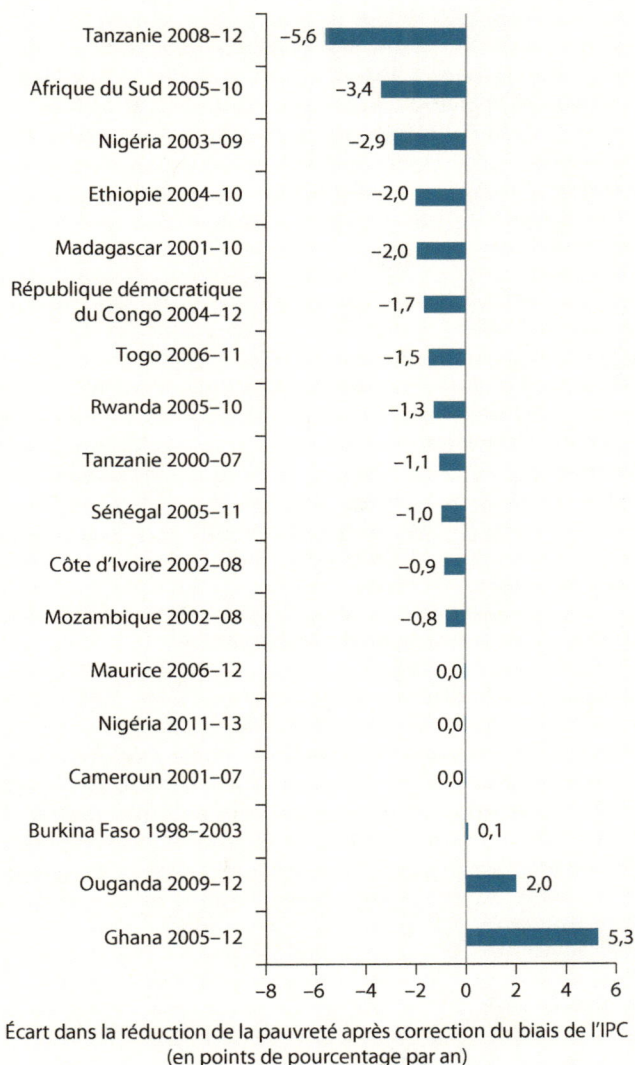

Écart dans la réduction de la pauvreté après correction du biais de l'IPC (en points de pourcentage par an)

Source : Base de données de la Banque mondiale sur la pauvreté en Afrique.
Note : Une valeur négative indique que l'IPC sous-estime la réduction de la pauvreté (ou, dans quelques cas, surestime l'augmentation de la pauvreté). Une valeur positive indique l'inverse.

Ils montrent aussi que, sauf preuve contraire, la pauvreté dans de nombreux pays africains pourrait avoir reculé plus rapidement que ne l'indique l'évolution des taux de pauvreté au niveau international.

Ces chiffres appellent cependant d'importantes réserves. Les estimations tirées de la courbe d'Engel n'impliquent pas nécessairement que l'IPC fausse l'estimation de l'inflation générale. L'IPC sert à mettre en lumière l'inflation subie par les ménages appartenant au 70e ou au 80e centile, alors que la courbe d'Engel indique les taux d'inflation subis par un ménage dont on ignore la place sur la courbe de distribution des revenus. L'écart mesuré entre les deux méthodes d'évaluation de la réduction de la pauvreté pourrait s'expliquer en partie par les différents taux d'inflation subis par les ménages représentés par ces déflateurs[20]. L'écart sensible, dans certains pays, entre les taux de pauvreté mesurés par les deux méthodes donne à penser que d'autres études sont nécessaires pour corroborer les résultats de la courbe d'Engel. Dans l'idéal, ces études affineraient ces estimations générales de la distorsion introduite en examinant la liste d'articles utilisés pour calculer l'IPC à l'aide de la méthode recommandée par Hausman (2003).

La propriété d'actifs comme mesure des tendances de la pauvreté

Compte tenu de la faible fréquence des enquêtes sur la consommation et des problèmes de mesure qu'elles posent (voir le chapitre 1), pourrait-on utiliser d'autres sources de données comme indicateur de la consommation ? Certaines études ont tenté d'utiliser la propriété d'actifs comme autre mesure de l'évolution de la consommation et pour suivre la pauvreté.

L'utilisation des actifs comme indicateur de la consommation ou du revenu présentent plusieurs avantages qui expliquent le succès de cette approche depuis les années 90[21]. Premièrement, outre les enquêtes sur la consommation, il existe aujourd'hui d'autres enquêtes auprès des ménages qui contiennent des informations sur les actifs et portent sur de nombreux pays et années, comme les enquêtes démographiques et sanitaires. Les données sur les actifs sont plus faciles à recueillir que les données sur la consommation, qui exigent des questionnaires détaillés. Deuxièmement, la méthode basée sur les actifs évite de devoir monétiser les valeurs, ce qui nécessite des données sur les prix.

Tout en notant qu'il existe une corrélation étroite entre les actifs et les aspects de la pauvreté non liés au revenu (notamment la nutrition, le recours aux soins de santé, la scolarisation, la fécondité et la mortalité infantile), Filmer et Scott (2012) montrent que la corrélation entre les indices de consommation et de richesse est faible. Les actifs et les indices de richesse sont plus étroitement liés à la consommation dans les zones urbaines et là où les crises passagères sont modérées, l'erreur de mesure de la consommation est faible et la consommation privée (l'alimentation, par exemple) représente une faible part de la consommation totale.

Compte tenu de ces facteurs, la corrélation entre les actifs et la consommation est plus faible en Afrique que dans d'autres contextes. Howe et al. (2009) évaluent la corrélation entre les indices de richesse et les dépenses dans 36 ensembles de données et concluent que les indices ne sauraient remplacer les données sur la consommation.

Les actifs ont souvent été utilisés pour classer les ménages dans les études nationales et distinguer les 20 % de ménages les plus pauvres des 20 % les plus riches. Peut-on également utiliser les actifs pour évaluer les niveaux et tendances de la pauvreté ? L'utilisation des actifs pour suivre la pauvreté pose plusieurs problèmes méthodologiques. Premièrement, les ménages peuvent accroître leurs actifs même si leur consommation n'augmente pas (phénomène de « dérive des actifs ») (Harttgen, Klasen et Vollmer 2013). Deuxièmement, la capacité d'accumuler des actifs varie fortement d'un pays à l'autre pour des raisons qui n'ont souvent pas grand-chose à voir avec la capacité de les acheter. Les habitants de deux pays aussi pauvres l'un que l'autre peuvent accumuler différentes quantités du même actif pour des raisons diverses, telles qu'un conflit, les restrictions commerciales qui frappent cet actif ou l'offre insuffisante d'un bien public qui est indissociable de l'actif (par exemple, une alimentation électrique aléatoire réduit les achats de réfrigérateurs). Troisièmement, les actifs étant des stocks, le fait de posséder davantage d'actifs reflète la consommation ou le revenu – actuels et passés. Quatrièmement, la mesure dans laquelle les ménages choisissent d'accumuler des actifs peut être liée à l'existence d'autres moyens d'épargne ou d'accumulation de richesse, qui varient selon les pays.

Cinquièmement, il est difficile de calculer un seuil de pauvreté à partir des indices de richesse. Pour les mesures de la consommation, on peut se baser sur le coût des besoins essentiels. En revanche, il n'existe pas de consensus sur le minimum d'actifs nécessaires pour satisfaire les besoins essentiels, ni sur la manière de grouper les actifs (voir l'encadré 2.3). Le choix des actifs à inclure dans l'indice, la manière de les pondérer et

quel coefficient de pondération leur attribuer sont des questions importantes, car les indices de richesse calculés pour chaque enquête sont adaptés au profil des actifs dans un pays donné pour une année donnée. L'indice le plus courant, l'indice de richesse nationale, utilise des méthodes statistiques (par exemple, l'analyse en composantes principales) pour calculer les coefficients de pondération. Même à l'intérieur d'un pays, cette méthode de pondération dépend du choix des actifs inclus dans l'indice. Les résultats ne sont donc pas comparables dans le temps ni entre pays (Abreu et Johnson 2013; Gwatkin et al., 2007 ; McKenzie 2005). Les coefficients de

---

ENCADRÉ 2.3 **Les indices de richesse peuvent-ils servir à mesurer l'évolution de la pauvreté ?**

Trois indices permettent de mesurer la propriété d'actifs.

L'indice de richesse EDS
L'indice de richesse des enquêtes démographiques et sanitaires (EDS) est l'indice le plus utilisé pour mesurer la propriété d'actifs. Il est établi à partir d'un large éventail d'actifs des ménages et de services d'utilité publique couverts par les EDS et comprend des éléments propres à chaque pays (Rutstein et Johnson 2004). Cet indice est un chiffre normalisé, avec une valeur médiane égale à zéro et un écart type égal à 1. On utilise l'analyse en composantes principales pour attribuer un coefficient de pondération à chaque actif ou service inclus dans l'indice. Étant donné que le nombre d'actifs ou de services et les coefficients de pondération varient dans le temps et selon les pays, cet indice n'est pas comparable d'une enquête à l'autre dans un pays, dans le temps ou d'un pays à un autre.

L'indice global de richesse
Pour éviter les problèmes dus au fait que les actifs inclus dans un indice de richesse varient d'un pays à l'autre et d'une année à l'autre, un indice global de richesse est établi à partir d'un petit nombre d'actifs communs. On utilise l'analyse en composantes principales pour déterminer le coefficient de pondération de chaque actif (Smits et Steendijk 2015). Le coefficient de pondération attribué à un pays est la

racine carrée du nombre d'habitants ; la richesse pondérée est recalculée pour obtenir un chiffre entre 0 et 100.

Si un nouvel actif ou un nouveau pays est inclus dans l'indice, celui-ci doit être recalculé. Bien que cet indice ne soit pas identique à l'indice de richesse EDS, il existe une étroite corrélation entre les deux. La corrélation entre l'indice global de richesse et la consommation est faible (0,5) dans les deux pays pour lesquels il a été calculé (Malawi et Niger) aux fins de la présente étude.

L'indice comparatif de richesse
L'indice comparatif de richesse vise à rendre les indices de richesse EDS par pays comparables entre eux afin de pouvoir analyser les tendances d'un pays à l'autre et dans un même pays (Rutstein et Staveteig 2014). Selon cette méthode, l'indice de richesse EDS des ménages d'un pays est adapté en fonction de la relation entre certains « besoins essentiels non satisfaits » et la propriété de quatre actifs (voiture, réfrigérateur, téléphone fixe et poste de télévision), comparée à un pays de référence. Pour chaque enquête, les seuils de propriété de ces actifs sont déterminés par régression logistique, et les besoins essentiels non satisfaits sont estimés sur la base de la distribution cumulative des besoins non satisfaits. Ces seuils sont ramenés aux seuils du pays de référence et les coefficients sont utilisés pour recalculer l'indice de richesse nationale pour chaque enquête.

pondération sont importants parce que différents pays détiennent souvent des actifs de types différents ou de qualité inégale. La pondération a une forte influence sur le degré de corrélation entre l'indice et la consommation.

Nous avons étudié quelques-unes de ces questions et examiné les modes d'accumulation de cinq actifs détenus par les ménages (poste de télévision, réfrigérateur, ordinateur, motocyclette et voiture), sans les inclure dans un indicateur global. Suivant la méthode de Harttgen, Klasen et Vollmer (2013), nous avons limité notre étude aux ménages quasi-pauvres (dont les dépenses de consommation se situent dans une marge de ± 5 % du seuil de pauvreté).

Le tableau 2.2 présente les résultats des régressions de la propriété d'actifs sur la consommation, l'effet du temps et la typologie des pays en utilisant 32 enquêtes auprès des ménages dans 16 pays ayant fait l'objet de deux enquêtes comparables. À mesure que leur consommation augmente, les ménages quasi-pauvres sont plus susceptibles de détenir chaque actif. La typologie des pays n'indique pas clairement si la propriété d'actifs dépend du niveau de consommation des ménages ; mais les corrélations statistiquement significatives montrent que le contexte détermine en partie la propriété d'actifs, lorsqu'elle s'accompagne de consommation. Ce constat met en lumière la difficulté à identifier dans différents pays un ensemble d'actifs qui sont toujours associés à la pauvreté

monétaire. Comme l'indique le coefficient correspondant à l'indicateur temporel, la propriété de chacun des cinq actifs augmente entre la première et la deuxième enquête, en fonction de la consommation, ce qui suggère un phénomène de « dérive des actifs ».

Pour ce groupe de pays, on observe un phénomène de « dérive des actifs », mais avec des différences entre pays. La part des pays affichant ce phénomène est d'environ 50 % pour les postes de télévision, 36 % pour les motocyclettes, 33 % pour les ordinateurs, 20 % pour les réfrigérateurs et 10 % pour les voitures. Ce résultat concorde avec la valeur et l'importance de l'indicateur temporel dans les résultats du groupe de pays au tableau 2.2.

Les données sur les actifs peuvent être utiles à certains égards comme indicateur indirect de la consommation, comme le classement des ménages dans une enquête. Mais compte tenu des problèmes méthodologiques et du manque de preuves empiriques, ces données ne semblent pas suffisamment solides pour remplacer les données sur la consommation comme mesure de la pauvreté et de son évolution.

Profil des pauvres

Cette section présente une brève description des caractéristiques des pauvres. Elle commence par localiser les pauvres au moyen d'une classification générale des pays puis examine leur répartition entre les zones urbaines

TABLEAU 2.2   De nombreux facteurs influencent l'achat d'actifs par les quasi-pauvres

Actif	Télévision	Réfrigérateur	Ordinateur	Motocyclette	Voiture
Consommation	0,378***	0,335***	0,004	0,164	−0,062
Pays à revenu intermédiaire	0,202***	0,123***	0,003	0,082***	0,011**
Pays riches en ressources	−0,015**	−0,081***	−0,003*	0,070***	0,027***
Pays enclavés	−0,014	−0,067***	−0,007	0,001***	−0,008**
Pays fragiles	0,108***	−0,048***	−0,008**	−0,019***	−0,012***
Deuxième enquête	0,113***	0,014***	0,007***	0,068***	0,019***
Nombre d'observations	16 884	16 847	12 269	15 678	11 859

Source : Base de données de la Banque mondiale sur la pauvreté en Afrique pour les récentes enquêtes effectuées dans les pays suivants : Botswana, Cameroun, République démocratique du Congo, Côte d'Ivoire, Éthiopie, Ghana, Madagascar, Malawi, Mozambique, Nigéria, Rwanda, Sénégal, Sierra Leone, Afrique du Sud, Tanzanie et Ouganda.
Note : L'échantillon se compose de ménages dont les dépenses de consommation se situent dans une marge de ± 5 % du seuil de pauvreté. La consommation est le logarithme de la consommation par habitant (PPA 2011). Les autres variables sont les indicateurs prenant la valeur 0 ou 1.
Signification statistique : * = 10 %, ** = 5 %, *** = 1 %.

et rurales, et s'achève par une analyse de la pauvreté des ménages dirigés par une femme.

Différences dans la réduction de la pauvreté selon le type de pays

En quoi les pays qui sont parvenus à faire reculer la pauvreté se distinguent-ils des autres ? Pour répondre à cette question, cette section utilise des données corrigées pour tous les pays africains et le classement des pays en fonction de quatre aspects : fragilité, richesse en ressources, enclavement et faible revenu national. Elle examine tout d'abord l'évolution des taux de pauvreté entre 1996 et 2012 pour chaque type de pays, puis la relation entre le type de pays et l'évolution de la pauvreté selon les autres classements, en utilisant une régression simple.

Fragilité. Les résultats montrent que la pauvreté a reculé même dans les États fragiles, mais moins que dans les États non fragiles. Entre 1996 et 2012, le taux de pauvreté dans les États fragiles est tombé de 65 % à 53 %. Cela représente une baisse de 12 points de pourcentage, soit beaucoup moins que la baisse de 24 points de pourcentage enregistrée dans les économies non fragiles (de 56 % à 32 %). Certains États fragiles sont riches en ressources ou enclavés, ou les deux à la fois. Une simple comparaison binaire entre les États fragiles et les États non fragiles ne rendra donc probablement pas compte de la contribution du seul critère de fragilité à la réduction de la pauvreté. Si l'on tient compte des autres caractéristiques (richesse en ressources, enclavement et revenu), la réduction de la pauvreté dans les États fragiles est inférieure de 15 points de pourcentage par rapport aux États non fragiles, écart qui est statistiquement significatif (graphique 2.6).

Richesse en ressources. Les pays riches en ressources affichent une plus grande réduction de la pauvreté que les pays qui ne sont pas dotés d'abondantes ressources : leur taux de pauvreté a diminué de 26 points de pourcentage (de 62 % à 36 %), contre 18 points de pourcentage (de 55 % à 37 %) dans les pays pauvres en ressources. Si l'on tient compte des autres caractéristiques, la pauvreté a reculé d'environ

GRAPHIQUE 2.6 **La fragilité est associée à une réduction de la pauvreté nettement plus lente**

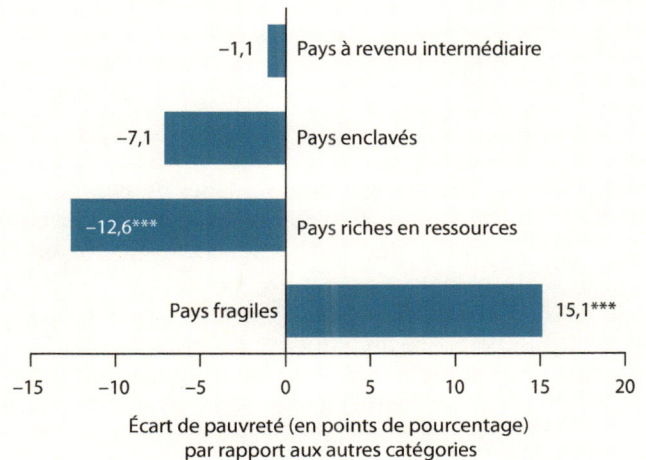

Source : Base de données de la Banque mondiale sur la pauvreté en Afrique.
Note : Le graphique montre les résultats d'une régression de la variation du taux de pauvreté en fonction des caractéristiques des pays. Basé sur les taux de pauvreté estimés pour 43 pays (1996-2012) à partir d'enquêtes comparables et de bonne qualité.
*** Statistiquement significatif au seuil de 1 %.

13 points de pourcentage de plus, en moyenne, dans les pays riches en ressources que dans les autres pays. Un certain nombre d'enquêtes effectuées dans les pays riches en ressources ont cependant été éliminées en raison du manque de comparabilité et de qualité des données et de la dépendance croissante à l'égard du PIB pour les imputations. Dans la mesure où la corrélation entre le PIB et la consommation est plus faible dans les pays riches en ressources, le taux de réduction de la pauvreté sera surestimé.

Les données empiriques sur la réduction de la pauvreté sont de qualité inégale. En Zambie, les imputations basées sur le PIB indiquent une réduction de la pauvreté plus rapide, tandis que les imputations d'une enquête à l'autre font apparaître une augmentation de la pauvreté. Au Nigéria, l'ordre de grandeur de la réduction de la pauvreté est pratiquement identique avec les deux méthodes. La différence entre la réduction de la pauvreté dans les pays riches en ressources et dans les pays pauvres en ressources s'explique essentiellement par la correction des données sur le Nigéria, qui abrite 18 % de la population de la région et une part encore plus grande (44 %) de la population des pays riches en ressources. Avant de procéder à des corrections pour tenir compte de la comparabilité et de la qualité, les enquêtes au Nigéria indiquaient une réduction lente de la pauvreté, malgré une croissance du PIB relativement rapide pendant plus d'une décennie.

Les niveaux de pauvreté étaient plus élevés au Nigéria que dans de nombreux pays d'Afrique et d'autres régions du monde ayant un revenu beaucoup moins élevé. Cette stagnation du taux de pauvreté a été attribuée à la mauvaise qualité des données (Banque mondiale 2014c). Avec les données corrigées, les taux de pauvreté du Nigéria sont beaucoup plus faibles (et plus proches de ceux des pays appartenant au même groupe de revenu) et le recul de la pauvreté plus marqué, ce qui modifie les résultats des pays riches en ressources (voir l'encadré 2.1).

Enclavement. Certains chercheurs ont postulé que les pays enclavés ont des résultats moins bons que les pays côtiers parce que les coûts de transport entravent les échanges et réduisent la compétitivité (Bloom et Sachs 1998 ; Luke, Sachs et Mellinger 1999). Les résultats présentés ici ne corroborent pas cette hypothèse. Les pays enclavés ont réduit leur taux de pauvreté de 24 points de pourcentage

(de 65 % à 41 %), soit 3 points de pourcentage de plus que les pays côtiers, où la pauvreté a reculé de 56 % à 35 %. Lorsqu'on tient compte de la richesse en ressources, de la fragilité et du revenu, l'écart en faveur des pays enclavés augmente à 7 points de pourcentage, mais il reste statistiquement insignifiant.

Faible revenu. Les pays à revenu intermédiaire ont réduit leur taux de pauvreté de 26 points de pourcentage, soit 7 points de pourcentage de plus que les pays à faible revenu. Cependant, si l'on tient compte des autres caractéristiques, leurs résultats ne sont pas meilleurs (écart de 1 point de pourcentage).

Différences dans la réduction de la pauvreté selon le contexte et le sexe

Bien que l'Afrique soit fortement urbanisée, sa population reste en grande partie rurale : dans la majorité des pays, 65 à 70 % de la population vivent en milieu rural (Banque mondiale 2015a). Le taux de pauvreté des ruraux est plus élevé dans tous les pays (graphique 2.7).

Les données corrigées pour tous les pays indiquent que la pauvreté a reculé dans les villes comme dans les campagnes entre 1996 et 2012. Les taux de pauvreté urbaine ont diminué de 16 points de pourcentage (soit une baisse de 48 %) et les taux de pauvreté rurale ont diminué de 23 points de pourcentage (soit une baisse de 33 %). L'écart entre les taux de pauvreté urbaine et rurale a également diminué (de 35 à 28 points de pourcentage).

La pauvreté a pratiquement diminué de moitié dans trois des quatre régions géographiques (Afrique de l'Est, Afrique australe et Afrique de l'Ouest). Elle n'a diminué de moitié dans aucune région rurale. La pauvreté rurale a diminué de 40 % environ en Afrique de l'Est et en Afrique australe.

L'Afrique se distingue par la forte proportion de ménages dirigés par une femme (26 % des ménages et 20 % de la population totale). Parmi ces ménages, 62 % ne comptent aucun homme adulte (âgé de plus de 15 ans).

Ces statistiques cachent d'importantes disparités entre pays et entre régions (Milazzo et van de Walle 2015). Le pourcentage de

GRAPHIQUE 2.7   La pauvreté urbaine a diminué de près de moitié entre 1996 et 2012 en Afrique australe et en Afrique de l'Ouest

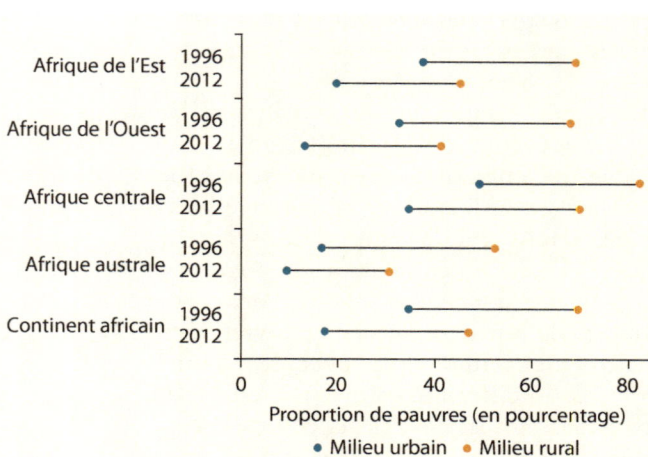

Source : Base de données de la Banque mondiale sur la pauvreté en Afrique. Estimations basées sur les données corrigées pour tenir compte de la comparabilité et de la qualité.
Note : Les données sont pondérées par le nombre d'habitants.

ménages dirigés par une femme est le plus élevé en Afrique australe (43 %) et le moins élevé en Afrique de l'Ouest : un chef de ménage sur cinq est une femme, et les ménages dirigés par une femme représentent 15 % de la population. Le taux relativement faible en Afrique de l'Ouest s'explique par la polygamie et la forte proportion de veuves qui se remarient. À l'exception de l'Afrique australe, on trouve davantage de femmes chefs de ménage en milieu urbain. Leur prévalence est en corrélation avec le revenu du pays, mais sans rapport avec la fragilité ou la richesse du pays en ressources.

La proportion de la population appartenant à des ménages dirigés par une femme et la proportion de ménages dirigés par une femme augmentent avec l'âge des femmes dans toutes les régions (graphique 2.8). Selon Milazzo et van de Walle (2015), deux phénomènes nouveaux expliquent cette situation[22]. D'une part, bien que la croissance économique s'accompagne d'une réduction de la proportion de ménages dirigés par une

GRAPHIQUE 2.8   **Sur tout le continent, de plus en plus de ménages sont dirigés par une femme**

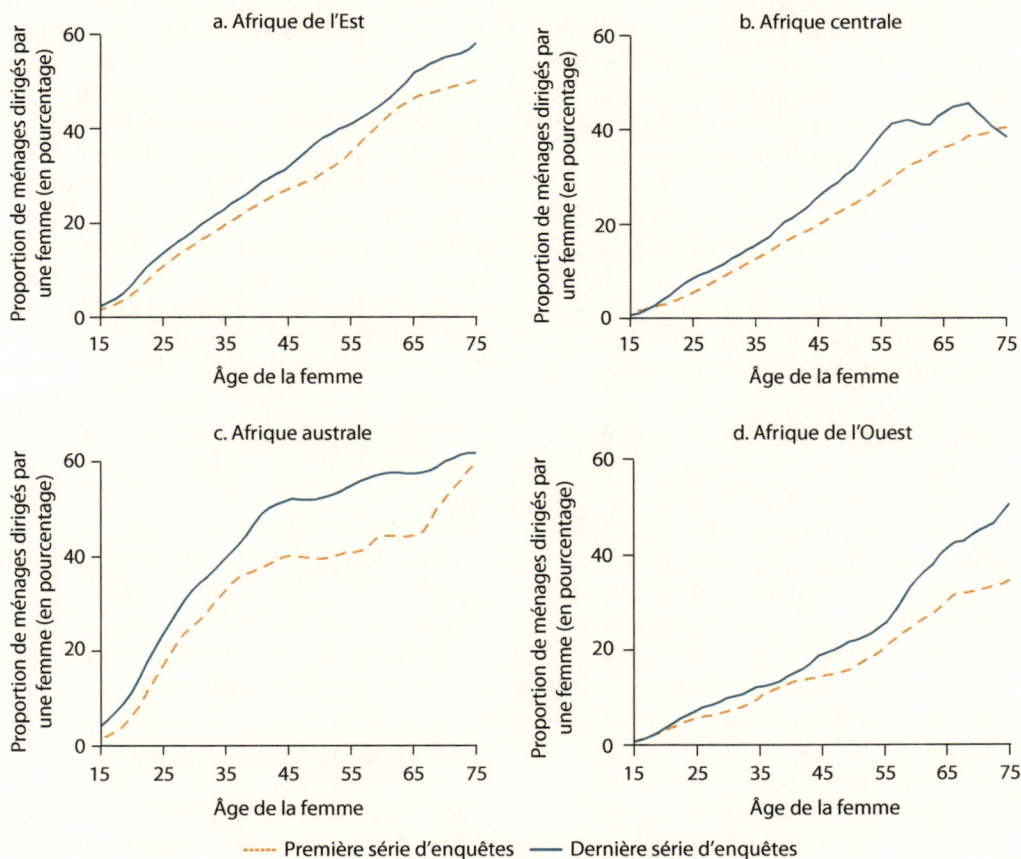

Source : Milazzo et van de Walle 2015.
Note : Les estimations proviennent de plusieurs séries d'enquêtes démographiques et sanitaires. « Première » désigne la première enquête et « Dernière » la dernière enquête. Afrique de l'Est : Comores, Éthiopie, Kenya, Madagascar, Malawi, Mozambique, Rwanda, Tanzanie, Ouganda et Zambie. Afrique centrale : Cameroun, Tchad, République du Congo et Gabon. Afrique australe : Lesotho, Namibie et Zimbabwe. Afrique de l'Ouest : Bénin, Burkina Faso, Côte d'Ivoire, Ghana, Guinée, Mali, Niger, Nigéria et Sénégal. Le Zimbabwe est classé ici parmi les pays d'Afrique australe (au lieu de l'Afrique de l'Est) afin d'avoir un échantillon de pays suffisamment grand pour chaque sous-région.

femme, ce qui tient sans doute en partie au recul de la migration des hommes liée au travail dans les économies locales en expansion, la part de la population vivant dans des ménages dirigés par une femme (mesurée par la part moyenne pour l'échantillon total) a augmenté de 0,4 % par an dans l'ensemble du continent africain entre les années 90 et 2013. D'autre part, cette contradiction apparente s'explique par le fait que d'autres facteurs, tels que les caractéristiques démographiques, les normes sociales, le niveau d'instruction et la nature de la famille évoluent en Afrique et favorisent l'augmentation du nombre de femmes chefs de ménage.

Faut-il s'inquiéter de cet accroissement régulier du pourcentage de ménages dirigés par une femme ? Ces ménages ont-ils tendance à être plus pauvres et plus vulnérables que les autres ? Les femmes chefs de ménage constituent un groupe hétéroclite qui comprend des veuves, des femmes divorcées, des femmes séparées, des femmes abandonnées, des femmes mariées dont l'époux ne vit pas au foyer (hommes polygames ou migrants) et des femmes célibataires. Les ménages dirigés par certaines catégories de femmes — veuves, divorcées ou séparées, et célibataires — semblent souvent défavorisés. À Madagascar, au Mali, en Ouganda et au Zimbabwe, les ménages dirigés par une veuve sont beaucoup plus pauvres que les autres ménages (Appleton 1996 ; Horrell et Krishnan 2007 ; van de Walle 2013 ; Banque mondiale 2014a). Mais les ménages dirigés par une femme qui reçoivent des fonds envoyés par les hommes du ménage affichent une consommation et un revenu systématiquement plus élevés que ceux des ménages dirigés par un homme et sont sensiblement plus aisés que les autres ménages dirigés par une femme.

Les ménages dirigés par une femme ont des caractéristiques démographiques qui pourraient les désavantager par rapports à ceux dirigés par un homme. En moyenne, les femmes chefs de ménages sont plus âgées (ce sont souvent des veuves) et ont moins d'années d'instruction (4,1 ans contre 5,1 ans). Leurs ménages ont tendance à être plus petits (3,9 membres contre 5,1 membres dans les

ménages dirigés par un homme) mais ils affichent un taux de dépendance plus élevé (1,2 contre 1,0). Les femmes chefs de ménage sont beaucoup plus nombreuses à vivre dans des ménages dont elles sont le seul membre adulte. Les trois quarts des ménages dirigés par un homme, contre seulement 44 % des ménages dirigés par une femme, comprennent deux adultes et des enfants. Les ménages dirigés par une femme comprennent plus souvent un seul adulte (16 % contre 10 %).

Les taux de pauvreté basés sur la consommation des ménages par habitant sont plus élevés chez les ménages dirigés par un homme (48 %) que chez ceux dirigés par une femme (40 %), mais avec des différences entre régions. Selon cette mesure, la pauvreté en Afrique australe est plus prononcée dans les ménages dirigés par une femme ; en Afrique de l'Est, les taux de pauvreté sont similaires, que le chef de ménage soit un homme ou une femme.

Du fait que les ménages dirigés par une femme sont plus petits, l'utilisation de la consommation individuelle au sein du ménage comme indicateur de bien-être a tendance à surestimer la pauvreté des ménages dont le chef est un homme par rapport à ceux dont le chef est une femme si les familles plus nombreuses bénéficient d'économies d'échelle (Lanjouw et Ravallion 1995). Les différences dans la pauvreté des ménages selon le sexe de leur chef dépendent donc de l'indicateur de consommation utilisé pour mesurer la pauvreté. À mesure que la proportion de ménages dirigés par une femme continue d'augmenter, cette sensibilité à la consommation individuelle ou à d'autres aspects de la composition démographique risquent d'augmenter également.

Les cycles de la pauvreté

Jusqu'ici, ce chapitre a donné une image de la pauvreté à différents points du temps. Il n'a pas décrit la dynamique – les « entrées et sorties » – de la pauvreté. De nombreuses études de la dynamique de la pauvreté utilisent des données de panel, qui suivent les ménages et les individus au fil du temps. De nombreux problèmes viennent compliquer cette analyse, tels que l'effet d'attrition, l'erreur de mesure et le biais de sélection de l'échantillon (Christiaensen et Shorrocks 2012). En outre, peu de panels établis de longue date en Afrique sont représentatifs à l'échelon national[23].

L'estimation de la dynamique de la pauvreté à partir des données de panel en Afrique permet de dégager deux grandes conclusions. Premièrement, comme on pouvait sans doute s'y attendre, les chiffres sont très différents selon qu'on parle de pauvreté chronique ou de pauvreté temporaire (graphique 2.9). Les taux de pauvreté chronique varient entre 6 % et 70 %. Ils peuvent aussi varier considérablement à l'intérieur d'un même pays — et dans certains cas, en utilisant les mêmes données — selon la méthode et le nombre de périodes utilisés.

Deuxièmement, les entrées et sorties de la pauvreté sont un phénomène courant : dans 20 études sur 26, les taux de pauvreté temporaire sont plus élevés que les taux de pauvreté chronique. Le taux moyen de pauvreté temporaire est d'environ 32 % alors que le taux moyen de pauvreté chronique est de 21 %, ce qui signifie qu'un ménage ou une personne risque davantage d'être pauvre de temps à autre que toujours pauvre (comparer la valeur médiane du taux de pauvreté chronique [barres bleues] avec la valeur médiane du taux de pauvreté temporaire [barres oranges] sur le graphique 2.9). La santé, le marché du travail, les conflits et les chocs climatiques contribuent pour beaucoup à ces transitions.

La mesure dans laquelle la pauvreté temporaire représente une pauvreté réelle ou s'explique par une erreur de mesure reste un sujet de débat. Selon certains chercheurs, l'erreur de mesure du revenu ou de la consommation peut expliquer jusqu'à 50 % de la pauvreté temporaire (Dercon et Krishnan 2000 ; Glewwe 2012).

Le fait de suivre le même ménage ou la même personne sur plusieurs années présente plusieurs avantages, mais cela coûte cher — c'est aussi la raison pour laquelle on dispose rarement de données de panel représentatives au plan national recueillies sur de longues périodes. Étant donné que peu d'enquêtes

réalisées dans la région auprès de panels de ménages sont représentatives au plan national, un autre moyen d'obtenir des données sur la pauvreté temporaire consiste à utiliser des méthodes statistiques pour établir des données synthétiques provenant de différents groupes pour lesquels des données existent (Dang et Lanjouw 2013, 2014 ; Dang et al., 2014). En plus de générer davantage de données sur la dynamique de la pauvreté, l'analyse transversale de données synthétiques utilise la même méthode, la même norme et la même mesure de bien-être pour tous les pays, ce qui n'est généralement pas le cas des enquêtes par panel. Les données synthétiques peuvent également être plus représentatives de la population que les données de panel, qui posent un problème d'attrition.

Pour établir des données synthétiques, nous avons sélectionné des pays ayant fait l'objet de deux enquêtes comparables. Dans le graphique 2.10, le taux de pauvreté de chaque pays est décomposé en plusieurs éléments : pauvreté chronique (ménages qui étaient pauvres pendant les deux périodes couvertes), régression sociale (ménages qui sont tombés dans la pauvreté pendant la deuxième période) et non-pauvres. Le taux de pauvreté chronique varie d'un pays à l'autre et ne semble pas lié au taux de pauvreté global[24]. Les non-pauvres sont décomposés en deux autres éléments : les ménages qui affichent un phénomène d'ascension sociale (pauvres pendant la première période mais non pauvres pendant la deuxième période) et les ménages qui n'ont jamais été pauvres (non pauvres pendant les deux périodes).

Le graphique 2.10 met en lumière trois aspects de la dynamique de la pauvreté en Afrique. Premièrement, environ 35 % en moyenne de la population d'un pays souffrent de pauvreté chronique. Ces personnes représentent 58 % des pauvres. Environ 26 % des non-pauvres sont des personnes qui ont échappé à la pauvreté (elles étaient pauvres pendant la première période mais pas pendant la deuxième)[25]. Ce groupe peut être considéré comme exposé au risque de retomber dans la pauvreté. Deuxièmement, les pays similaires en termes de taux de pauvreté peuvent être

GRAPHIQUE 2.9 Les estimations concernant les « entrées et sorties » de la pauvreté varient fortement sur le continent africain

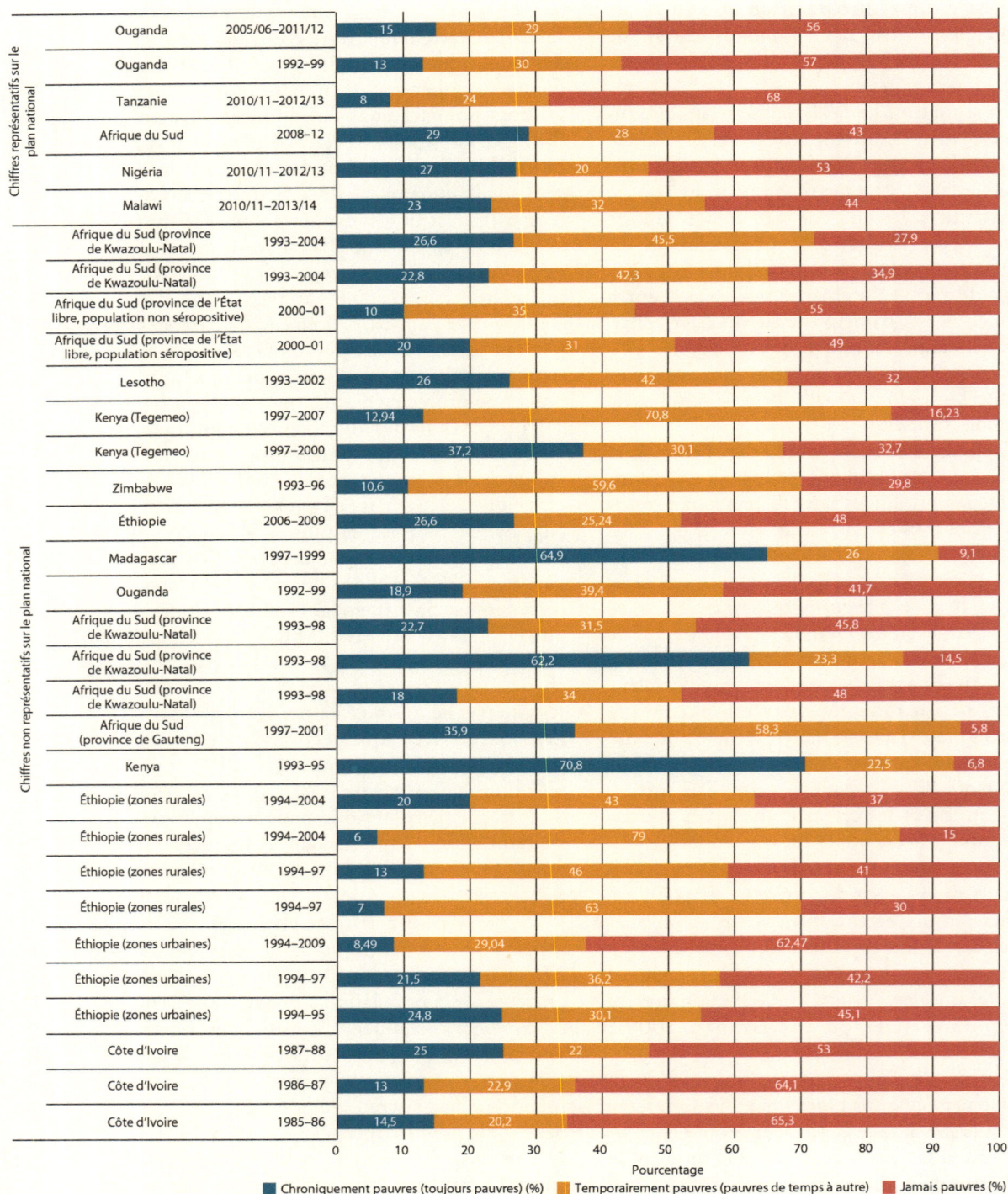

		Chroniquement pauvres	Temporairement pauvres	Jamais pauvres
Chiffres représentatifs sur le plan national	Ouganda 2005/06–2011/12	15	29	56
	Ouganda 1992–99	13	30	57
	Tanzanie 2010/11–2012/13	8	24	68
	Afrique du Sud 2008–12	29	28	43
	Nigéria 2010/11–2012/13	27	20	53
	Malawi 2010/11–2013/14	23	32	44
Chiffres non représentatifs sur le plan national	Afrique du Sud (province de Kwazoulu-Natal) 1993–2004	26,6	45,5	27,9
	Afrique du Sud (province de Kwazoulu-Natal) 1993–2004	22,8	42,3	34,9
	Afrique du Sud (province de l'État libre, population non séropositive) 2000–01	10	35	55
	Afrique du Sud (province de l'État libre, population séropositive) 2000–01	20	31	49
	Lesotho 1993–2002	26	42	32
	Kenya (Tegemeo) 1997–2007	12,94	70,8	16,23
	Kenya (Tegemeo) 1997–2000	37,2	30,1	32,7
	Zimbabwe 1993–96	10,6	59,6	29,8
	Éthiopie 2006–2009	26,6	25,24	48
	Madagascar 1997–1999	64,9	26	9,1
	Ouganda 1992–99	18,9	39,4	41,7
	Afrique du Sud (province de Kwazoulu-Natal) 1993–98	22,7	31,5	45,8
	Afrique du Sud (province de Kwazoulu-Natal) 1993–98	62,2	23,3	14,5
	Afrique du Sud (province de Kwazoulu-Natal) 1993–98	18	34	48
	Afrique du Sud (province de Gauteng) 1997–2001	35,9	58,3	5,8
	Kenya 1993–95	70,8	22,5	6,8
	Éthiopie (zones rurales) 1994–2004	20	43	37
	Éthiopie (zones rurales) 1994–2004	6	79	15
	Éthiopie (zones rurales) 1994–97	13	46	41
	Éthiopie (zones rurales) 1994–97	7	63	30
	Éthiopie (zones urbaines) 1994–2009	8,49	29,04	62,47
	Éthiopie (zones urbaines) 1994–97	21,5	36,2	42,2
	Éthiopie (zones urbaines) 1994–95	24,8	30,1	45,1
	Côte d'Ivoire 1987–88	25	22	53
	Côte d'Ivoire 1986–87	13	22,9	64,1
	Côte d'Ivoire 1985–86	14,5	20,2	65,3

Pourcentage

■ Chroniquement pauvres (toujours pauvres) (%)   ■ Temporairement pauvres (pauvres de temps à autre)   ■ Jamais pauvres (%)

Sources : Baulch 2011 ; Duponchel, McKay et Ssewanyana 2014 (Ouganda 2005/2006–2011/2012) ; Finn et Leibbrandt 2013 (Afrique du Sud, Étude nationale sur la dynamique des revenus) ; Évaluations de la pauvreté, Banque mondiale.
Note : Les estimations pour l'Afrique du Sud sont basées sur les tables de transition de Finn et Leibbrandt et un taux de pauvreté de 45 % (établi à partir d'un seuil national de pauvreté de 620 rands par mois en 2011).

GRAPHIQUE 2.10 **La proportion de pauvres qui ont sombré dans la pauvreté en Afrique est quasiment la même que la proportion de pauvres qui ont échappé à la pauvreté**

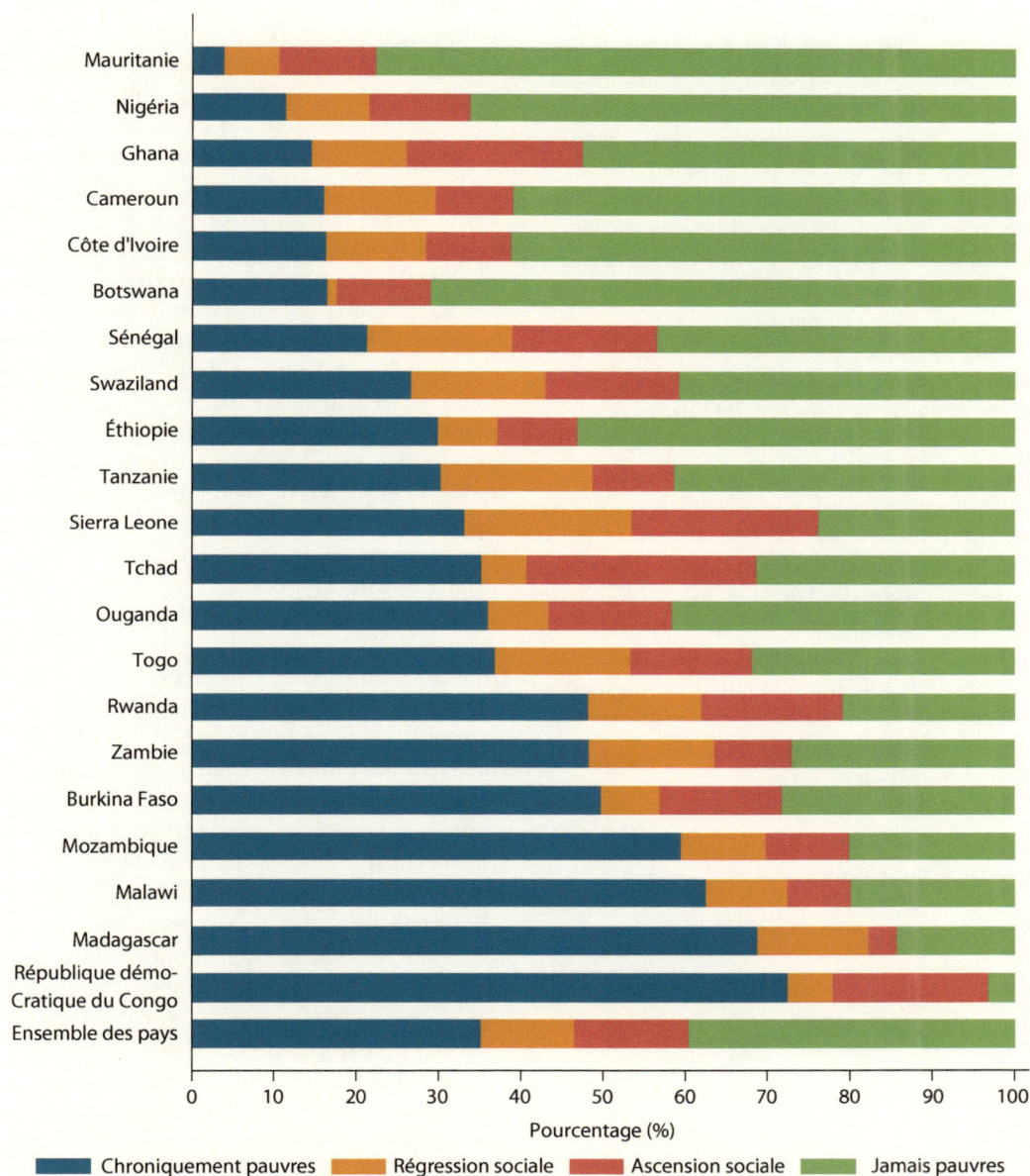

Source : Dang et Dabalen 2015.

différents en termes de dynamique de la pauvreté. Par exemple, L'Éthiopie et le Sénégal affichent des taux de pauvreté similaires, mais la proportion de personnes chroniquement pauvres est plus élevée en Éthiopie.

Troisièmement, dans certains pays ayant un faible taux de pauvreté, une grande partie des pauvres souffre de pauvreté chronique. Le Botswana, par exemple, affiche des taux de pauvreté qui figurent parmi les plus faibles de l'échantillon, mais presque tous ses pauvres souffrent de pauvreté chronique (Dang et Dabalen 2015).

Aussi bien les études sur la dynamique de la pauvreté que les résultats des enquêtes par panel basées sur des données synthétiques décrivent une situation de grande vulnérabilité, comme en témoigne le taux élevé de pauvreté temporaire. Les pauvres en Afrique semblant se situer près du seuil de pauvreté, dans bien des cas un petit choc positif (léger gain de revenu) pourrait les arracher à la pauvreté, mais un petit choc négatif pourrait aussi les acculer à la pauvreté.

Quel est le degré de concentration des pauvres autour du seuil de pauvreté ? Une hausse du seuil de pauvreté de l'ordre de 0,30 à 0,50 dollar (équivalente à une baisse de revenu de l'ordre de 16 à 26 %) accroît le taux de pauvreté de 5 à 12 points de pourcentage (graphique 2.11). Si l'on accroît le seuil de pauvreté de 0,30 dollar en 1990, le taux de pauvreté passe de 55 % à 60 %. Si l'on accroît le seuil de pauvreté de 1,90 dollar à 2,40 dollar (autrement dit, de 0,50 dollar, ou 26 %) en 2012, le taux de pauvreté augmente de 12 points de pourcentage. Les taux de pauvreté ont diminué, mais le niveau de vulnérabilité reste très élevé.

GRAPHIQUE 2.11   Les pauvres en Afrique se situent près du seuil de pauvreté

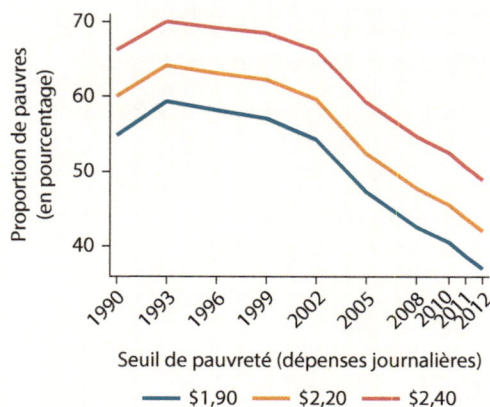

Source : Base de données de la Banque mondiale sur la pauvreté en Afrique. Les estimations sont effectuées à partir de données corrigées pour tenir compte de la comparabilité et de la qualité.

Observations finales

Dans quelle mesure la pauvreté a-t-elle reculé en Afrique depuis le début de la reprise économique il y a 15 ans ? La réponse n'est pas unanime, en partie parce que les données ne tiennent pas suffisamment compte des questions de comparabilité et de qualité.

Trois conclusions importantes se dégagent de l'évaluation des données. Tout d'abord, si l'on corrige les problèmes de données connus, les taux de pauvreté sont aujourd'hui moins élevés et la réduction de la pauvreté est au moins aussi importante que les estimations internationales l'indiquent. La base de données PovcalNet de la Banque mondiale est la source de données la plus complète sur la consommation des ménages pour établir des estimations nationales et régionales de la pauvreté. Selon les chiffres disponibles dans la base de données, le taux de pauvreté en Afrique — défini dans ce rapport comme la proportion de personnes vivant avec moins de 1,90 dollar par jour (en PPA de 2011) — était de 43 % en 2012, soit une diminution de 14 points de pourcentage depuis 1990. Si l'on prend en compte la comparabilité et la qualité des données, la baisse pourrait être encore plus marquée. Selon les données corrigées, le taux de pauvreté pourrait être inférieur de 6 points de pourcentage (37 % au lieu de 43 %) en 2012. Cette diminution plus importante est essentiellement due à la correction des données sur le Nigéria (qui explique en grande partie l'écart entre les données corrigées et les données PovcalNet) et à un plus grand recours aux simulations du PIB.

Un certain nombre de tests de solidité corroborent l'idée selon laquelle la pauvreté pourrait avoir davantage reculé qu'on ne le pensait. Si l'on prend comme référence les périodes couvertes uniquement par des enquêtes comparables, et en excluant le Nigéria, le changement annuel implicite du taux de pauvreté calculé à partir d'imputations du PIB est analogue à celui obtenu à partir des données corrigées pour tenir compte de la comparabilité et de la qualité.

Les résultats tirés des méthodes d'imputation des données d'une enquête à l'autre montrent que le recul a été plus important qu'on ne le pensait. C'est également le cas des résultats des imputations d'une enquête à l'autre au Nigéria, ce qui donne à penser que la pauvreté au Nigéria a diminué plus vite que ne l'indiquent les chiffres officiels. En outre, selon les chiffres de la courbe d'Engel, l'IPC pourrait surestimer la hausse du coût de la vie et sous-estimer la réduction de la pauvreté.

Deuxièmement, bien que ce soit une bonne nouvelle, il reste d'importants défis à relever ; la région n'a pas atteint l'objectif du Millénaire pour le développement consistant à réduire la pauvreté de moitié d'ici à 2015 et le nombre de pauvres a fortement augmenté entre 1990 et 2012 (même selon le scénario le plus optimiste concernant la réduction de la pauvreté). Si la réduction de la pauvreté ne s'accélère pas, il faudra attendre encore dix ans avant que la région n'atteigne l'objectif visé.

Un obstacle majeur est la fragilité. Parmi les quatre types de pays étudiés — pays fragiles, pays riches en ressources, pays enclavés et pays à faible revenu — les pays fragiles affichent le plus faible taux de réduction de la pauvreté. Entre 1996 et 2012, la pauvreté a reculé de 12 points de pourcentage dans ce groupe de pays — soit 13 points de pourcentage de moins que dans les autres pays. Si l'on tient compte des autres caractéristiques (richesse en ressources, enclavement et faible revenu), la différence dans la réduction de la pauvreté atteint 15 points de pourcentage.

Troisièmement, environ 58 % des pauvres en Afrique pourraient souffrir de pauvreté chronique, bien que ce soit difficile à établir avec certitude en l'absence d'enquêtes par panel menées à l'échelon national et portant sur de longues périodes. La proportion de personnes temporairement pauvres (la somme du pourcentage de personnes qui connaissent une ascension sociale et du pourcentage de personnes qui connaissent une régression sociale), soit environ 25 % de la population, semble également indiquer qu'une grande partie de la population est vulnérable.

Notes

1. Le terme *pauvreté* désigne ici les personnes dont le niveau de consommation est inférieur au seuil de pauvreté international. Les OMD utilisent le terme *pauvreté extrême* pour décrire ces personnes.

2. Certains chercheurs estiment par exemple que le taux de pauvreté en Afrique a reculé beaucoup plus rapidement que ne le pense la communauté internationale (Pinkovskiy et Sala-i-Martín 2014 ; Young 2012).

3. Ce rapport n'aborde pas le problème de la comparabilité entre pays.

4. Le Soudan du Sud — pour lequel il n'existe pas de taux de change en parité du pouvoir d'achat (PPA) ni, encore récemment, d'indice des prix à la consommation (IPC) — n'est pas inclus dans l'estimation de la pauvreté dans la région. Dans quatre pays (Guinée équatoriale, Erythrée, Somalie et Zimbabwe), il n'existait pas de données d'enquête et on a utilisé un taux moyen de pauvreté régionale. Ensemble, ces pays abritent environ 5 % de la population africaine.

5. En cas d'enquêtes multiples non comparables, seule l'enquête fournissant les données les plus complètes sur la consommation a été utilisée.

6. Ces tendances de la pauvreté restent valables même si la composition de l'échantillon de pays varie. Les mêmes méthodes d'imputation ont été utilisées pour les deux sous-échantillons : les 23 pays les plus peuplés et les 27 pays ayant fait l'objet d'au moins deux enquêtes comparables. Dans les 23 pays les plus peuplés, où vivent plus de 88 % de la population et des pauvres de la région, le taux de pauvreté affiche un recul de 55 % à 36 % (19 points de pourcentage) si on utilise des données comparables et de bonne qualité, et de 57 % à 43 % (14 points de pourcentage) si on utilise l'échantillon complet de données d'enquêtes (PovcalNet). Dans les 27 pays ayant fait l'objet d'au moins deux enquêtes comparables, qui abritent environ 76 % de la population et près de 80 % des pauvres de la région, le taux de pauvreté affiche un recul de 57 % à 38 % (19 points de pourcentage) si on utilise des données comparables et de bonne qualité. Comme dans tous les pays, les mesures de la pauvreté culminent au milieu des années 90 et diminuent plus rapidement après 2002, lorsque des données comparables et de bonne qualité sont utilisées.

7. Pour le Burundi, la Gambie et les Seychelles, un seul des agrégats comparables relatifs à la consommation a pu être utilisé pour ce rapport.

8. L'un de ces pays est la Zambie, où les résultats s'appuient sur des données de qualité médiocre.

9. L'un de ces pays est le Nigéria, où les résultats s'appuient sur des données de qualité médiocre.

10. Étant donné que la richesse des données d'enquête varie fortement dans le temps, d'un pays à l'autre et à l'intérieur d'un même pays, on s'est efforcé d'utiliser le même modèle au fil du temps mais pas d'un pays à l'autre. Globalement, quatre ensembles de variables ont été analysées pour chaque modèle : caractéristiques démographiques, niveau d'instruction du chef de ménage, logement et actifs, et milieu de vie (rural ou urbain).

11. Plus précisément, si une enquête et une estimation concernant un pays étaient disponibles pendant la période qui précède ou qui suit immédiatement la période sans enquête, nous avons utilisé l'estimation la plus proche disponible pour la période sans enquête. Par exemple, l'Éthiopie a procédé à une enquête en 1994/1995. Si l'on attribue le taux de pauvreté en 1994/1995 à la période 1995–1999, on n'a pas de chiffres sur la pauvreté entre 1990 et 1994 en Éthiopie puisqu'aucune enquête n'a été effectuée pendant cette période. Nous avons donc utilisé l'estimation de 1994/1995 pour les deux périodes 1990–1994 et 1995–1999, en maintenant le taux de pauvreté de l'Éthiopie inchangé entre 1990 et 1999. Le principal objectif est d'éviter d'utiliser des imputations du PIB pour combler les lacunes dans les données et de créer une série qui semblerait peu vraisemblable. Par exemple, il n'existe pas d'enquêtes pour la République démocratique du Congo avant 2005. En 2005, le taux d'extrême pauvreté basé sur les données d'enquête était de 91 %. Si l'on utilise un taux régional de pauvreté pour la période sans enquête, le taux de pauvreté en République démocratique du Congo serait deux fois moins élevé que ne l'indique l'enquête, ce qui en ferait l'un des pays africains les moins pauvres avant 2005. Pour éviter une telle rupture dans la série, nous avons dû appliquer le taux de pauvreté en République démocratique du Congo pendant la période 2005-2009 à toutes les périodes précédentes.

12. Quatre des 23 pays n'ont pas effectué d'enquête pendant la période qui suit immédiatement la période 1990–1994. On a donc utilisé les moyennes régionales calculées à partir des chiffres des 19 autres pays. De même, on a utilisé les moyennes régionales pour trois pays pour la période 1995–1999, deux pays pour la période 2000–2004, un pays pour la période 2005–2009 et un pays pour la période 2010–2012.

13. En général, les estimations PovcalNet utilisent uniquement des données qui ont été rigoureusement vérifiées (exhaustivité de l'échantillon et de l'agrégat de dépenses de consommation, qualité de la documentation et cohérence avec les chiffres de consommation utilisés par les pays aux fins de suivi et d'analyse). Dans ce rapport, les résultats PovcalNet sont les estimations obtenues en appliquant les méthodes utilisées dans PovcalNet (voir Banque mondiale 2015b pour une description de ces méthodes) aux données vérifiées pour ces 23 pays. Nous avons obtenu pratiquement les mêmes résultats que les chiffres officiels PovcalNet pour la période 1990–2012, avec un écart d'une seule décimale dans certains cas.

14. Cette analyse porte sur le rôle de l'IPC dans l'ajustement des données de consommation pour une année d'enquête donnée en fonction de l'année de référence. Les prix influencent également le profil de la pauvreté dans un pays. Par exemple, la différence entre les taux de pauvreté en milieu urbain et en milieu rural peut être surestimée si les écarts de prix entre les zones urbaines et rurales sont sous-estimés. Les comparaisons entre pays — et donc les niveaux et tendances de la pauvreté — sont également sensibles à la hausse ou à la baisse des taux de change en PPA. Cette section ne traite pas ces questions.

15. La loi d'Engel est l'observation selon laquelle, à mesure que le revenu augmente, la part du revenu consacrée à l'alimentation diminue, même si les dépenses alimentaires augmentent.

16. Lorsqu'il existe plus de deux enquêtes comparables par pays, le biais de l'IPC est calculé séparément pour chaque sous-période. Ce calcul est également limité aux pays dont le bureau national de la statistique publie des IPC mensuels (IPC des produits alimentaires, IPC des autres produits et IPC général), car ces données sont nécessaires pour prendre en compte les variations relatives des prix. La

méthode ne tient que partiellement compte du biais lié à l'évolution de la qualité et ne tient pas compte du surplus du consommateur généré par l'offre de nouveaux produits de base (Gibson, Stillman et Le 2008). Le biais ploutocratique (lorsque l'IPC donne davantage de poids à la consommation des ménages riches) est pris en compte parce que les résultats sont des chiffres pondérés de manière démocratique (les coefficients de pondération des ménages correspondent mieux à la part de la population qu'ils représentent) dans le sous-échantillon de ménages urbains et le coefficient de pondération attribué aux ménages n'est pas basé sur leurs dépenses totales. Les études sur la Fédération de Russie (Gibson, Stillman et Le 2008), ainsi que sur le Brésil et le Mexique (de Carvalho Filho et Chamon 2012) utilisent le revenu comme variable instrumentale dans la consommation pour tenir compte de l'endogénéité due au fait que la consommation totale figure des deux côtés de l'équation de régression (lorsqu'on calcule les parts du budget et qu'on tient compte des niveaux de consommation). Les résultats montrent que les estimations obtenues en utilisant la méthode des moindres carrés ordinaires, comme celles présentées ici, peuvent être légèrement faussées par l'erreur de mesure corrélée, mais probablement dans le même sens que les estimations basées sur la variable instrumentale. Du fait que bon nombre des enquêtes auprès des ménages utilisées dans ce rapport ne contiennent pas d'agrégats de consommation, les questions d'endogénéité n'ont pas pu être traitées de la même manière.

17. Pour le Nigéria et le Rwanda, on a utilisé des séries d'IPC en milieu urbain et rural. Pour l'Éthiopie, on a utilisé des IPC régionaux (mais calculés pour les zones urbaines). Enfin, à Maurice, l'IPC en milieu urbain a été appliqué aux ménages ruraux et urbains pour les estimations de la courbe d'Engel parce que l'enquête auprès des ménages n'a pas d'identifiants urbains ni ruraux.

18. Ce résultat contredit le point de vue de Sandefur (2013), selon lequel l'inflation de l'IPC sous-estime l'inflation réelle et donne donc une idée trop optimiste de la réduction de la pauvreté en Afrique. Son analyse s'appuie sur une base de données relatives aux seuils de pauvreté nationaux qui ont tendance à augmenter (en valeur nominale) plus

rapidement que l'IPC officiel. Sous certaines conditions (liées à la manière dont ces seuils de pauvreté nationaux sont établis), les seuils de pauvreté qu'il propose peuvent indiquer une hausse du coût de la vie des pauvres. La grande majorité des seuils de pauvreté utilisés par Sandefur ne remplissent cependant pas les conditions requises (voir Gaddis 2015) et ne permettent donc pas de supposer que les prix ont augmenté entre les enquêtes.

19. L'élimination des valeurs atypiques (différences de plus de 3 points de pourcentage en valeur absolue) ne modifie pas sensiblement ce résultat (−1,1 devient −0,8).

20. Nakamura, Steinsson et Liu (2014) montrent que si les taux d'inflation sont similaires à différents points de la courbe de distribution des revenus, le fait que le déflateur de la courbe d'Engel concerne un ménage indéterminé alors que l'IPC concerne un autre ménage ne devrait rien changer : on peut attribuer une grande partie de l'écart entre les deux au biais de l'IPC. Et une étude récente de Hobijn et Lagakos (2005) montre que, sur de longues périodes, le taux d'inflation de l'IPC donne une bonne idée de l'évolution du coût de la vie des ménages situés à différents points de la courbe de distribution des revenus.

21. Voir Ainsworth et Filmer (2006) ; Bicego, Rutstein et Johnson (2003) ; Bollen, Glanville et Stecklov (2002) ; Case, Paxon et Ableidinger (2004) ; Filmer et Pritchett (1999, 2001) ; Gwatkin et al. (2000) ; McKenzie (2005) ; Rao et Ibanez (2005) ; Sahn et Stifel (2000) ; Schellenberg et al. (2003) ; et Stifel et Christiaensen (2007).

22. Cette tendance est établie par régression (logarithme du rapport des cotes) de la proportion de la population vivant dans des ménages dirigés par une femme, en utilisant les enquêtes démographiques et sanitaires annuelles réalisées dans 98 pays au cours des 25 dernières années. Selon Milazzo et van de Walle (2015), la tendance est imputable en grande partie à l'augmentation de l'âge du mariage et à l'amélioration du niveau d'instruction.

23. Depuis l'introduction de l'Étude de la mesure des niveaux de vie – Études intégrées sur l'agriculture, les enquêtes sont représentatives au plan national.

24. En principe, les pauvres sont plus nombreux à échapper à la pauvreté sur des périodes plus longues (voir par exemple

Dang et Lanjouw 2014). Pour ces données, cependant, la corrélation Pearson entre la pauvreté chronique et le temps qui s'écoule entre deux enquêtes est faible (0,35 et pas statistiquement significative).

25. À noter que le pourcentage de personnes ayant échappé à la pauvreté dans ces pays est d'environ 14 % en moyenne et que les non-pauvres représentent quelque 54 % de la population (40 % de personnes qui n'ont jamais été pauvres plus 14 % de personnes ayant échappé à la pauvreté). Par conséquent, la proportion de personnes ayant échappé à la pauvreté parmi les non-pauvres est de 14/54, soit environ 26 %. De même, environ 35 % des pauvres en moyenne ont été pauvres pendant les deux périodes. La proportion de la population qui a été pauvre au moins une fois pendant les deux périodes comprend les chroniquement pauvres (35 %), les personnes tombées dans la pauvreté (11 %) et les personnes ayant échappé à la pauvreté (14 %). La proportion de pauvres qui souffre de pauvreté chronique est donc d'environ 58 % (35/60).

Références

Abreu, A. et D. Johnston. 2013. « Asset Indices as a Proxy for Poverty Measurement in African Countries : Reassessment ». Document présenté à la Conférence intitulée « African Economic Development : Measuring Success and Failure ». Vancouver : British Columbia, Canada. 18-20 avril, 2013.

Ainsworth, Martha et Deon Filmer. 2006. « Inequality in Children's Schooling : AIDS, Orphanhood, Poverty, and Gender ». *World Development* 34 (6) : 1099–128.

Alfani, Fedrica, Carlo Azzarri, Marco d'Errico et Vasco Molini. 2012. « Poverty in Mozambique : New Evidence from Recent Household Surveys ». Policy Research Working Paper 6217, Banque mondiale, Washington, DC.

Appleton, S. 1996. « Women-Headed Households and Household Welfare : An Empirical Deconstruction for Uganda ». *World Development* 24 (12) : 1811–27.

Baulch, Bob. 2011. *Why Poverty Persists : Poverty Dynamics in Asia and Africa*. Northampton, MA : Edward Elgar Publishing.

Bicego, George, Shea Rutstein et Kiersten Johnson. 2003. « Dimensions of the Emerging Orphan Crisis in Sub-Saharan Africa ». *Social Science & Medicine* 56 (6) : 1235–47.

Bloom, David et Jeffrey Sachs. 1998. « Geography, Demography, and Economic Growth in Africa ». *Brookings Papers on Economic Activity* 2 : 207–95.

Bollen, Kenneth, Jennifer Glanville et Guy Stecklov. 2002. « Economic Status Proxies in Studies of Fertility ». *Population Studies* 56 (1) : 81–96.

Boskin, Michael J., Ellen R. Dulberger, Robert J. Gordon, Zvi Griliches et Dale W. Jorgenson. 1996. « Toward a More Accurate Measure of the Cost of Living : Final Report to the Senate Finance Committee from the Advisory Commission to Study the Consumer PriceIndex ».

Case, Anne, Christina Paxson et Joseph Ableidinger. 2004. « Orphans in Africa : Parental Death, Poverty, and School Enrollment ». *Demography* 41 (3) : 483–508.

Christiaensen, Luc, Peter Lanjouw, Jill Luoto et David Stifel. 2012. « Small Area Estimation-Based Prediction Methods to Track Poverty : Validation and Applications ». *Journal of Economic Inequality* 10 (2) : 267–97.

Christiaensen, Luc et Anthony Shorrocks. 2012. « Measuring Poverty over Time ». *Journal of Economic Inequality* 10 (2) : 137–143.

Corral, Paul, Vasco Molini et Gbemisola Oseni. 2015. « No Condition Is Permanent : Middle Class in Nigeria in the Last Decade ». Policy Research Working Paper 7214, Banque mondiale, Washington, DC.

Costa, Dora L. 2001. « Estimating Real Income in the United States from 1888 to 1994 : Correcting CPI Bias Using Engel Curves ». *Journal of Political Economy* 109 (6) : 1288–310.

Dabalen, Andrew, Isis Gaddis et Nga Thi Viet Nguyen. 2015. « CPI Bias and Its Implication for Poverty in Sub-Saharan African Countries ». Document de référence établi pour le rapport intitulé *Poverty in a Rising Africa*, Banque mondiale, Washington, DC.

Dang, Hai-Anh et Andrew Dabalen. 2015. « How Large Is Chronic Poverty in Africa : Poverty Dynamics using Synthetic Panel ». Document de référence établi pour le rapport intitulé *Poverty in a Rising Africa*, Banque mondiale, Washington, DC.

Dang, Hai-Anh et Peter Lanjouw. 2013. « Measuring Poverty Dynamics with Synthetic Panels Based on Cross-Sections ». Policy

Research Working Paper 6504, Banque mondiale, Washington, DC.

———. 2014. « Welfare Dynamic Measurement : Two Definitions of a Vulnerability Line ». Policy Research Working Paper 6944, Banque mondiale, Washington, DC.

Dang, Hai-Anh, Peter Lanjouw, Jill Luoto et David McKenzie. 2014. « Using Repeated Cross-Sections to Explore Movements in and out of Poverty ». *Journal of Development Economics* 107 : 112–28.

Dang, Hai-Anh et Minh Nguyen. 2014. « povimp : Stata Module to Impute Poverty in the Absence of Consumption Data ». Banque mondiale, Groupe de recherche sur le développement, Unité Pauvreté et inégalité et Pôle mondial d'expertise en pauvreté.

Deaton, Angus. 2005. « Measuring Poverty in a Growing World (or Measuring Growth in a Poor World) ». *The Review of Economics and Statistics* LXXXVII (1) : 1–19.

de Carvalho Filho, Irineu et Marcos Chamon. 2012. « The Myth of Post-Reform Income Stagnation : Evidence from Brazil and Mexico ». *Journal of Development Economics* 97 (2) : 368–86.

Dercon, Stefan et Pramila Krishnan. 2000. « Vulnerability, Seasonality and Poverty in Ethiopia ». *Journal of Development Studies* 36 (6) : 25–53.

Diewert, W. Erwin. 1998. « Index Number Issues in the Consumer Price Index ». *Journal of Economic Perspectives* 12 (1) : 47–58.

Douidich, Mohamed, Abdeljaouad Ezzrari, Roy Van der Weide et Paolo Verme. 2013. « Estimating Quarterly Poverty Rates Using Labor Force Surveys : A Primer ». Policy Research Working Paper 6466, Banque mondiale, Washington, DC.

Duponchel, Marguerite, Andy McKay et Sarah Ssewanyana. 2014. « The Dynamics of Poverty in Uganda, 2005/6 to 2011/12 : Has the Progress Stalled ? » Working Paper, Centre for the Study of African Economies (CSAE), Oxford, Royaume-Uni.

Filmer, Deon et Lant Pritchett. 1999. « The Effect of Household Wealth on Educational Attainment : Evidence from 35 Countries ». *Population and Development Review* 25 (1) :85–120.

———. 2001. « Estimating Wealth Effects without Expenditure Data or Tears : An Application to Educational Enrollments in States of India ». *Demography* 38 (1) : 115–32. Filmer, Deon et

Kinnon Scott. 2012. « Assessing Asset Indices ». *Demography* 49 (1) : 359–92.

Finn, Arden et Murray Leibbrandt. 2013. « The Dynamics of Poverty in the First Three Waves of NIDS ». NIDS Discussion Paper 2013/1, Étude nationale sur la dynamique des revenus, Southern Africa Labour and Development Research Unit (SALDRU), Université du Cap, Rondebosch, Afrique du Sud.

Gaddis, Isis. 2015. « Prices for Poverty Analysis in Africa ». Document de référence établi pour le rapport intitulé *Poverty in a Rising Africa* report, Banque mondiale, Washington, DC.

Gibson, John, Trinh Le et Bonggeun Kim. 2014. « Prices, Engel Curves and Time-Space Deflation : Impacts on Poverty and Inequality in Vietnam ». Université de Waikato, Nouvelle-Zélande.

Gibson, John, Steven Stillman et Trinh Le. 2008. « CPI Bias and Real Living Standards in Russia during the Transition ». *Journal of Development Economics* 87 (1) : 140–61.

Glewwe, Paul. 2012. « How Much of Observed Economic Mobility Is Measurement Error? IV Methods to Reduce Measurement Error Bias, with an Application to Vietnam ». *World Bank Economic Review* 26 (2) : 236–64.

Gwatkin, Davidson R., Shea Rutstein, Kiersten Johnson, Rohini Pande et Adam Wagstaff. 2000. « Socio-Economic Differences in Health, Nutrition, and Population ». Banque mondiale, Groupe thématique SNP/pauvreté, Washington, DC.

Gwatkin, Davidson, Shea Rutstein, Kiersten Johnson, Eldaw Suliman, Adam Wagstaff et Agbessi Amouzou. 2007. *Socio-Economic Differences in Health, Nutrition, and Population.* Washington, DC : Banque mondiale.

Hamilton, Bruce W. 2001. « Using Engel's Law to Estimate CPI Bias ». *American Economic Review* 91 (3) : 619–30.

Harttgen, Kenneth, Stephan Klasen et Sebastian Vollmer. 2013. « An African Growth Miracle? Or : What Do Asset Indices Tell Us about Trends in Economic Performance? » *Review of Income and Wealth* 59 (S1) : S37–S61.

Hausman, Jerry. 2003. « Sources of Bias and Solutions to Bias in the CPI ». *Journal of Economic Perspectives* 17 (1) : 23–44.

Hobijn, Bart et David Lagakos. 2005. « Inflation Inequality in the United States », *Review of Income and Wealth*, 2005, 51 (4), 581–606.

Horrell, S. et Krishnan P. 2007. « Poverty and Productivity in Female-Headed Households in Zimbabwe ». *Journal of Development Studies* 43 (8) : 1351–80.

Howe, Laura, James R. Jargreaves, Sabrine Gabrysch et Sharon Huttly. 2009. « Is the Wealth Index a Proxy for Consumption Expenditure? A Systematic Review ». *Journal of Epidemiology and Community Health* 63 (11) : 871–80.

Jerven, Morten. 2013. *Poor Numbers : How We Are Misled by African Development Statistics and What to Do about It*. Ithaca, NY : Cornell University Press.

Lanjouw, Peter et Martin Ravallion. 1995. « Poverty and Household Size ». *Economic Journal* 105 (433) : 1415–34.

Luke, Gallup, Jeffrey D. Sachs et Andrew Mellinger. 1999. « Geography and Economic Development ». Dans *Annual Conference on Development Economics 1998*, publié sous la direction de Boris Pleskovic et Joseph E. Stiglitz, 127–78. Washington, DC : Banque mondiale.

McKenzie, David. 2005. « Measuring Inequality with Asset Indicators ». *Journal of Population Economics* 18 (1) : 229–60.

Milazzo, Annamaria et Dominique van de Walle. 2015. « Women Left Behind? Poverty and Headship in Africa ». Policy Research Working Paper 7331, Banque mondiale, Washington, DC.

Nakamura, Emi, Jon Steinsson et Miao Liu. 2014. « Are Chinese Growth and Inflation Too Smooth? Evidence from Engel Curves ». NBER Working Paper No 19893. Publié en février 2014.

Pinkovskiy, Maxim et Xavier Sala-i-Martín. 2014. « Africa Is on Time ». *Journal of Economic Growth* 19 (3) : 311–38.

Rao, Vijayendra et Ana Maria Ibanez. 2005. « The Social Impact of Social Funds in Jamaica : A 'Participatory Econometric' Analysis of Targeting, Collective Action, and Participation in Community-Driven Development ». *Journal of Development Studies* 41 (5) : 788–838.

Rutstein, Shea et Kiersten Johnson. 2004. *The DHS Wealth Index*. DHS Methodological Report 6, ICF International, Rockville, MD.

Rutstein, Shea et Sarah Staveteig. 2014. *Making the Demographic and Health Surveys Wealth Index Comparable*. DHS Methodological Report 9, ICF International, Rockville, MD.

Sahn, David et David Stifel. 2000. « Poverty Comparisons over Time and across Countries in Africa ». *World Development* 28 (12) : 2123–55.

Sandefur, Justin. 2013. « Africa Rising? Using Micro Surveys to Correct Macro Time Series ». Center for Global Development, Washington, DC.

Schellenberg, Joanna, Cesar Victora, Adiel Mushi, Don de Savigny, David Schellenberg, Hassan Mshinda et Jennifer Bryce. 2003. « Inequalities among the Very Poor : Health Care for Children in Rural Southern Tanzania ». *Lancet* 361 (9357) : 561–66.

Smits Jeroen et Roel Steendijk. 2015. « The International Wealth Index (IWI) ». *Social Indicators Research* 122 (1) : 65–85.

Stifel, David et Luc Christiaensen. 2007. « Tracking Poverty over Time in the Absence of Comparable Consumption Data ». *World Bank Economic Review* 21 (2) : 317–41.

van de Walle, Dominique. 2013. « Lasting Welfare Effects of Widowhood in Mali ». *World Development* 51 : 1–19.

Banque mondiale. 2012. *Zambia Poverty Assessment : Stagnant Poverty and Inequality in a Natural Resource-Based Economy*. Washington, DC : Banque mondiale.

———. 2013. *Burkina Faso. A Policy Note : Poverty Trends and Profile for 2003–2009*. Washington, DC : Banque mondiale.

———. 2014a. *Face of Poverty in Madagascar : Poverty, Gender, and Inequality Assessment*. Rapport 78131-MG, Washington, DC : Banque mondiale.

———. 2014b. *Nigeria Economic Report*, No 2, juillet. Washington, DC : Banque mondiale.

———. 2014c. « Nigeria : Where Has All the Growth Gone? » Note d'orientation No 78908, Banque mondiale, Washington, DC.

———. 2015a. *Africa's Demographic Transition : Dividend or Disaster?* David Canning, Sangeeta Raja et Abdo S. Yazbeck (éditeurs). Washington, DC : Banque mondiale.

———. 2015b. *A Measured Approach to Ending Poverty and Boosting Shared Prosperity : Concept, Data and the Twin Goals*. Policy Research Report. Washington, DC : Banque mondiale.

———. 2015c. *United Republic of Tanzania : Tanzania Mainland Poverty Assessment*. Rapport AUS6819. Washington, DC : Banque mondiale.

Young, Alwyn. 2012. « The African Growth Miracle ». *Journal of Political Economy* 120 (4) : 696–739.

La pauvreté d'un point de vue non monétaire | 3

Le chapitre 2 examine la pauvreté en termes monétaires. L'utilisation du revenu ou de la valeur monétaire de la consommation comme référence pour définir les pauvres présente plusieurs avantages. Cela permet de considérer les différents choix faits en termes d'achats, de définir un seuil de pauvreté « objectif » (tel que le coût d'une alimentation qui assure un apport calorique minimal) et de regrouper différents éléments (la valeur des aliments consommés et des autres produits achetés).

Le revenu ne donne cependant pas une image complète du bien-être, et ce pour plusieurs raisons. Premièrement, de nombreux aspects du bien-être sont non seulement difficiles à évaluer en termes monétaires, mais également précieux pour des raisons qui ne peuvent pas être monétisées (Sandel 2012 ; Sen 1985). Par exemple, la mercantilisation du droit de vote, en permettant aux gens de le vendre, attribuerait une valeur marchande au droit de vote qui ne refléterait pas pleinement la signification et la valeur de ce droit en tant qu'expression de la citoyenneté et de la participation politique. La liste des aspects du bien-être

difficiles à monétiser est longue, notamment le fait de savoir lire et écrire, la longévité et la santé, la sécurité, les libertés politiques, l'acceptation sociale et le statut social, et la possibilité de se déplacer et de communiquer.

Deuxièmement, le revenu présente des avantages limités lorsqu'il interagit avec d'autres caractéristiques. Les avantages d'une bicyclette comme moyen de transport, par exemple, sont très différents pour une personne valide et une personne invalide. Ces ressources ont une valeur instrumentale mais aucune valeur intrinsèque. Le fait d'utiliser leur valeur monétaire pour mesurer le bien-être peut donc induire en erreur.

Troisièmement, le revenu est mesuré au niveau du ménage, ce qui suppose une égale répartition du revenu entre les membres du ménage. Or les inégalités de revenu au sein du ménage peuvent être importantes (Chiappori et Meghir 2015 ; voir l'encadré 4.3 au chapitre 4). Des données directes sur les individus évitent ce problème.

Ce chapitre examine brièvement comment une démarche basée sur la notion de capacité permet une analyse multidimensionnelle non monétaire de la pauvreté. Il évalue ensuite les progrès réalisés en Afrique dans des domaines, tels que l'alphabétisation et

---

Ce chapitre a été rédigé en collaboration avec Umberto Cattaneo, Camila Galindo-Pardo et Agnes Said.

l'éducation, l'espérance de vie et la santé, l'absence de violence et l'autodétermination (la liberté de décision). Il accorde une attention particulière aux personnes déplacées et aux personnes handicapées, deux groupes vulnérables qui sont rarement pris en compte dans les rapports types sur la pauvreté (en raison du manque de données). Enfin, il procède à une analyse conjointe des quatre dimensions du bien-être afin d'identifier les pays et les individus qui sont défavorisés dans plusieurs dimensions.

Démarche basée sur la notion de capacité

Sen (1980, 1985, 1999) propose une démarche basée sur la notion de capacité pour mesurer la pauvreté en termes non monétaires. Cette approche consiste à étudier ce que les gens font et comment ils le font (leurs modes de fonctionnement), ainsi que leur possibilité de choisir et d'exercer librement ces modes de fonctionnement (autrement dit, leur capacité) au lieu d'étudier les produits qu'ils achètent ou consomment. De l'avis général, les modes de fonctionnement, tels que le fait de savoir lire et écrire, de pouvoir manger à sa faim, d'être en bonne santé et à l'abri de la violence et de l'oppression sont indispensables au développement humain. Il s'agit de besoins ontologiques (propres à l'être humain) qui s'appliquent à toute personne, indépendamment de l'endroit où elle vit et à tout moment (Max-Neef, Elizalde et Hopenhayn 1991). L'étude de la situation d'une personne dans ces domaines est donc un bon point de départ pour évaluer la pauvreté en termes non monétaires.

L'éducation, la santé et la sécurité élargissent également l'éventail des choix qui s'offrent aux gens, en termes de possibilité de choisir ce qu'ils peuvent être et peuvent faire (c'est-à-dire leurs capacités). Mais cela ne suffit pas. Les institutions sociales et politiques entravent souvent l'autoréalisation. Les libertés individuelles et politiques fondamentales sont tout aussi importantes. Pour apprécier l'importance de la possibilité de choisir comme critère

d'évaluation du bien-être, prenons deux personnes, toutes deux enseignantes. L'une choisit l'enseignement parmi diverses autres professions possibles. L'autre devient enseignante parce que ses autres options préférées sont exclues pour des raisons culturelles (l'ingénierie n'est pas un domaine ouvert aux femmes) ou géographiques (il n'y a pas d'emplois techniques dans les villages isolés), ou parce que quelqu'un d'autre a choisi sa profession à sa place (Foster 2011). Peuvent-elles être considérées aussi bien loties l'une que l'autre? Il va de soi que l'autonomie personnelle et l'autodétermination sont importantes pour le bien-être. L'étude du bien-être doit tenir compte de la manière dont le choix a été fait.

La notion de capacité est le fondement philosophique de l'approche non monétaire de la pauvreté examinée dans ce chapitre. La notion de capacité et de mode de fonctionnement avancée par Sen a également alimenté une littérature abondante et dynamique sur la pauvreté multidimensionnelle (Alkire 2008 ; Bourguignon et Chakravarty 2003 ; Robeyns 2005 ; Sen 1999).

Utiliser la notion de capacité pour mesurer le bien-être n'est pas une tâche facile. Il existe des méthodes courantes pour mesurer certains modes de fonctionnement essentiels, comme l'aptitude à lire et à écrire, une alimentation adéquate et une bonne santé, bien qu'il subsiste des problèmes de mesure dans ces domaines (de Walque et Filmer 2012 ; UNESCO 2015). Mais lorsqu'il s'agit de mesurer d'autres modes de fonctionnement (comme la mobilité, l'intégration sociale, et même la capacité d'avoir des aspirations) et la capacité, l'expérience est beaucoup plus limitée. En outre, il est difficile de déterminer le seuil en dessous duquel une personne est considérée comme pauvre, car ce seuil dépend dans une certaine mesure des choix et préférences de chacun. Enfin, il y a le problème de l'agrégation. Par exemple, dans quelle mesure une personne privée de la possibilité d'exercer plusieurs fonctionnements est-elle plus pauvre que si elle était privée de la possibilité d'exercer un seul fonctionnement ?

L'indice de développement humain (IDH) et l'indice de pauvreté multidimensionnelle

(IPM) (Alkire et Santos 2014) sont des applications de la méthode qui utilise la notion de capacité pour évaluer le progrès social[1]. Les deux indices mettent l'accent sur les acquis dans les domaines suivants : l'éducation, la longévité et la santé, et le niveau de vie (mesuré par le revenu et les actifs détenus). Nous suivons une approche similaire dans ce chapitre, à trois différences près.

Premièrement, pour donner une image plus complète des capacités de base d'une personne, nous examinons deux autres aspects : l'absence de violence et la possibilité d'exercer le droit à l'autodétermination (liberté de choisir). Les analyses de la pauvreté ignorent dans une large mesure ces aspects.

Deuxièmement, le degré de privations multiples est estimé en calculant la proportion de personnes défavorisées dans une, deux ou plusieurs dimensions. Cette méthode permet de trouver un compromis entre un indice de pauvreté unique (qui nécessite de pondérer les acquis dans les différentes dimensions) et un tableau de bord (qui se contente d'énumérer les acquis dimension par dimension, en ignorant l'effet global des privations) (Ferreira et Lugo 2013).

Troisièmement, l'accent est mis sur les acquis mesurés au niveau individuel (et non pas au niveau du ménage). Lorsqu'il n'existe pas de données sur les acquis, on utilise des données sur les intrants (telles que l'utilisation de moustiquaires et les taux de vaccination au lieu de mesurer la prévalence des maladies) et des mesures approximatives (telles que des indicateurs de gouvernance pour mesurer la liberté de décision).

Les données sur les aspects non monétaires de la pauvreté sont aujourd'hui beaucoup plus largement et régulièrement disponibles que dans le passé, notamment au niveau individuel, grâce à l'expansion et à la publication rapides des enquêtes démographiques et sanitaires (EDS) et des sondages d'opinion nationaux effectués en Afrique et ceux qui sont comparables à l'échelle mondiale, comme l'Afrobaromètre, le sondage mondial Gallup et les enquêtes mondiales sur les valeurs. Ces données élargissent sensiblement la portée de ce chapitre, en permettant de suivre une approche à la fois multidimensionnelle et individualiste. Néanmoins, certains problèmes de disponibilité, de comparabilité et de qualité des données soulevés dans le cadre des enquêtes sur les dépenses se posent également ici. Leurs incidences sont examinées dans les passages pertinents du chapitre.

Il existe également aujourd'hui beaucoup plus de mesures subjectives du bien-être et de la pauvreté, et elles sont davantage utilisées, notamment celles basées sur des questions utilisant des valeurs ordinales pour évaluer le bonheur ou le degré de satisfaction dans la vie (encadré 3.1). Vu l'absence d'un cadre de

---

ENCADRÉ 3.1 **Dans quelle mesure les données subjectives permettent-elles de suivre la pauvreté ?**

Les mesures subjectives du bien-être sont utiles dans la mesure où elles indiquent l'état mental (bonheur) ou la perception qu'a une personne de ses conditions de vie. Contrairement aux mesures de la pauvreté basées sur le revenu, elles ne reposent pas sur les prix ou les évaluations monétaires, bien qu'elles prennent en compte les aspects monétaires et non monétaires du bien-être. Ces mesures reposent sur l'évaluation personnelle de chacun et reflètent donc la valeur accordée à la souveraineté individuelle. Du fait qu'elles sont unidimensionnelles, elles permettent un classement complet.

Les réponses aux questions subjectives sur le bien-être, comme les questions qui demandent d'attribuer un nombre ordinal au bonheur, au bien-être économique ou à la satisfaction qu'apporte la vie, sont intuitives et rapides à obtenir. Elles confirment que de nombreux critères autres que le revenu et la consommation matérielle — la santé, la situation au regard de l'emploi, la qualité des relations et interactions sociales, et même les droits politiques et la liberté d'expression (Frey et Stutzer 2002) — sont importants, et que le bonheur et la satisfaction qu'apporte la vie augmentent avec le

(encadré continue page suivante)

revenu mais moins rapidement (ou pas du tout au-delà d'un certain niveau de revenu, selon le paradoxe d'Easterlin (Easterlin 1974), bien que l'existence de ce paradoxe soit contestée [Stevenson et Wolfers 2008]).

L'un des problèmes posés par le bien-être subjectif est l'absence d'un cadre de référence commun. À mesure que les individus adaptent leurs goûts et aspirations à leur situation, les comparaisons intrapersonnelles dans le temps et les comparaisons interpersonnelles deviennent difficiles. L'adaptation des normes de bonheur et des aspirations — le fait de les abaisser lorsque les conditions se dégradent et de les relever lorsque les conditions s'améliorent — est un phénomène courant à travers le monde. Dans les pays qui affichent des taux de prévalence du VIH plus élevés, par exemple, les enquêtes n'indiquent pas systématiquement une moindre satisfaction dans la vie (Deaton 2008) ; les personnes amputées continuent d'indiquer un « score de bien-être » élevé (Loewenstein et Ubel 2008 ; Oswald et Powdthavee 2008).

Par ailleurs, les mesures subjectives du bien-être ne semblent pas évoluer avec les goûts et aspirations individuels. Cela pourrait conduire à des choix politiques paradoxaux, comme une redistribution des agriculteurs de subsistance « heureux » vers les millionnaires « malheureux ». Les données subjectives sur le bien-être ne sont donc peut-être pas encore appropriées pour suivre les conditions de vie. Elles fournissent cependant un complément d'information important sur les préférences des gens qui peuvent aider les responsables politiques à déterminer le prix des biens publics, le coefficient de pondération des aspects non monétaires du bien-être (Decanq, Fleurbaey et Schokkaert 2015) ou le seuil de pauvreté (Ravallion 2012). Comme le souligne la démarche basée sur la notion de capacité, on ne saurait ignorer les préférences et les choix personnels lorsqu'il s'agit d'évaluer le niveau de pauvreté et de bien-être d'une personne. Il est important que les chercheurs réfléchissent à la manière d'utiliser les questions sur le bien-être subjectif pour en apprendre davantage sur les aspects des préférences individuelles que les responsables politiques doivent prendre en compte.

référence commun, ce qui complique les comparaisons entre individus et dans le temps, ces mesures ne sont pas utilisées ici pour évaluer la pauvreté.

Niveaux et tendances du bien-être

Éducation et alphabétisation

L'éducation peut accroître les capacités des gens. Elle aide à acquérir des informations et des connaissances et à les assimiler. Pour ce faire, il faut au moins savoir lire et écrire. Nous nous intéressons ici essentiellement au taux d'alphabétisation des adultes : le pourcentage d'adultes qui peuvent lire et écrire, en le comprenant, un texte court et simple sur leur vie quotidienne.

Les taux d'alphabétisation des adultes évoluent lentement en l'absence de programmes à grande échelle efficaces dans ce domaine, parce que leur évolution est surtout influencée par les niveaux d'alphabétisation des cohortes plus jeunes. Les taux de scolarisation et les résultats obtenus aux examens sont donc également pris en compte pour évaluer l'évolution probable des taux d'alphabétisation des adultes.

En 2012, le taux d'alphabétisation était de 58% en Afrique : plus de deux Africains sur cinq ne savaient pas lire ou écrire une phrase (graphique 3.1 et encadré 3.2). La situation s'est améliorée, mais lentement. Entre 1995 et 2012, le niveau d'alphabétisation dans la région a augmenté de 4 points de pourcentage, malgré un accroissement rapide des taux de scolarisation primaire depuis 2000. À titre de comparaison, le niveau d'alphabétisation a augmenté de 17 points de pourcentage en Asie du Sud et dans la région Moyen-Orient et Afrique du Nord et de 10 points de

GRAPHIQUE 3.1   **Le taux d'alphabétisation en Afrique est le plus faible du monde**

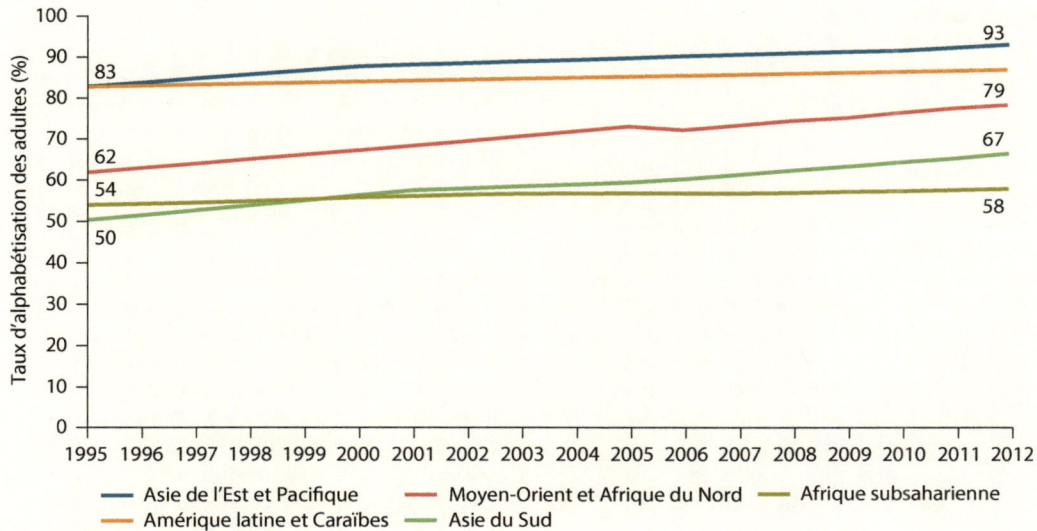

Source : Données EDSTAT.
Note : Le taux d'alphabétisation des adultes est la proportion de personnes âgées de 15 ans et plus qui peuvent lire et écrire, en le comprenant, un texte court et simple sur leur vie quotidienne. Pour les années sans données, on a procédé par interpolation ou extrapolation.

ENCADRÉ 3.2   **Il reste difficile de suivre l'alphabétisation des adultes avec les données disponibles**

Depuis le lancement de l'initiative « Éducation pour tous » en 2000, beaucoup d'efforts ont été consacrés au suivi de l'alphabétisation des adultes. Mais la collecte de données dans ce domaine reste sporadique, et les définitions et méthodes de mesure sont constamment modifiées, ce qui pose des problèmes de validité et de comparabilité similaires à ceux rencontrés lorsqu'il s'agit de recueillir des données sur les dépenses pour suivre la pauvreté (voir chapitre 1). Côté positif, l'Institut de statistique de l'UNESCO publie des métadonnées détaillées sur les sources de données, les définitions et les mesures utilisées (UNESCO 2015).

Pour la période 1995–2012, 109 chiffres annuels concernant l'alphabétisation étaient disponibles, soit 13 % du nombre total possible, 828 (18 ans * 46 pays [il n'existe pas de données à ce sujet pour la Somalie et le Soudan du Sud]). Bien que le chiffre semble faible, les taux d'alphabétisation augmentent peu d'une année sur l'autre et le faible nombre d'estimations est donc relativement moins important. Une mesure plus utile est le nombre de pays dans lesquels au moins deux enquêtes ou recensements permettent d'estimer les taux d'alphabétisation, ainsi que la proximité de la collecte des données avec le début et la fin de la période couverte par l'étude (1995 et 2012).

Le tableau est plus positif à cet égard. Seulement quatre pays, qui ensemble représentaient 6,4 % de la population africaine en 2013, disposent d'une seule estimation ; les 42 autres pays ont au moins deux chiffres. Pour ces pays, on a procédé par interpolation ou extrapolation linéaire pour les années sans données. Pour les pays où il n'existe qu'une observation, on a utilisé la moyenne africaine pour extrapoler. Le taux d'alphabétisation moyen de chaque pays, pondéré par le nombre d'habitants, s'écarte de 4,5 ans de 1995 et de 3,3 ans de 2012. Vu la lente évolution annuelle des taux d'alphabétisation,

(encadré continue page suivante)

ENCADRÉ 3.2   Il reste difficile de suivre l'alphabétisation des adultes avec les données disponibles *(suite)*

les tendances écrites ici sont donc relativement bien corroborées par les faits, en dépit du faible nombre d'observations.

Dans quelle mesure ces données sont-elles comparables? Jusqu'au milieu des années 2000, les estimations des taux d'alphabétisation en Afrique reposaient sur les déclarations spontanées des personnes interrogées ou sur une approximation, certains pays supposant que les personnes qui avaient achevé leurs études primaires savaient lire et écrire. Les estimations étaient tirées des données de recensement ou d'enquête. Depuis 2006, dans les pays où il n'existe pas de chiffres obtenus par autodéclaration ou approximation, les taux d'alphabétisation sont de plus en plus souvent établis à partir d'évaluations directes : on demande au répondant de lire une phrase sur une fiche (cette méthode est utilisée dans les enquêtes démographiques et sanitaires et les enquêtes par grappes à indicateurs multiples). Vingt des 56 taux d'alphabétisation établis en Afrique pendant la période 2006–12 étaient basés sur des tests. Les taux

obtenus par évaluation directe étaient inférieurs de 8 points de pourcentage aux taux moyens dans un échantillon de 20 pays (UNESCO 2015). L'utilisation croissance de cette méthode pourrait expliquer en partie pourquoi les progrès enregistrés en Afrique en matière d'alphabétisation des adultes n'ont pas été plus rapides.

La mesure du taux d'alphabétisation par autodéclaration ou approximation de l'aptitude à lire et à écrire un texte court et simple sur la vie quotidienne est rudimentaire. L'alphabétisation est aujourd'hui considérée comme « un continuum de compétences, telles que l'aptitude à identifier, comprendre, interpréter, créer, communiquer et calculer en utilisant des documents imprimés et écrits associés à des contextes divers, qui permet aux individus d'atteindre leurs objectifs personnels et professionnels et de participer pleinement à la vie de la société » (UNESCO 2015, 137). Cette évolution vers une définition plus rigoureuse de l'alphabétisation reflète la notion d'accroissement du seuil de pauvreté à mesure qu'un pays se développe.

---

pourcentage dans la région Asie de l'Est et Pacifique, où le taux d'alphabétisation atteint presque 93%.

Cette faible moyenne en Afrique cache d'importants écarts régionaux. Plus de la moitié de la population est analphabète dans sept pays, qui se trouvent presque tous en Afrique de l'Ouest (graphique 3.2). Le Niger (où le taux d'alphabétisation est de 15% seulement) et la Guinée (où il atteint à peine 25%) affichent les taux d'alphabétisation les plus faibles du continent. À l'autre extrémité de la fourchette, ces taux dépassent 90% en Guinée équatoriales et en Afrique du Sud, et ils atteignent plus de 70% dans des pays pauvres et fragiles comme l'Érythrée et le Zimbabwe.

Il subsiste un écart important entre les sexes (environ 25 points de pourcentage en moyenne) en matière d'alphabétisation, bien que la parité des sexes dans l'éducation soit l'un des objectifs du Millénaire pour le développement au regard

desquels l'Afrique a obtenu les meilleurs résultats. La parité des sexes en matière d'alphabétisation est particulièrement faible en Afrique de l'Ouest (graphique 3.3).

Cet écart explique en partie les faibles taux d'alphabétisation des adultes en Afrique de l'Ouest. L'écart est beaucoup moins prononcé en Afrique australe. Le rapport entre femmes et hommes sachant lire et écrire est de seulement 0,32 en Guinée et 0,38 au Niger. En revanche, les femmes sont plus susceptibles de savoir lire et écrire que les hommes au Lesotho (1,34) et en Namibie (1,08).

Quelles caractéristiques des ménages et des pays expliquent l'écart entre les sexes en matière d'alphabétisation ? Globalement, les taux d'analphabétisme des femmes sont sensiblement plus élevés dans les pays à faible revenu que dans les pays à revenu élevé [d'environ 32 points de pourcentage dans les pays à revenu intermédiaire (tranche supérieure) et les pays à revenu élevé et d'environ 14 points de pourcentage dans les pays à revenu intermédiaire (tranche inférieure)] (graphique 3.4). Dans les pays riches en ressources, cependant, les taux d'analphabétisme sont supérieurs de 3 points de pourcentage environ à ceux des pays pauvres en ressources (indépendamment du niveau de revenu, de l'enclavement ou de la fragilité du pays), preuve que la gouvernance joue aussi un rôle. Les femmes appartenant à des ménages ruraux pauvres sont 36% plus susceptibles d'être analphabètes que les femmes vivant dans des ménages urbains plus riches. Il existe une corrélation positive entre l'alphabétisation et le fait d'être divorcée, veuve ou célibataire (20% plus de chances de savoir lire et écrire). Le taux d'analphabétisme est beaucoup plus faible chez les jeunes, ce qui est encourageant pour ce qui est de la parité des sexes et du niveau d'alphabétisation en général.

Les progrès ont été lents, malgré l'augmentation rapide du taux brut de scolarisation primaire, qui est passé de 75% en 1995 à 106% en 2012[2, 3]. Avec pourtant des taux brut de scolarisation primaire de 124% au Malawi et 119% en Zambie en 2007, un pourcentage effarant de 73% des élèves de sixième dans les deux pays étaient incapables de déchiffrer (graphique 3.5). Même au Kenya, 20% des élèves de sixième se trouvaient dans la même situation. Dans les pays francophones de la région, 55% des élèves de dernière année du primaire n'avaient pas le niveau d'instruction minimum requis, et la moitié d'entre eux avaient un niveau égal ou inférieur à celui équivalant à deviner au hasard. Les niveaux de compétences en calcul et en mathématiques étaient aussi mauvais.

Espérance de vie, santé et nutrition

Un critère largement utilisé pour mesurer la capacité de vivre longtemps et en bonne santé est l'espérance de vie à la naissance. Ce chiffre donne une idée globale des différents facteurs qui influent sur la santé et la mortalité. Une mesure plus précise est l'espérance de vie en bonne santé, le nombre d'années

GRAPHIQUE 3.2 C'est en Afrique de l'Ouest que les taux d'alphabétisation sont les plus faibles

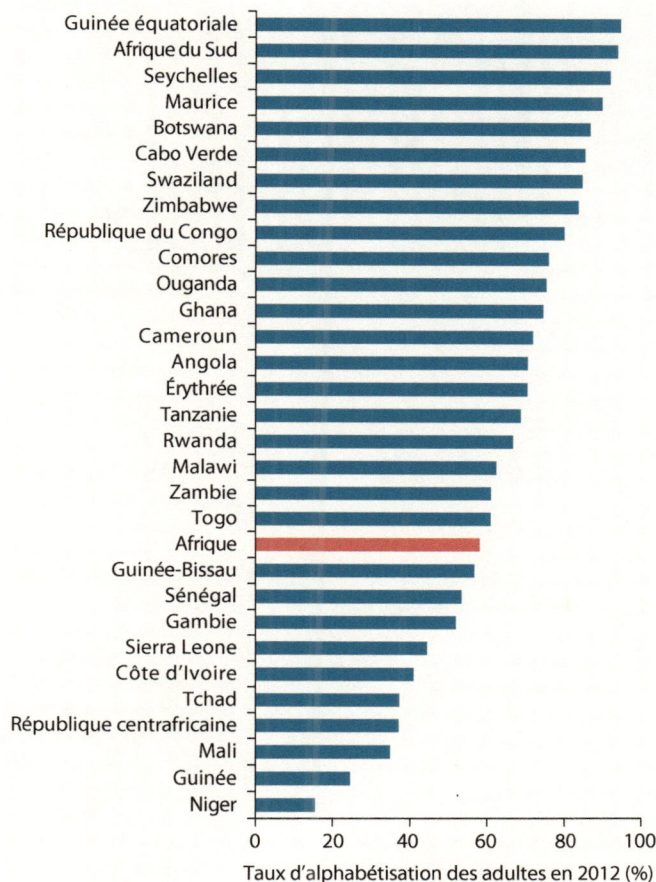

Taux d'alphabétisation des adultes en 2012 (%)

Source : Données EDSTAT.
Note : Les chiffres ne couvrent que les pays où une enquête a été réalisée pendant la période 2010–2012. Pour les années sans données, on a procédé par interpolation ou extrapolation. La moyenne pour l'Afrique est pondérée par la population.

qu'un nouveau-né peut espérer vivre en bonne santé. Les indicateurs tels que l'espérance de vie et la mortalité sont estimés pour une population (généralement au niveau national), alors que les indicateurs concernant la nutrition (et le handicap) donnent une idée de l'état de santé au niveau individuel.

Espérance de vie. Au cours de la dernière décennie, l'espérance de vie a fait un bond en avant en Afrique : les enfants nés en 2013 peuvent espérer vivre 6,2 années de plus que

GRAPHIQUE 3.3   **L'écart entre les sexes en matière d'alphabétisation est très variable en Afrique**

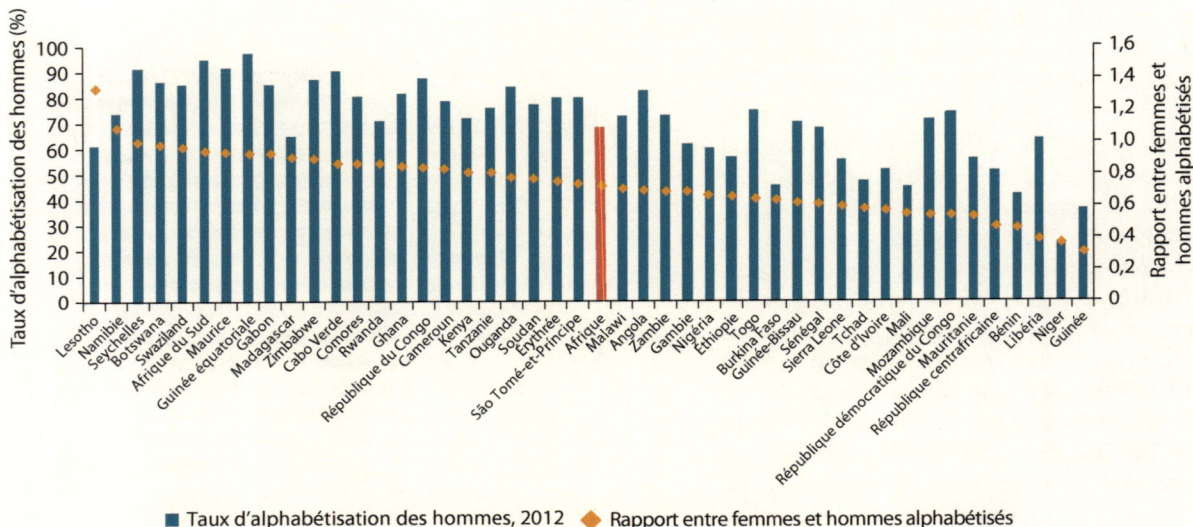

■ Taux d'alphabétisation des hommes, 2012   ◆ Rapport entre femmes et hommes alphabétisés

Source : Données EDSTAT. La moyenne pour l'Afrique est pondérée par la population.

GRAPHIQUE 3.4   **Le taux d'analphabétisme est plus élevé chez les pauvres, les personnes âgées, en milieu rural et dans les pays riches en ressources ou enclavés**

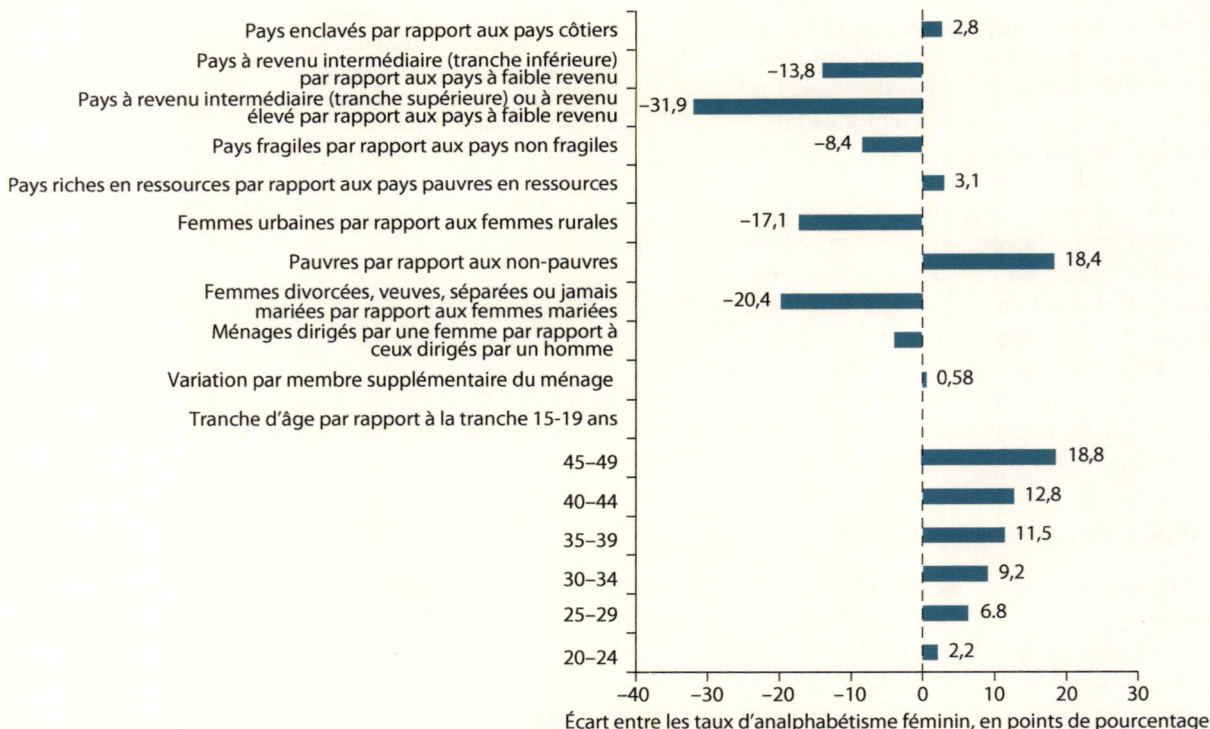

Source : Données des enquêtes démographiques et sanitaires, 2005-2013.
Note : Les chiffres ont été calculés par régression (méthode des moindres carrés). Tous les coefficients sont statistiquement significatifs.

GRAPHIQUE 3.5 **De nombreux élèves de sixième ne savent pas lire**

a. Résultats aux tests de lecture SACMEQ, 2007

b. Résultats aux tests de lecture SACMEQ, 2004-2009

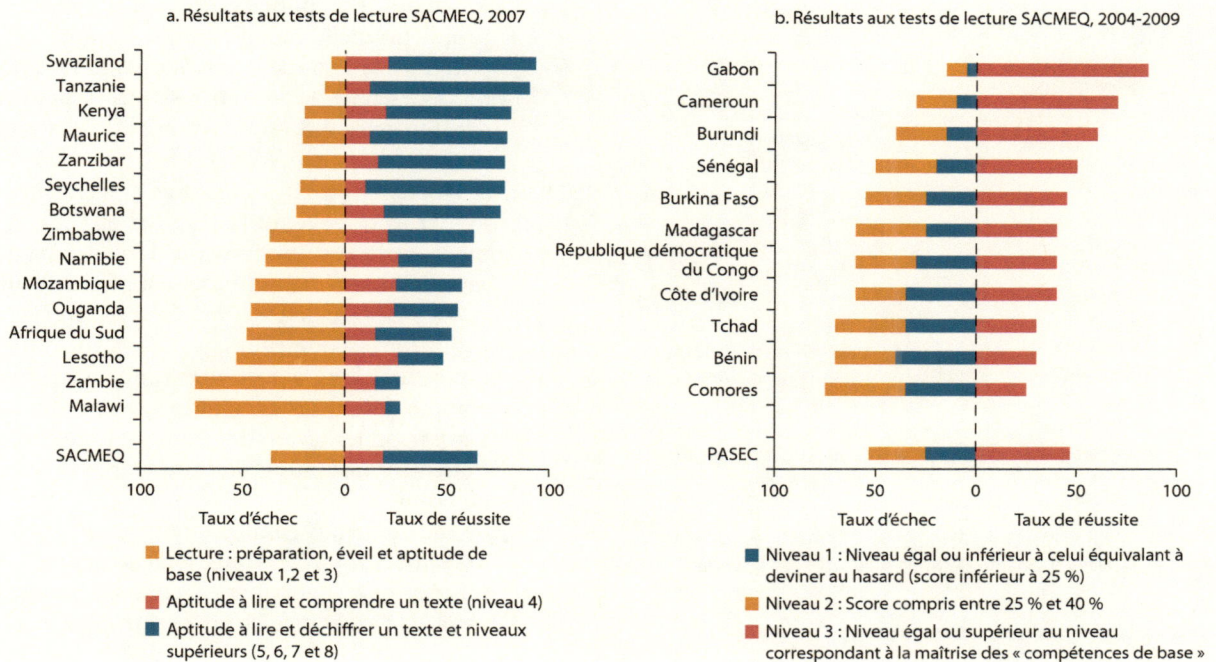

Sources : Hungi et al., 2010 ; estimations de la Banque mondiale basées sur les données PASEC.
Note : SACMEQ = Southern Africa Consortium for Measuring Educational Quality. PASEC = Programme d'analyse des systèmes éducatifs de la CONFEMEN. Les chiffres SACMEQ et PASEC sont les moyennes nationales.

ceux nés en 2000 (graphique 3.6). Cette amélioration place la région dans le peloton de tête au niveau mondial, avant l'Asie du Sud, où l'espérance de vie a augmenté de 6 ans depuis 1995. Ce gain découle directement de la baisse rapide du taux de mortalité des enfants de moins de 5 ans dans la région.

Cela étant, l'espérance de vie dans la région (57 ans) reste très inférieure à l'espérance de vie moyenne au niveau mondial (70,9 ans). Au taux actuel d'accroissement annuel, il faudra environ deux décennies pour atteindre les niveaux d'espérance de vie enregistrés en Asie du Sud (près de 67 ans en 2013), où ils sont encore inférieurs de plusieurs années à ceux d'autres régions.

L'espérance de vie en bonne santé en Afrique était de 49 ans en 2012, soit 8 ans de moins que l'espérance de vie totale (OMS 2015). L'écart entre les sexes penche en faveur des femmes : en 2012, les femmes africaines pouvaient espérer vivre en bonne santé 1,6 année de plus que les hommes[4]. Comme dans

le cas de l'alphabétisation, l'espérance de vie en bonne santé varie sensiblement d'un pays à l'autre - de 39 à 67 ans (graphique 3.7).

Nombre des pays où l'espérance de vie en bonne santé est la plus faible sont des États fragiles ou touchés par un conflit. L'espérance de vie en bonne santé est également faible dans certains des plus grands producteurs de pétrole de l'Afrique, comme l'Angola et le Nigéria. En 2012, les États insulaires (Cabo-Verde, Maurice et les Seychelles) figuraient parmi les pays les mieux placés, avec des espérances de vie en bonne santé supérieures à 60 ans. Certains pays ont très peu progressé à cet égard entre 2000 et 2012 (aucun changement en Afrique du Sud). D'autres pays — dont certains ont connu des conflits dans les années 90, comme l'Érythrée et le Rwanda (15 ans) et l'Érythrée (11 ans) — ont enregistré des progrès notables.

L'espérance de vie en bonne santé est liée à quatre facteurs clés : le revenu national, les ressources naturelles, la fragilité et

GRAPHIQUE 3.6   **L'espérance de vie augmente en Afrique, mais elle reste la plus faible du monde**

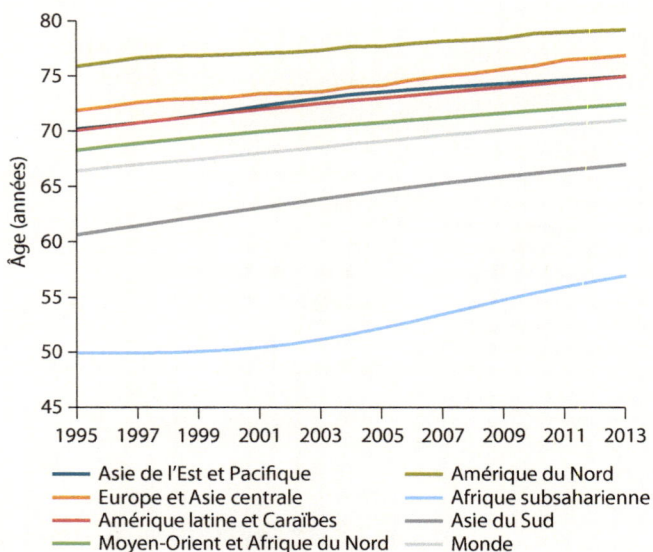

Source : Indicateurs du développement dans le monde

l'enclavement. Il existe manifestement une « malédiction des ressources » en termes de longévité (l'alphabétisation est inversement proportionnelle au patrimoine naturel) (graphique 3.8) : en moyenne, les personnes nées dans des pays riches en ressources peuvent espérer vivre 4,5 ans de moins que ceux nés dans des pays pauvres en ressources (soit un écart d'environ 10%), une fois pris en compte le niveau de revenu, la fragilité et l'enclavement. Les personnes vivant dans des pays à revenu intermédiaire (tranche supérieure) ou à revenu élevé peuvent espérer vivre en bonne santé 6,5 ans de plus que celles qui vivent dans des pays à faible revenu, en tenant compte des autres caractéristiques nationales. Les personnes vivant dans des pays côtiers ont également une plus grande espérance de vie en en bonne santé.

Mortalité des enfants de moins de 5 ans et prévalence du VIH. Deux indicateurs de mortalité sont d'importants facteurs de changement de l'espérance de vie en Afrique : le taux

GRAPHIQUE 3.7   **L'espérance de vie (en bonne santé) à la naissance est très variable**

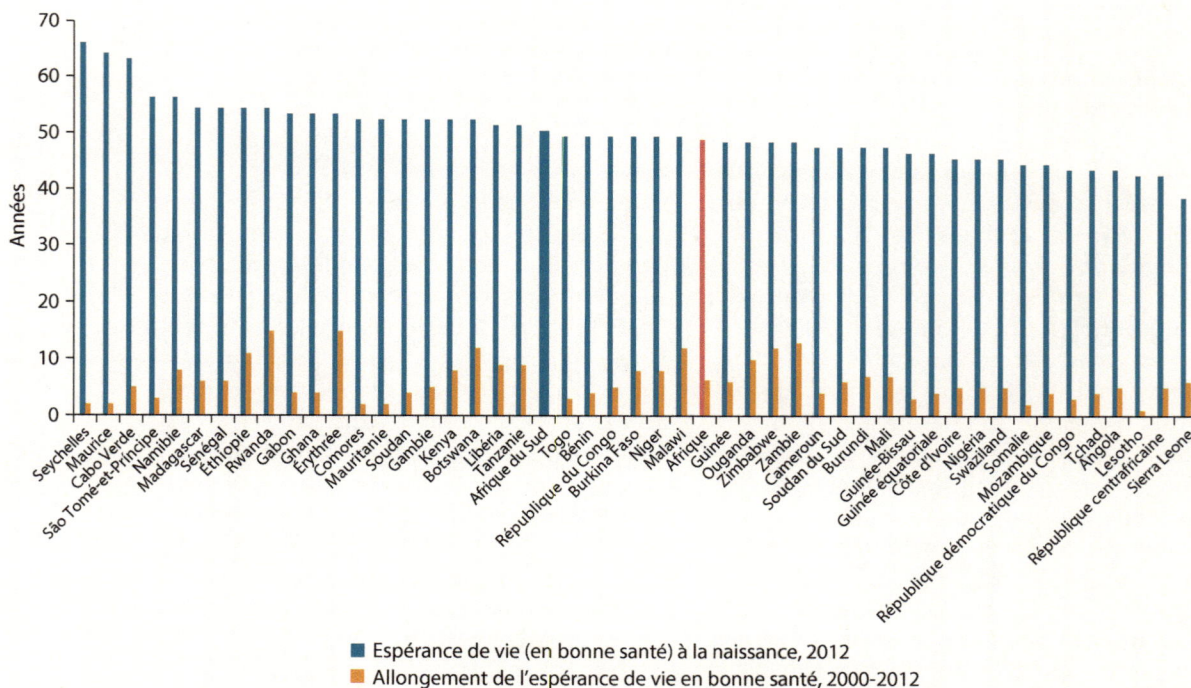

Source : OMS 2015. La moyenne pour l'Afrique est pondérée par la population.

GRAPHIQUE 3.8 **L'espérance de vie en bonne santé est plus faible dans les pays riches en ressources**

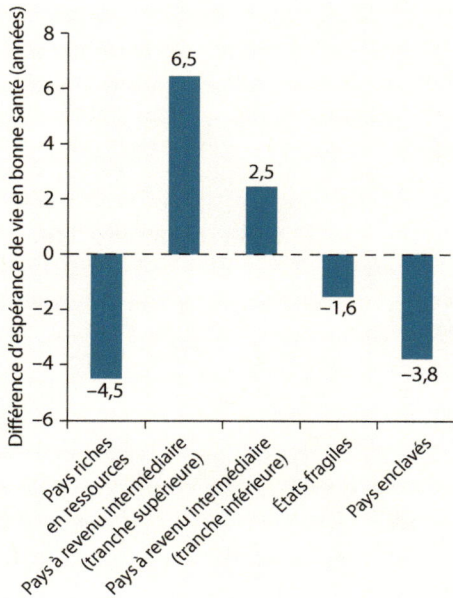

Source : Données OMS 2015.
Note : Les chiffres ont été calculés par régression des données pour ces quatre catégories de pays pendant la période 2000-2012 (méthode des moindres carrés).

de mortalité des enfants de moins de 5 ans et le taux de prévalence du VIH. Chaque fois que dix enfants supplémentaires pour 1 000 naissantes vivantes atteignent l'âge de 5 ans, l'espérance de vie augmente de 0,7 an ; chaque fois que le taux de prévalence du VIH augmente d'un point de pourcentage, l'espérance de vie diminue d'un an. Ces deux facteurs expliquent à eux seuls plus des trois quarts des variations de l'espérance de vie dans la région (la mortalité des enfants de moins de 5 ans explique 50 points de pourcentage et la prévalence explique 28 points de pourcentage). Le produit intérieur brut (PIB) et le nombre de décès dus aux conflits des années précédentes n'ont pas une incidence notable sur l'espérance de vie, au-delà des effets sur la mortalité infantile et la prévalence du VIH[5].

La baisse du taux de mortalité des enfants de moins de 5 ans — de 173 en 1995 à 92 en 2013—est allée de pair avec l'augmentation des taux de vaccination et la baisse de la mortalité due au paludisme (graphique 3.9). D'autres progrès sont possibles sur ce front, en élargissant les campagnes de vaccination — le taux de vaccination contre la rougeole n'est encore que de 60% environ dans certains des

GRAPHIQUE 3.9 **Hausse des taux de vaccination et baisse de la mortalité infantile due au paludisme**

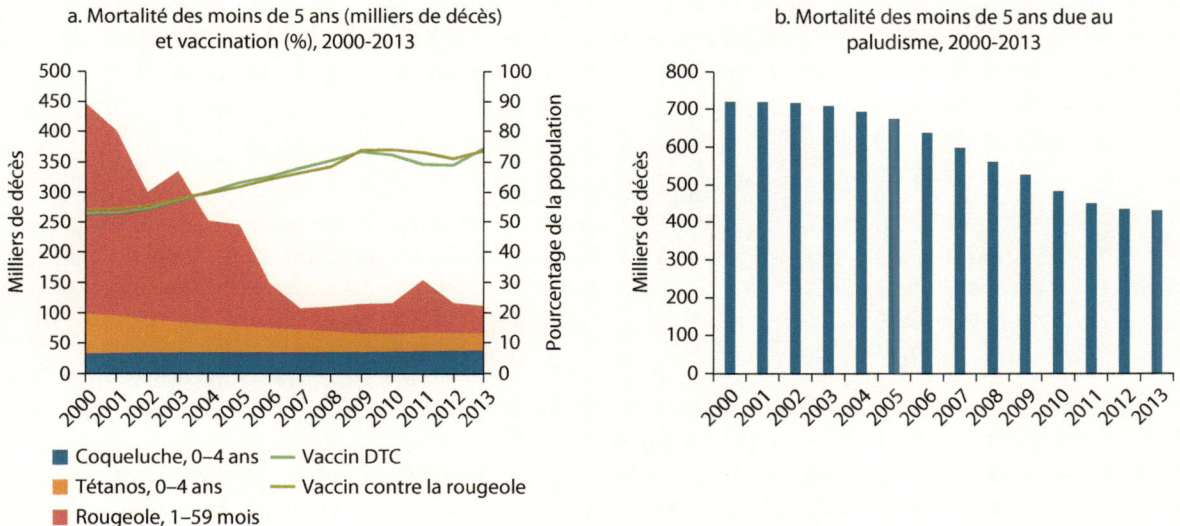

Sources : Section a : Statistiques sur la santé, la nutrition et la population et OMS 2014a. Section b : OMS 2014b.
Note : Groupes d'âge : vaccin contre la rougeole - 12–23 mois ; vaccin DTC - 12–23 mois. Groupe d'âge pour la rougeole : 1–59 mois. Groupe d'âge pour la coqueluche : 0–4 ans. Groupe d'âge pour le tétanos : 0–4 ans. DTC = diphthérie-tétanos-coqueluche.

pays les plus peuplés (Éthiopie) ou les plus riches en ressources (République démocratique du Congo, Nigéria, Afrique du Sud) de la région. En Guinée équatoriale, où le PIB par habitant dépasse 15 000 dollars par an, un enfant sur deux seulement est vacciné contre la rougeole.

En 2000, moins de 100 millions de dollars ont été versés aux pays où le paludisme est endémique pour lutter contre cette maladie; en 2013, le chiffre atteignait 1,97 milliard de dollars. Le nombre d'enfants qui meurent du paludisme a donc considérablement diminué, en partie grâce à l'utilisation accrue de moustiquaires imprégnées d'insecticides[6]. Chaque année, le paludisme continue de faire beaucoup plus de victimes chez les enfants que la rougeole, le tétanos et la coqueluche pris ensemble (graphique 3.9). La mortalité due au paludisme chez les enfants de moins de 5 ans est faible en Afrique australe (à l'exception du Malawi et de la Zambie), en partie à cause des conditions climatiques. Elle dépasse 20 décès pour 1 000 naissances vivantes en Angola (21), au Nigéria (24), en Guinée et en Sierra Leone (27), au Tchad (28) et en République centrafricaine (35).

La deuxième maladie qui contribue le plus à la faible espérance de vie en Afrique est le VIH/SIDA. En 2012, 1,1 million de personnes sont mortes du sida dans la région — près de quatre fois plus que dans le reste du monde (environ 300 000 victimes). Le taux de prévalence du VIH sur le continent a culminé à 5,8 % en 2002, puis a décliné pour atteindre 4,5 % en 2013 (Indicateurs du développement dans le monde).

L'Afrique australe a été durement touchée par le VIH/SIDA. Au moins 10 % de la population de la région âgée de 15 à 49 ans est séropositive (10,3 % au Malawi, 10,8 % au Mozambique, 19,1 % en Afrique du Sud, 21,9 % au Botswana, 22,9 % au Lesotho et 27,4 % au Swaziland). Les taux de prévalence sont de l'ordre de 5 à 7 % en Afrique de l'Est (Kenya, Tanzanie et Ouganda) (voir carte 3.1). Malgré des progrès sensibles et un meilleur accès à des traitements plus efficaces, le VIH/SIDA continuera de freiner l'augmentation de l'espérance de vie dans

un certain nombre de pays, notamment en Afrique australe, mais aussi en Afrique de l'Est.

Nutrition. Un bon état nutritionnel, généralement évalué en mesurant la taille et le poids, est également un signe de bonne santé. Pour les adultes, on utilise souvent l'indice de masse corporelle (IMC), le rapport entre le poids et la taille. Un IMC très faible est un signe de sous-alimentation; un IMC élevé est souvent utilisé comme définition de l'obésité. Il n'existe pas de mesures systématiques de l'IMC des hommes africains. Parmi les femmes africaines, 13 % présentent une insuffisance pondérale et 5 % sont obèses (moyennes pondérées par le nombre d'habitants, enquêtes démographiques et sanitaires, 2006–12).

L'insuffisance pondérale est moins courante dans les pays à revenu intermédiaire. Elle est plus fréquente dans les États fragiles et, surtout, dans les pays riches en ressources (où elle est plus élevée de 3,7 points de pourcentage que dans les autres pays) (graphique 3.10). Cette constatation se vérifie même en tenant compte des autres caractéristiques des pays et des ménages, ce qui donne à penser que ce mauvais résultat en matière de santé dans les pays riches en ressources est lié aux choix politiques. La malnutrition est plus répandue chez les ménages pauvres (de 3,2 points de pourcentage) et en milieu rural (de 1,6 point de pourcentage). Elle diminue à mesure que le niveau d'instruction augmente. Les femmes veuves, divorcées et célibataires sont plus susceptibles de souffrir de sous-alimentation que les femmes mariées (de 2,7 points de pourcentage). L'incidence de la situation matrimoniale des femmes sur leur santé est un aspect sous-estimé du bien-être en Afrique et souligne l'importance des indicateurs du bien-être individuel (van de Walle et Milazzo 2015).

L'évolution de l'obésité montre que la hausse des revenus va de pair avec de mauvaises habitudes alimentaires. Cette situation concerne plus particulièrement les femmes ayant un haut niveau d'instruction, les femmes vivant en milieu urbain et les femmes vivant dans des pays à revenu intermédiaire.

CARTE 3.1   **Le taux de prévalence du VIH reste très élevé en Afrique australe**

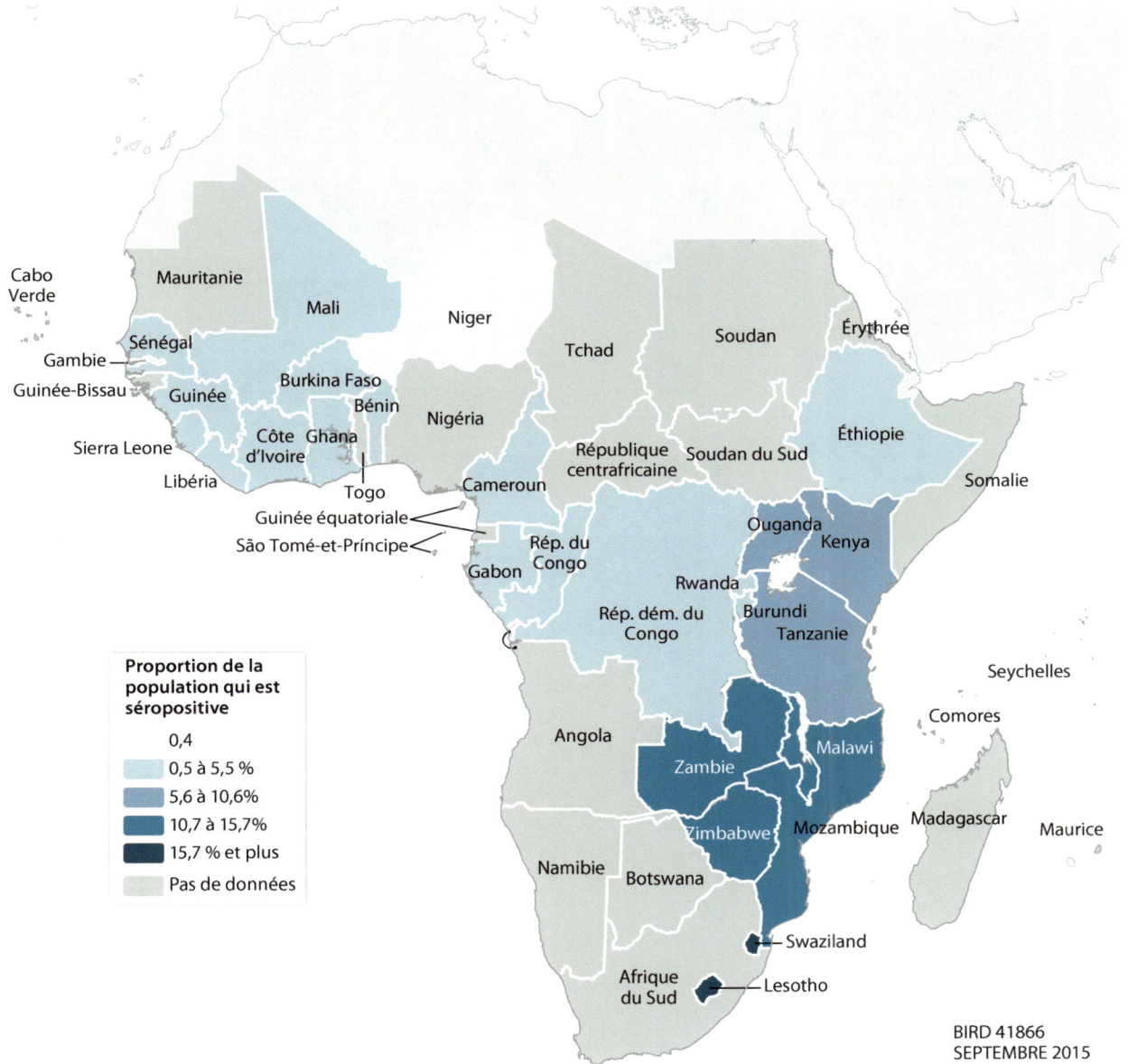

Proportion de la
population qui est
séropositive

0,4
0,5 à 5,5 %
5,6 à 10,6%
10,7 à 15,7%
15,7 % et plus
Pas de données

BIRD 41866
SEPTEMBRE 2015

Source : Dernières enquêtes démographiques et sanitaires (programme Statcompiler).

Après extrapolation des données présentées dans le graphique 3.10, le nombre total d'adultes obèses en Afrique (hommes et femmes) s'établit à 26,7 millions. Ce chiffre atteindra probablement des proportions épidémiques dans l'avenir proche, ce qui posera un nouveau problème de santé publique en Afrique (Popkin 2001 ; Ziraba, Fotso et Ochako 2009).

L'état nutritionnel à long terme des jeunes enfants, souvent mesuré par un faible rapport poids/âge (retard de croissance) est un autre

GRAPHIQUE 3.10 **De nombreux facteurs contribuent à l'insuffisance pondérale et à l'obésité chez les femmes africaines**

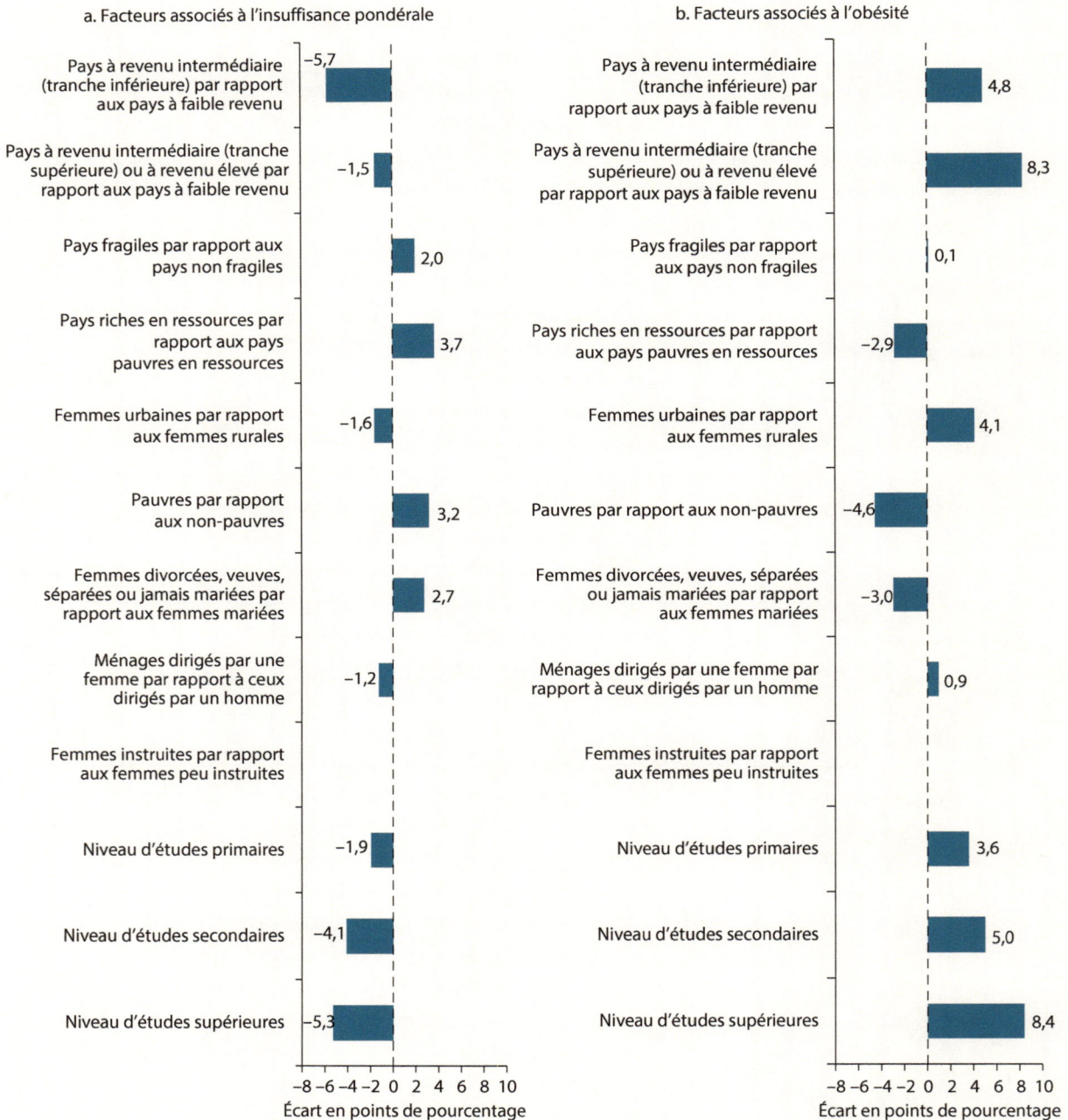

a. Facteurs associés à l'insuffisance pondérale

Pays à revenu intermédiaire (tranche inférieure) par rapport aux pays à faible revenu	–5,7
Pays à revenu intermédiaire (tranche supérieure) ou à revenu élevé par rapport aux pays à faible revenu	–1,5
Pays fragiles par rapport aux pays non fragiles	2,0
Pays riches en ressources par rapport aux pays pauvres en ressources	3,7
Femmes urbaines par rapport aux femmes rurales	–1,6
Pauvres par rapport aux non-pauvres	3,2
Femmes divorcées, veuves, séparées ou jamais mariées par rapport aux femmes mariées	2,7
Ménages dirigés par une femme par rapport à ceux dirigés par un homme	–1,2
Femmes instruites par rapport aux femmes peu instruites	
Niveau d'études primaires	–1,9
Niveau d'études secondaires	–4,1
Niveau d'études supérieures	–5,3

Écart en points de pourcentage
–8 –6 –4 –2 0 2 4 6 8 10

b. Facteurs associés à l'obésité

Pays à revenu intermédiaire (tranche inférieure) par rapport aux pays à faible revenu	4,8
Pays à revenu intermédiaire (tranche supérieure) ou à revenu élevé par rapport aux pays à faible revenu	8,3
Pays fragiles par rapport aux pays non fragiles	0,1
Pays riches en ressources par rapport aux pays pauvres en ressources	–2,9
Femmes urbaines par rapport aux femmes rurales	4,1
Pauvres par rapport aux non-pauvres	–4,6
Femmes divorcées, veuves, séparées ou jamais mariées par rapport aux femmes mariées	–3,0
Ménages dirigés par une femme par rapport à ceux dirigés par un homme	0,9
Femmes instruites par rapport aux femmes peu instruites	
Niveau d'études primaires	3,6
Niveau d'études secondaires	5,0
Niveau d'études supérieures	8,4

Écart en points de pourcentage
–8 –6 –4 –2 0 2 4 6 8 10

Source : Enquêtes démographiques et sanitaires, 2005–2013.
Note : Chiffres calculés par régression (méthode des moindres carrés) d'une variable indicatrice [femme adulte souffrant d'insuffisance pondérale (valeur 1 ou 0 selon que l'indice de masse corporelle est inférieur à 18,5 ou non) ou d'obésité (valeur 1 ou 0 selon que l'indice de masse corporelle est supérieur à 30 ou non)]. L'échantillon comprend des femmes non enceintes qui n'ont pas donné naissance dans les trois mois précédant l'entretien. Tous les coefficients (sauf pour la caractéristique « Pays fragiles ») sont statistiquement significatifs.

indicateur important de la capacité d'une population de vivre longtemps et en bonne santé, ainsi que des perspectives d'avenir[7]. Les enfants atteints de malnutrition chronique ont des taux de mortalité et de morbidité plus élevés. Le retard de croissance du jeune enfant a également un impact sur le développement cognitif et les résultats scolaires (Dercon et Portner 2014).

La prévalence du retard de croissance a diminué en Afrique, de 44,6% en 1995 à 38,6% en 2012 (EDS 2015). Contrairement à l'Asie, où il existe une forte préférence culturelle pour les garçons, qui sont donc mieux nourris, en Afrique les garçons de moins de 5 ans souffrent davantage de malnutrition que les filles (39,5% contre 35,2%). Cet écart reflète en grande partie les différences biologiques entre filles et garçons en matière de santé et de survie (Kraemer 2000; Waldron 1983). Si ce désavantage biologique n'est pas compensé par les préférences culturelles en faveur des garçons (comme en Asie), le taux de malnutrition est plus élevé chez les garçons (Wamani et al., 2007).

La prévalence du retard de croissance est élevée au Burundi (57%), à Madagascar (50%) et dans les pays les plus peuplés de l'Afrique — le Nigéria (37%), l'Éthiopie (44%) et la République démocratique du Congo (42%). Deux pays seulement (le Gabon et le Sénégal) affichent des taux inférieurs à 20%. Le niveau général de développement d'un pays influe sur la nutrition des enfants, bien que d'autres facteurs soient sans doute encore plus importants (Harttgen, Klasen et Vollmer 2013). Les enfants dont la mère est instruite ont plus de chances d'avoir une croissance normale (9,9 points de pourcentage de plus si la mère a fait des études secondaires et 19,8 points de pourcentage de plus si elle a fait des études supérieures). Les enfants de ménages ruraux pauvres dont la mère est sous-alimentée ont 20% de chances de plus de souffrir d'un retard de croissance. Toutes choses égales par ailleurs, le fait de naître dans un pays fragile ou riche en ressources réduit également les chances d'un jeune enfant d'avoir une croissance normale.

L'accroissement régulier du niveau d'instruction des femmes aura des effets sensibles et durables sur les capacités humaines de l'Afrique.

Les handicaps physiques privent également les gens de leurs capacités et de la possibilité de faire et d'être ce qu'ils veulent (en exerçant leurs modes de fonctionnement) (Mitra 2006). En tant que groupe, les personnes handicapées sont généralement sous-représentées dans les sondages ou mal identifiées dans les enquêtes représentatives, et donc souvent insuffisamment étudiées. D'après un échantillon de sept pays africains sur lesquels il existe des données comparables, près d'un Africain adulte en âge de travailler sur dix est frappé d'incapacité, définie comme une grande difficulté à se déplacer, à se concentrer, à se souvenir, à voir ou à reconnaître une personne de l'autre côté de la rue (sans porter de lunettes) ou à prendre soin de soi-même (graphique 3.11). La prévalence du handicap varie entre 5,3% au Kenya et 13% au Malawi. Les chiffres sont plus élevés chez les femmes (10,6%) que chez les hommes (7,3%). Ils sont également plus élevés en milieu rural (9,9%) qu'en milieu urbain (6,9%). Les taux

GRAPHIQUE 3.11 **Environ un Africain sur dix est frappé d'incapacité**

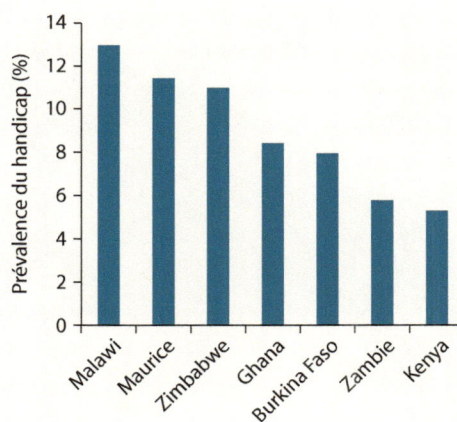

Source: Mitra, Posärac et Vick 2013, basé sur les données des Enquêtes sur la santé dans le monde.
Note: L'incapacité est définie comme une grande difficulté à se déplacer, à se concentrer, à se souvenir, à voir ou à reconnaître une personne de l'autre côté de la rue (sans porter de lunettes) ou à prendre soin de soi-même.

de prévalence du handicap en Afrique sont proches des taux moyens dans les pays d'Asie et d'Amérique latine étudiés par Mitra, Posärac et Vick (2013).

Absence de violence

La possibilité de vivre à l'abri de la violence a un impact sur la survie, la dignité et la vie quotidienne des êtres humains. L'insécurité réduit sensiblement les choix d'une personne en ce qui concerne ce qu'elle peut faire et être (capacités).

Selon les données des enquêtes Afrobaromètre réalisées pendant la période 2010–2012, l'insécurité est un problème très répandu en Afrique. Parmi les personnes interrogées dans ces enquêtes, 12 % ont indiqué qu'un membre de leur famille ou elles-mêmes avaient été victimes d'une agression physique au moins une fois au cours de l'année précédente ; 53 % ont indiqué qu'elles avaient craint de faire l'objet d'actes d'intimidation ou de violences à caractère politique au moins une fois pendant des campagnes électorales; 40% ont indiqué qu'un membre de leur famille ou elles-mêmes ne s'étaient pas sentis en sécurité au moins une fois l'année précédente lorsqu'ils se déplaçaient à pied dans le quartier; et 33% ont dit qu'un membre de leur famille ou elles-mêmes avaient eu peur d'être attaqués chez eux au moins une fois l'année précédente.

Absence de violence politique. Après les conflits multiples et de grande ampleur qui ont marqué les années 90, l'Afrique a connu une période de paix relative durant la première décennie du XXIe siècle (carte 3.2). Entre 1997 et 2014, le nombre d'actes de violence contre des civils a plus que quadruplé, dépassant 4 000 en 2014. Le nombre de victimes par événement violent a cependant diminué (de 20 à la fin des années 90 à quatre en 2014), ce qui reflète l'évolution de la nature des violences. Les conflits traditionnels et des guerres civiles, tels que ceux qui ont marqué les années 90 (en Angola, au Libéria, au Mozambique, au Rwanda et en Sierra Leone) ont perdu en ampleur et en intensité, mais les violences électorales, l'extrémisme, les attaques terroristes,

CARTE 3.2 **Les violences contre des civils se multiplient, notamment en Afrique centrale et dans la Corne de l'Afrique**

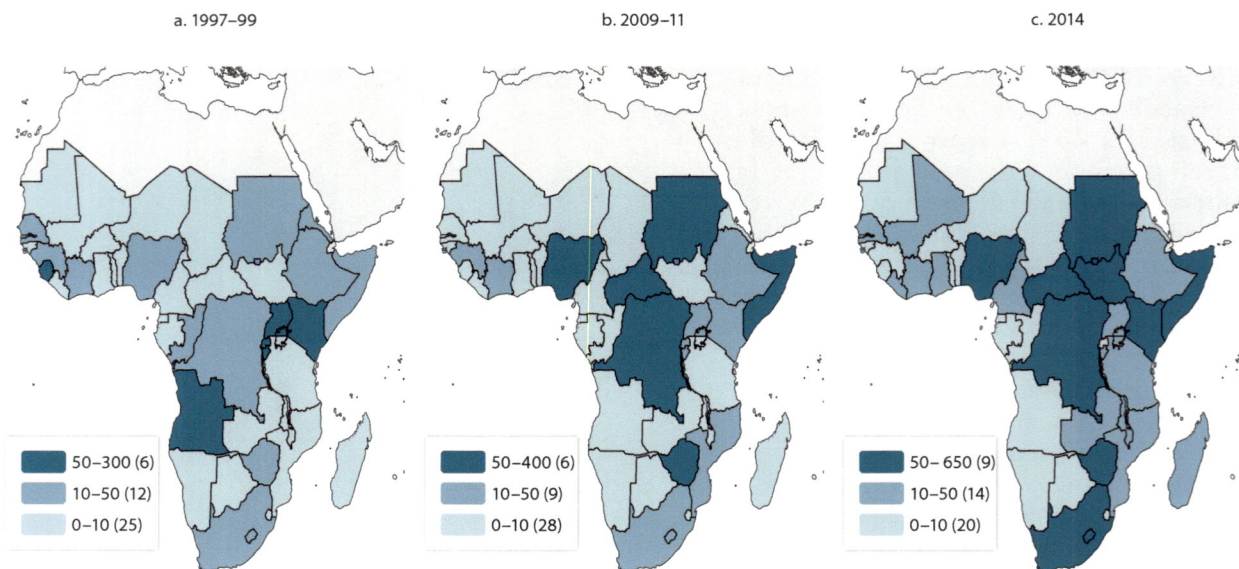

a. 1997–99

50–300 (6)
10–50 (12)
0–10 (25)

b. 2009–11

50–400 (6)
10–50 (9)
0–10 (28)

c. 2014

50–650 (9)
10–50 (14)
0–10 (20)

Source : Base de données ACLED (Armed Conflict Location and Events Dataset) ; Raleigh et al., 2010.
Note : Les cartes indiquent le nombre annuel d'événements violents touchant la population civile ; les chiffres entre parenthèses indiquent le nombre de pays. Il n'existe pas de données pour Cabo Verde, les Comores, Maurice, São Tomé-et-Príncipe et les Seychelles.

le trafic de stupéfiants, la piraterie maritime et la criminalité ont augmenté. Les conflits sont de plus en plus le fait d'insurgés armés qui existent en marge d'États divisés et militairement faibles, comme les soulèvements arabe et touareg au Mali et Boko Haram au Nigéria. L'Afrique de l'Ouest est aujourd'hui une plaque tournante du trafic de drogues entre l'Amérique latine et l'Europe, et les actes de piraterie se multiplient dans le golfe de Guinée.

En plus de porter atteinte à la sécurité fondamentale des êtres humains, les conflits compromettent également de nombreuses fonctions et possibilités qui sont essentielles pour l'autodétermination. Ils touchent non seulement les groupes directement visés, mais aussi la population en général, tant à l'intérieur qu'à extérieur du pays (en faisant, par exemple,

des déplacés et des réfugiés [encadré 3.3]). Dans les pays où les pertes humaines sont supérieures à 100 personnes par an, la croissance économique ralentit de 2,3%. Ces effets peuvent perdurer. Au Burundi, la croissance économique oscille autour de 4% par an depuis la fin de la guerre civile au début des années 2000. Mais selon les données de panel, la proportion des ménages se déclarant (monétairement) pauvres a augmenté de 21% en 1993 (avant la guerre civile) à 46% en 1998 (pendant la guerre civile) et à 64% en 2007 (plusieurs années après la fin de la guerre civile (Institut de statistiques et d'études économiques du Burundi, 2009). Les conflits freinent également la réduction de la mortalité des enfants de moins de 5 ans et l'augmentation de l'espérance de vie (graphique 3.12).

ENCADRÉ 3.3   Qu'advient-il des Africains qui fuient leurs foyers?

La population de réfugiés en Afrique a atteint le chiffre record de 6,5 millions de personnes en 1994, après le génocide au Rwanda. Elle est tombée à 3,5 millions de personnes à la fin des années 90 et à 2,8 millions en 2008, après la fin du génocide et la diminution du nombre de conflits de grande ampleur en Afrique australe et en Afrique de l'Ouest. Le nombre de réfugiés a de nouveau augmenté, à 3,7 millions de personnes, durant la période 2010–2013. Si l'on ajoute les quelque 12,5 millions de personnes déplacées dans leur propre pays, le nombre total de personnes déplacées par les conflits en Afrique était de quelque 16,2 millions à la fin de 2013, soit environ 2% de la population totale. (L'estimation du nombre de réfugiés provient du Haut-Commissariat des Nations Unies pour les réfugiés; l'estimation du nombre de personnes déplacées dans leur pays provient de l'Observatoire des situations de déplacement interne [voir Maystadt et Verwimp 2015].)

La Corne de l'Afrique et l'Afrique centrale (notamment la République démocratique du Congo) sont les principales régions d'origine des réfugiés. Dans certains pays (Somalie, Soudan et Soudan du Sud), les réfugiés n'ont pas seulement fui des conflits, mais aussi des phénomènes météorologiques extrêmes

(Calderone, Headey et Maystadt 2014; Gambino 2011; Maystadt et Ecker 2014; O'Loughlin et al., 2012).

La plupart des réfugiés africains restent en Afrique. Depuis 2005, la région accueille également de nombreux réfugiés venus d'Afrique du Nord et, depuis 2013, d'Iraq, de Syrie et du Yémen, ce qui porte le nombre total de réfugiés en Afrique à 5,6 millions.

Il existe peu de données socioéconomiques sur les réfugiés et les personnes déplacées pendant ou immédiatement après des conflits. Une étude récente sur le sort des personnes déplacées pendant la crise de 2012 dans le Nord du Mali donne une idée des conséquences (Etang-Ndip, Hoogeveen et Lendorfer 2015). Les pertes de bien-être sont importantes : la valeur des biens durables a diminué de 20 à 60%, et celle du bétail de 75 à 90%. Mais la perte de bien-être et de richesse n'est qu'une partie de la réalité. En juin 2014, 52% des personnes déplacées à Bamako ne se sentaient pas en sécurité dans la rue la nuit, et 30% ne se sentaient pas en sécurité dans la journée. Le chiffre atteint 85% chez les personnes rapatriées à Gao et Kidal. Quatorze pour cent des déplacés, 4% des rapatriés et 1% des réfugiés indiquent avoir

(encadré continue page suivante)

ENCADRÉ 3.3   Qu'advient-il des Africains qui fuient leurs foyers? *(suite)*

perdu des proches ou avoir été témoin ou victime de violence physique dans leur ménage. Dans l'ensemble, les ménages plus instruits et plus riches sont parvenus à quitter la zone du conflit, tandis que les pauvres ont dû rester sur place. Pour ceux qui avaient regagné leur foyer en 2014, principalement des personnes déplacées, la fuite avait été un moyen d'atténuer les effets de la violence. Ils avaient moins souffert que le reste de la population dans le Nord du Mali. Mais nombreux sont ceux qui ont réagi face à la crise en quittant le pays, et le problème des réfugiés a souvent perduré, prolongeant également les souffrances (Kreibaum 2014).

La dernière décennie a été marquée par une augmentation du nombre d'études auprès des ménages qui portent sur l'évolution du bien-être des réfugiés, des communautés d'accueil et des rapatriés. Ces études montrent que les réfugiés sont également des personnes actives qui créent souvent des entreprises; ils ne sont pas toujours moins bien lotis que les personnes non réfugiées ou les membres de leur communauté d'accueil, en partie à cause de l'appui qu'ils reçoivent. Selon Singh et al. (2005), par exemple, les taux de mortalité des enfants de moins

de 5 ans sont identiques chez tous les ménages – réfugiés ou non - vivant dans l'Ouest de l'Ouganda et au Soudan du Sud. En revanche, Verwimp et Van Bavel (2005) ont constaté que les taux de mortalité des moins de 5 ans et les taux de fécondité étaient plus élevés chez les (anciens) réfugiés rwandais en République démocratique du Congo. Verwimp et Van Bavel (2013) notent une réduction du taux de scolarisation des enfants burundais associée au déplacement qui est indépendant des effets de l'exposition à la violence.

Trois études de cas (réalisées au Kenya, en Tanzanie et en Ouganda) montrent que l'afflux de réfugiés a souvent un effet positif sur l'économie locale en accroissant la demande de produits et services locaux et en améliorant les échanges grâce aux investissements dans de nouveaux services de transport et la construction de nouvelles routes pour desservir les camps (Maystadt et Verwimp 2015). Mais cela ne profite pas à tous. Les paysans sans terre et les travailleurs agricoles, avec lesquels les réfugiés sont parfois en concurrence sur le marché du travail, ainsi que les acheteurs nets de denrées alimentaires, souffrent de l'afflux de réfugiés, du moins à court terme.

GRAPHIQUE 3.12   Les conflits freinent la réduction de la mortalité des enfants de moins de 5 ans et l'augmentation de l'espérance de vie en Afrique

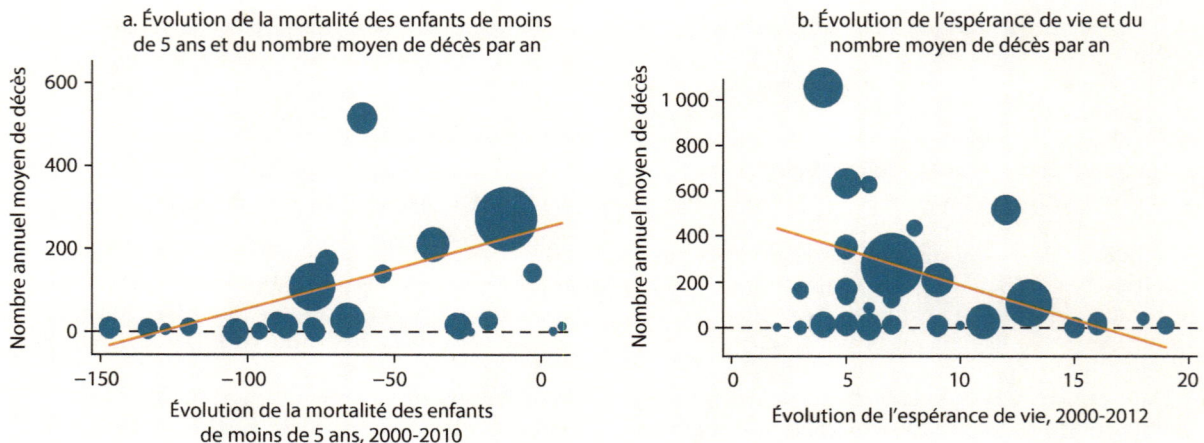

a. Évolution de la mortalité des enfants de moins de 5 ans et du nombre moyen de décès par an

b. Évolution de l'espérance de vie et du nombre moyen de décès par an

Source : Base de données ACLED (Armed Conflict Location and Events Dataset) et Indicateurs du développement dans le monde.
Note : Les résultats sont pondérés par la population (la taille de chaque point représente la population). Le nombre de décès est calculé pour la période 2000–2010. Le taux de mortalité des enfants de moins de 5 ans proviennent de la dernière enquête démographique et sanitaire (EDS) effectuée au XXe siècle dans chaque pays (depuis 2004 s'il n'existe pas d'enquête antérieure à cette date) et de la dernière EDS effectuée pendant la première décennie du XXIe siècle (depuis 2013 s'il n'existe pas d'enquête antérieure à cette date).

Absence de violence conjugale. Les violences physiques et sexuelles (et la menace de telles violences) au sein de la famille ont des effets négatifs sur la santé, l'autonomisation, la vie professionnelle et la possibilité d'entreprendre des activités productives (Campbell 2002; Coker, Smith et Fadden 2005; Duflo 2012; MacQuarrie, Winter et Kishor 2013; Nyamayemombe et al., 2010; Stöckl, Heise et Watts 2012; Vyas 2013; Wayack, Gnoumou et Kaboré 2013). Les effets ne se limitent pas aux victimes. La santé et les résultats scolaires de leurs enfants s'en ressentent également, et les normes sociales qui rendent possible la violence la perpétuent (Rico et al., 2011). Un enfant dont la mère a subi des violences conjugales a plus de chances d'être la victime ou l'auteur de telles violences au cours de sa vie (Kishor et Johnson 2004). La fréquence de la violence conjugale et les attitudes envers ce type de violence peuvent également refléter les normes sociales concernant la violence et les rôles attribués à chaque sexe. La violence conjugale touche plus de 700 millions de femmes à travers le monde. L'Afrique et l'Asie du Sud comptent la plus forte proportion de femmes ayant subi des violences de la part de leur partenaire — 40% en Afrique et 43% en Asie du Sud, chiffres ahurissants (Banque mondiale 2014). C'est en Amérique du Nord que la proportion est la plus faible (21%).

L'acceptation de la violence conjugale est mesurée par l'attitude des femmes envers ce type de violence. On considère que les femmes acceptent la violence conjugale si elles répondent qu'un mari a le droit de frapper sa femme si elle sort sans le prévenir, conteste ce qu'il dit, refuse d'avoir des rapports sexuels avec lui, néglige les enfants ou brûle le repas. Entre les périodes 2000–2006 et 2007–2013, l'acceptation de la violence conjugale par les femmes en Afrique a diminué de près de 10 points de pourcentage (graphique 3.13); la fréquence de la violence conjugale, qui est corrélée avec l'acceptation, a également diminué. L'acceptation de la violence conjugale dans la région demeure exceptionnellement élevée, cependant (30 %), plus de deux fois plus que la moyenne dans le reste du monde en développement (14 %) (graphique 3.14).

GRAPHIQUE 3.13   **La fréquence et l'acceptation de la violence conjugale ont diminué en Afrique**

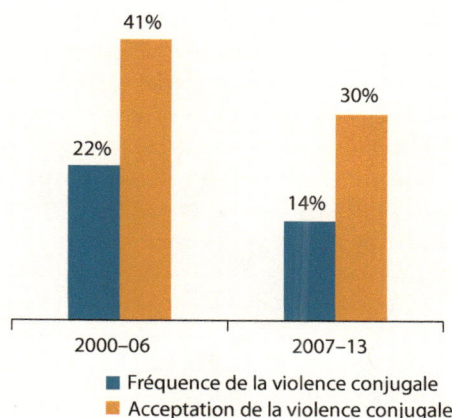

Sources : Enquêtes démographiques et sanitaires, 2000–2013 ; Indicateurs du développement dans le monde.
Note : Les chiffres représentent la moyenne, pondérée par la population, de la proportion de femmes ayant vécu en couple dans 20 pays africains.

GRAPHIQUE 3.14   **L'acceptation de la violence conjugale est deux fois plus élevée dans les pays d'Afrique que dans les autres pays en développement**

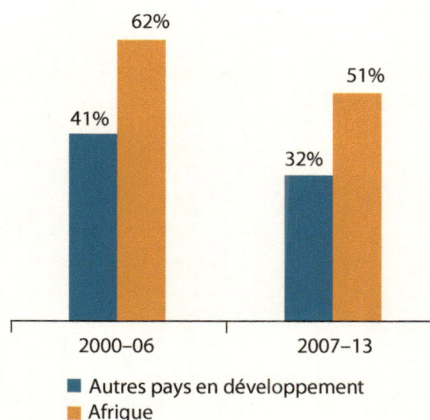

Sources : Enquêtes démographiques et sanitaires, 2000–2013 ; Indicateurs du développement dans le monde.
Note : Les chiffres sont des moyennes pondérées par la population, pour 32 pays africains et 28 pays en développement non africains

Le taux d'acceptation de la violence et la manière dont il évolue varient sensiblement d'un pays à l'autre. L'acceptation de la violence conjugale par les femmes est un phénomène profondément ancré dans certains pays (le taux d'acceptation atteint 77% au Mali et en Ouganda); dans d'autres pays, une faible minorité de femmes accepte la violence au sein du couple (13% au Malawi, 16% au Bénin) (graphique 3.15). Une moindre acceptation n'entraîne cependant pas toujours une baisse de la fréquence des cas de violence. Au Malawi, par exemple, où le taux d'acceptation a diminué de 13 points de pourcentage, la fréquence a augmenté de près d'un point de pourcentage. Au Mali, la fréquence a augmenté de 8% alors que le taux d'acceptation est resté inchangé.

L'acceptation de la violence conjugale est beaucoup plus grande chez les femmes vivant dans des pays riches en ressources (16%) ou fragiles (9%) (une fois tenu compte des autres caractérisques des pays) (graphique 3.16). Curieusement, les jeunes femmes sont plus nombreuses à tolérer la violence; la tolérance diminue avec l'âge, peut-être parce que la fréquence augmente (la violence conjugale est plus fréquente dans la tranche d'âge des 20–35 ans que dans la tranche des 15–19 ans). La tolérance à l'égard de la violence a diminué de 1,7% par an entre 2000 et 2013

et la fréquence de la violence a baissé de 0,6 %, mais l'écart entre générations, en termes de mentalités, n'a pas changé.

Un facteur déterminant du degré d'acceptation est le niveau d'instruction. Les femmes plus instruites sont 31% (16 % pour celles qui ont suivi des études secondaires) moins enclines à tolérer la violence conjugale que les femmes peu instruites. Le niveau d'études n'est cependant pas associé à une plus faible fréquence des violences conjugales. De fait, les femmes ayant fait des études primaires et secondaires sont 10% plus susceptibles d'avoir subi des violences conjugales que les femmes sans instruction, chez lesquelles la fréquence est la même que chez les femmes ayant fait des études supérieures.

Le revenu est associé à une plus faible tolérance à l'égard de la violence conjugale, surtout dans les pays à revenu intermédiaire (tranche supérieure) et à revenu élevé, ainsi que dans les groupes les plus aisés. Les femmes appartenant au quintile le plus riche sont 7,1% moins susceptibles de tolérer la violence conjugale que les femmes

GRAPHIQUE 3.15 **L'acceptation de la violence conjugale par les femmes varie sensiblement d'un pays à l'autre en Afrique**

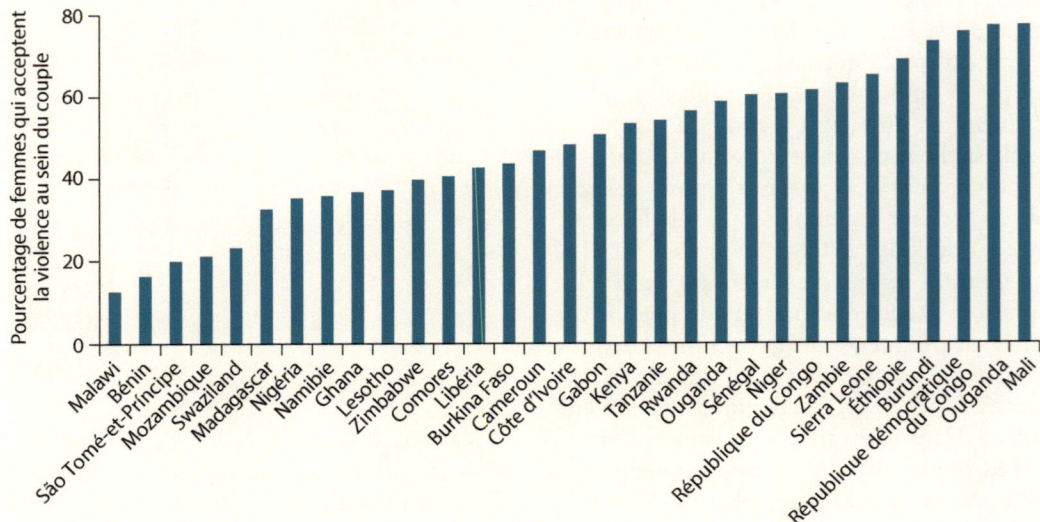

Source : Enquêtes démocratiques et sanitaires, 2007-2013.

GRAPHIQUE 3.16   **La violence conjugale est davantage acceptée et plus fréquente parmi les femmes jeunes et celles qui vivent dans des pays riches en ressources ou fragiles ; elle est également davantage acceptée par les femmes peu instruites, mais pas plus fréquente dans ce groupe**

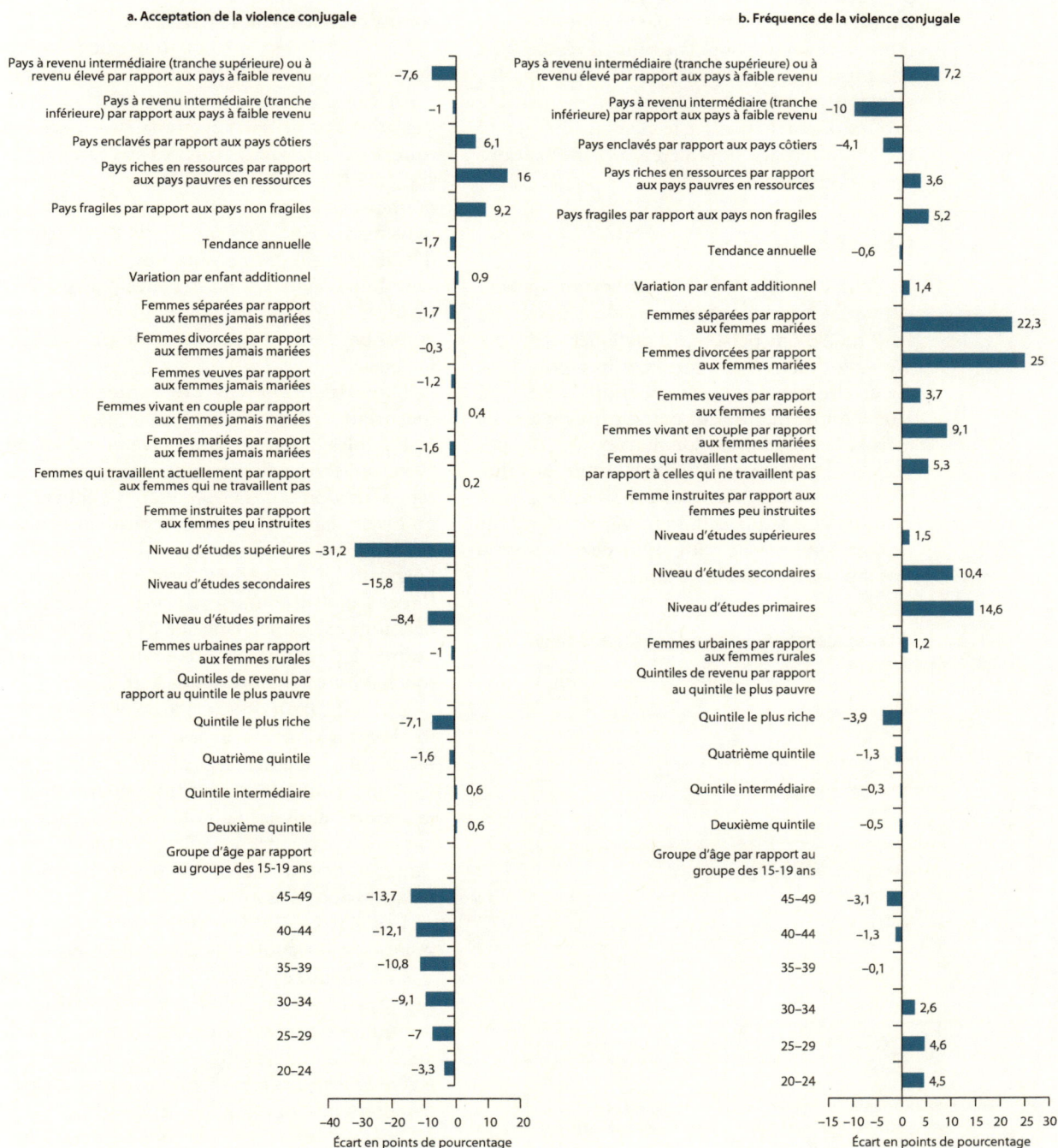

a. Acceptation de la violence conjugale

Catégorie	Écart en points de pourcentage
Pays à revenu intermédiaire (tranche supérieure) ou à revenu élevé par rapport aux pays à faible revenu	−7,6
Pays à revenu intermédiaire (tranche inférieure) par rapport aux pays à faible revenu	−1
Pays enclavés par rapport aux pays côtiers	6,1
Pays riches en ressources par rapport aux pays pauvres en ressources	16
Pays fragiles par rapport aux pays non fragiles	9,2
Tendance annuelle	−1,7
Variation par enfant additionnel	0,9
Femmes séparées par rapport aux femmes jamais mariées	−1,7
Femmes divorcées par rapport aux femmes jamais mariées	−0,3
Femmes veuves par rapport aux femmes jamais mariées	−1,2
Femmes vivant en couple par rapport aux femmes jamais mariées	0,4
Femmes mariées par rapport aux femmes jamais mariées	−1,6
Femmes qui travaillent actuellement par rapport aux femmes qui ne travaillent pas	0,2
Femme instruites par rapport aux femmes peu instruites	
Niveau d'études supérieures	−31,2
Niveau d'études secondaires	−15,8
Niveau d'études primaires	−8,4
Femmes urbaines par rapport aux femmes rurales	−1
Quintiles de revenu par rapport au quintile le plus pauvre	
Quintile le plus riche	−7,1
Quatrième quintile	−1,6
Quintile intermédiaire	0,6
Deuxième quintile	0,6
Groupe d'âge par rapport au groupe des 15-19 ans	
45–49	−13,7
40–44	−12,1
35–39	−10,8
30–34	−9,1
25–29	−7
20–24	−3,3

b. Fréquence de la violence conjugale

Catégorie	Écart en points de pourcentage
Pays à revenu intermédiaire (tranche supérieure) ou à revenu élevé par rapport aux pays à faible revenu	7,2
Pays à revenu intermédiaire (tranche inférieure) par rapport aux pays à faible revenu	−10
Pays enclavés par rapport aux pays côtiers	−4,1
Pays riches en ressources par rapport aux pays pauvres en ressources	3,6
Pays fragiles par rapport aux pays non fragiles	5,2
Tendance annuelle	−0,6
Variation par enfant additionnel	1,4
Femmes séparées par rapport aux femmes mariées	22,3
Femmes divorcées par rapport aux femmes mariées	25
Femmes veuves par rapport aux femmes mariées	3,7
Femmes vivant en couple par rapport aux femmes mariées	9,1
Femmes qui travaillent actuellement par rapport à celles qui ne travaillent pas	5,3
Femme instruites par rapport aux femmes peu instruites	
Niveau d'études supérieures	1,5
Niveau d'études secondaires	10,4
Niveau d'études primaires	14,6
Femmes urbaines par rapport aux femmes rurales	1,2
Quintiles de revenu par rapport au quintile le plus pauvre	
Quintile le plus riche	−3,9
Quatrième quintile	−1,3
Quintile intermédiaire	−0,3
Deuxième quintile	−0,5
Groupe d'âge par rapport au groupe des 15-19 ans	
45–49	−3,1
40–44	−1,3
35–39	−0,1
30–34	2,6
25–29	4,6
20–24	4,5

Source : Enquêtes démocratiques et sanitaires, 2000-2013.
Note : Les chiffres ont été calculés par régression (méthode des moindres carrés). Tous les coefficients sont statistiquement significatifs sauf pour les femmes divorcées dans la section Acceptation de la violence conjugale, et pour le groupe des 35-39 ans ainsi que le deuxième quintile et le quintile intermédiaire dans la section Fréquence de la violence conjugale.

appartenant au quintile le plus pauvre. La fréquence des cas de violence conjugale n'est cependant inférieure que de 3,9%. Les pays africains à revenu intermédiaire (tranche supérieure) et à revenu élevé affichent des taux de violence conjugale plus élevés (malgré des taux d'acceptation plus faibles) que les pays pauvres. Une fois pris en compte l'âge, le niveau d'instruction et le revenu, il n'existe pas de différence notable entre zones rurales et zones urbaines.

Liberté de décision

Le deuxième critère le plus important dans la démarche basée sur la notion de capacité est l'aptitude d'une personne à façonner sa propre vie — à déterminer ce qui compte pour elle. Ce critère concerne les opportunités offertes. Une femme qui ne peut pas sortir de chez elle sans la permission de son mari ou qui n'a pas voix au chapitre pour ce qui est de sa santé n'est pas libre de faire ses propres choix. Les homosexuels qui ont peur de révéler leur orientation sexuelle par crainte de persécution ont moins de possibilités dans la vie.

Une personne a davantage de possibilités si elle peut participer aux processus qui influencent sa vie et faire ses propres choix. Ces choix sont souvent soumis à des contraintes politiques et sociales.

Ce critère est moins une question de démocratie que le degré auquel les systèmes politiques permettent aux individus de s'exprimer et de participer aux processus qui touchent leur vie à tous les niveaux de la société. Il s'agit non seulement de liberté politique et de participation à la vie politique, mais aussi de normes sociales et de liberté de décider des questions courantes, y compris au sein du ménage. Les contraintes peuvent être fondées sur le sexe, la religion, l'origine ethnique, l'orientation sexuelle ou d'autres facteurs.

Dans bien des cas, les indicateurs qui mesurent la liberté de choisir ne sont pas disponibles, notamment au niveau individuel. Nous utilisons trois mesures : une mesure de la représentation et de la responsabilité citoyennes au niveau national, comme indicateur général de la possibilité de se faire entendre; l'exposition aux médias, comme indicateur de l'accès à l'information pour prendre des décisions en connaissance de cause; et le degré auquel les femmes contrôlent les décisions touchant divers domaines de leur vie.

Les indicateurs de la gouvernance dans le monde (IGM) évaluent les pays en termes de représentation et de responsabilité citoyennes. Ils rendent compte des perceptions concernant la mesure dans laquelle la population d'un pays peut participer à la sélection des membres du gouvernement et jouir de la liberté d'expression, d'association et d'information.

Les scores IGM varient de −2,5 à 2,5 points sur une courbe de distribution normale.

Les données IGM indiquent que les perceptions concernant les contraintes politiques n'ont guère changé dans le monde au cours des dernières années, malgré une légère amélioration en Afrique, certes à partir de faibles niveaux (graphique 3.17). La région est mieux classée que les régions Moyen-Orient et Afrique du Nord et Asie de l'Est et Pacifique.

Les progrès sont particulièrement sensibles en Afrique de l'Ouest (Burkina Faso, Ghana,

GRAPHIQUE 3.17   La représentation et la responsabilité citoyennes restent faibles en Afrique

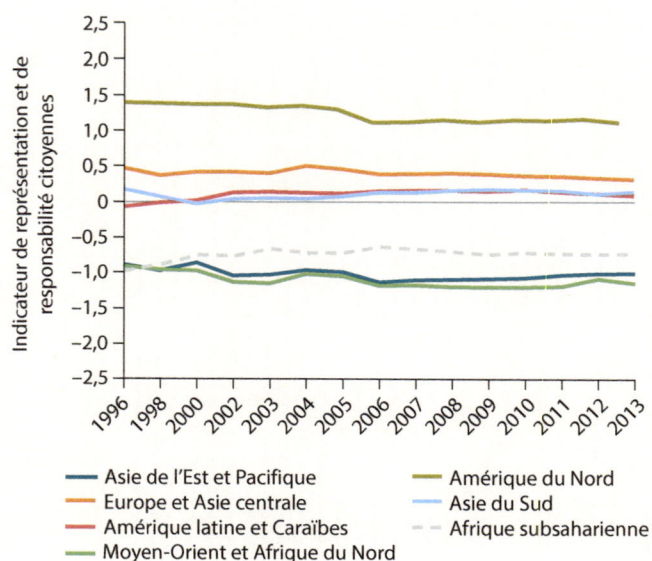

Source : Indicateurs de la gouvernance dans le monde.

Libéria, Niger et Nigéria) (graphique 3.18). Les pays qui ont fortement reculé en termes de représentation et de responsabilité citoyennes sont notamment la République centrafricaine, l'Érythrée, le Gabon et Madagascar. Les résultats par groupe de pays correspondent aux résultats concernant l'éducation, la santé et la violence. Les pays riches en ressources ou fragiles sont moins bien classés (0,5 point de moins chacun), et les pays à revenu intermédiaire (tranche supérieure) ou à revenu élevé sont mieux classés (0,6 point de plus) que les pays à faible revenu, une fois tenu compte des autres caractéristiques nationales. Les scores IGM sont étroitement corrélés avec les résultats des enquêtes Afrobaromètre[8]. Il n'existe pas d'écart systématique entre hommes et femmes ni entre zones urbaines et rurales dans la perception des libertés politiques.

La deuxième mesure de la liberté de décision est la capacité de décider en connaissance de cause. L'accès aux médias offre une importante source d'information, et le niveau d'instruction aide à assimiler l'information et à agir en conséquence.

Près de 40 % des Africains n'écoutent pas la radio, ne regardent pas la télévision ou ne lisent pas le journal au moins une fois par semaine (graphique 3.19). L'exposition aux médias est plus faible en Afrique que dans le reste du monde en développement (à l'exception de la Chine), où seulement 25 % de la population n'a régulièrement accès à aucun média. Les pays africains ayant un haut degré d'exposition aux médias (plus de 80 % de la population y ont accès) comprennent notamment le Gabon, le Ghana et le Kenya. L'exposition aux médias est généralement plus faible dans la région du Sahel, dans de nombreux pays côtiers de l'Afrique de l'Ouest et dans les pays africains très peuplés (République démocratique du Congo et Éthiopie), où seulement 40 % de la population ont régulièrement accès aux médias. Il existe également un écart important entre les sexes : en moyenne, 54 % des femmes ont accès aux médias contre 69 % des hommes, soit un écart de 15 points de pourcentage. La pauvreté, le fait de vivre en milieu rural et le manque d'instruction sont des facteurs clés. L'accès aux médias est également inférieur de

GRAPHIQUE 3.18 **La représentation et la responsabilité citoyennes sont plus grandes dans les pays à revenu intermédiaire et plus faibles dans les pays riches en ressources**

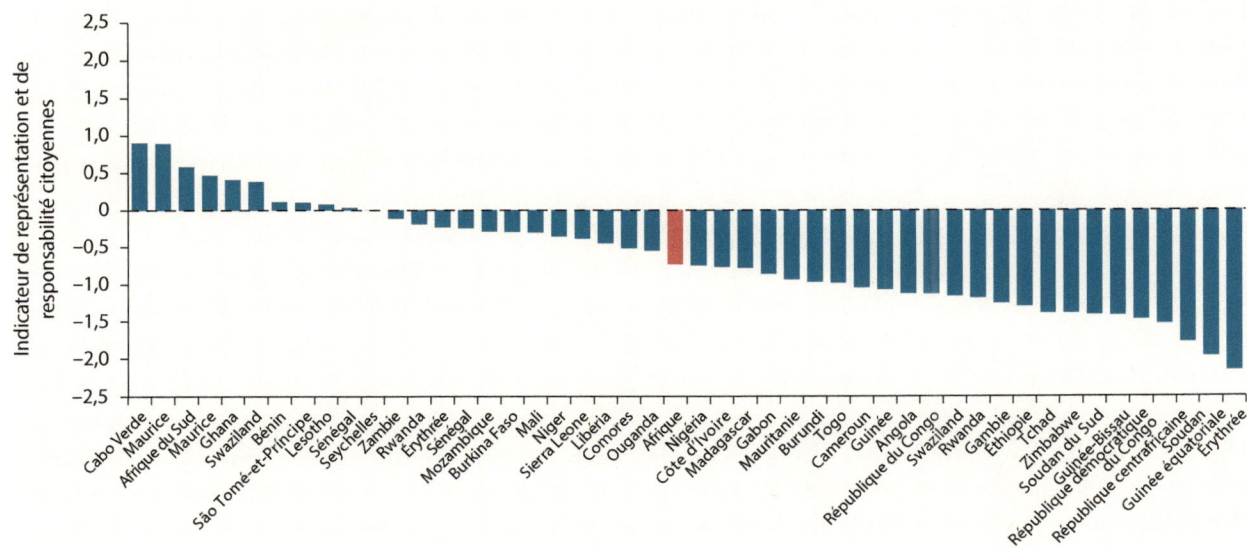

Source : Indicateurs de la gouvernance dans le monde, 2013. La moyenne pour l'Afrique est pondérée par la population.

GRAPHIQUE 3.19 **Moins de la moitié des Africains ont régulièrement accès aux médias**

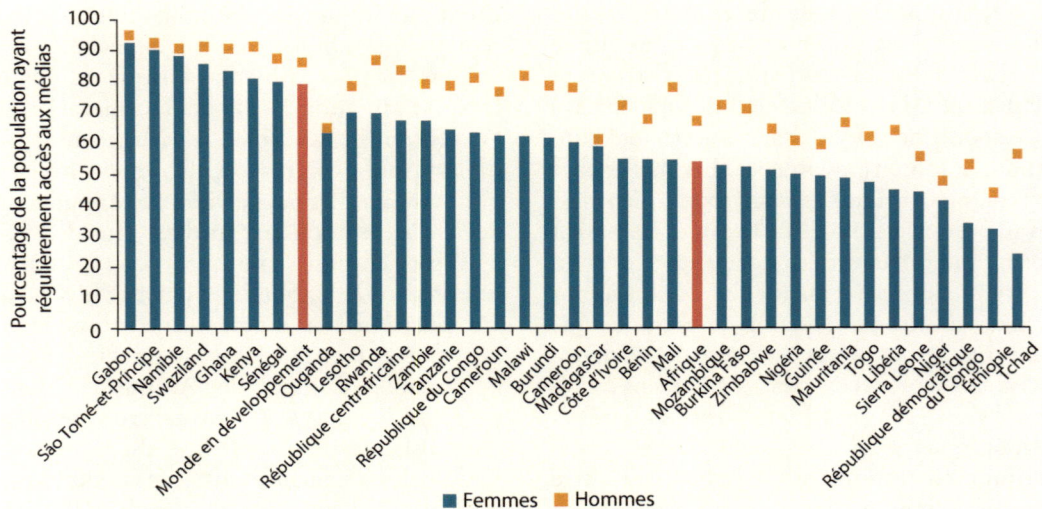

Source : Dernières enquêtes démographiques et sanitaires, 1994–2013.
Note : « Exposition aux médias » signifie qu'une personne écoute la radio, regarde la télévision ou lit le journal au moins une fois par semaine. Pour le monde en développement (Afrique non comprise), le chiffre est pondéré par la population. La moyenne pour l'Afrique est pondérée par la population.

6 % dans les pays riches en ressources et de 5 % dans les États fragiles. L'utilisation accrue de téléphones portables peut en partie remplacer les médias traditionnels (Aker et Mbiti 2010).

Le troisième jeu d'indicateurs de la liberté de décision se compose de mesures tirées des enquêtes sur les ménages concernant la prise de décisions ayant une incidence sur la vie des femmes.

La proportion d'hommes ayant le dernier mot sur les soins de santé apportés à leur épouse s'établit à 21 % au Moyen-Orient et en Afrique du Nord, 39 % en Asie du Sud et 46 % en Afrique. La participation des femmes aux décisions prises en la matière est généralement moindre chez les jeunes femmes, les femmes de ménages ruraux pauvres et celles des pays enclavés et richement dotés en ressources (graphique 3.20). Elle est plus importante dans les États fragiles. L'augmentation de cette participation avec l'âge s'inscrit dans le droit-fil de l'évolution des attitudes féminines à l'égard de la violence familiale.

La possibilité qu'une femme mariée rende visite à des amis ou des parents dépend exclusivement de la décision de son mari dans 40 % des ménages africains, contre 33 % dans le reste des pays en développement. Le contrôle exercé sur les gains des femmes est entièrement entre les mains d'une autre personne dans seulement 10 % des ménages. Globalement, la tendance générale en Afrique pointe vers une participation croissante des femmes au processus de décision concernant le ménage.

Multiplicité des privations

Dans ce chapitre, nous avons jusqu'ici évalué le bien-être dans la région sous l'angle des progrès enregistrés au titre des différents modes de fonctionnement et capacités. Utiliser un tableau de bord (énumérant les avancées par dimension) plutôt qu'un indice composé par agrégation de différentes mesures permet d'éviter d'avoir à pondérer les dimensions[9]. Cette approche permet aussi aux chercheurs de puiser dans plusieurs ensembles de données. Elle n'exige pas d'avoir une mesure de plusieurs dimensions de la pauvreté simultanément (pour le même individu ou le même

GRAPHIQUE 3.20 **La participation des femmes aux décisions prises pour leur santé est moindre chez les jeunes femmes, les femmes de ménages ruraux pauvres et celles des pays enclavés et richement dotés en ressources**

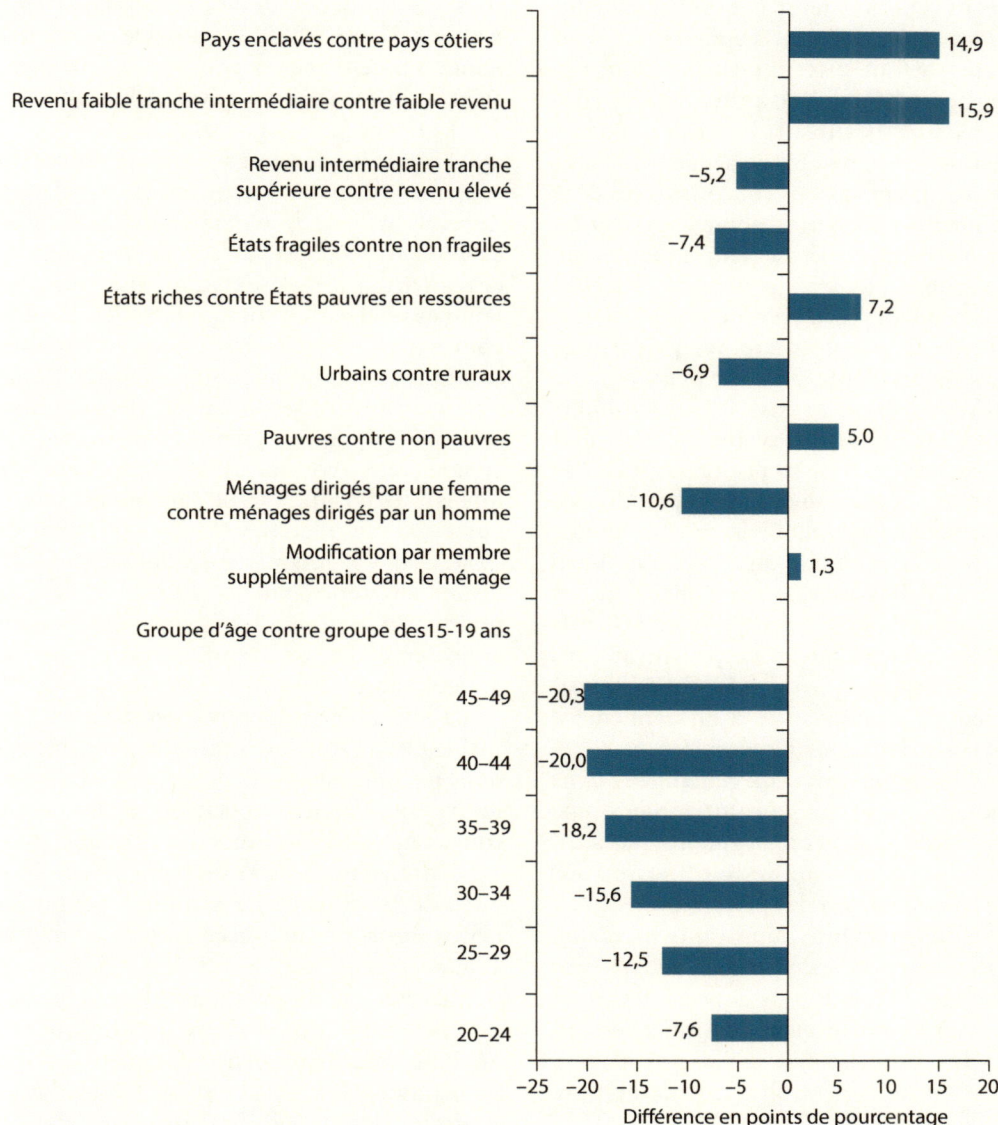

Source : Données tirées d'enquêtes démographiques et sanitaires 2005-2013
Note : Les résultats sont obtenus par régression classique par la méthode des moindres carrés. Tous les coefficients estimés sont statistiquement signifiants.

ménage). Au plan pratique, les politiques ont généralement pour but de corriger les insuffisances dans une dimension particulière (éducation, santé, incidence de la violence). Combiner les notes attribuées aux différentes dimensions pour obtenir un classement complet n'a peut-être pas grand intérêt.

Cette approche présente tout de même un inconvénient en ce sens qu'elle ne permet pas d'évaluer les privations multiples auxquelles

les individus sont confrontés. Il va sans dire que des personnes en situation précaire à différents titres sont plus mal loties que celles qui rencontrent des difficultés dans une seule dimension. Ne pas tenir compte de dimensions importantes revient à sous-estimer leur pauvreté, surtout si ces dimensions sont faiblement corrélées (c'est-à-dire quand elles sont de mauvais substituts ou de mauvais compléments)[10]. En outre, le dénuement occasionné par des privations concomitantes dans deux dimensions est sans doute supérieur au double des carences liées à chaque dimension. Par conséquent, les pays pourraient être classés selon un ordre différent si l'on tenait compte de la simultanéité des privations. Prenons par exemple le cas de deux pays de 20 habitants. Dans le pays A, 10 habitants sont illettrés et les 10 autres en mauvaise santé. Dans le pays B, 10 personnes sont à la fois illettrées et en mauvaise santé, tandis que les 10 autres sont alphabétisées et en bonne santé. Avec la méthode du tableau de bord qui examine la pauvreté par dimension, les deux pays sont tout aussi pauvres (10 personnes sont en situation de privation dans chaque dimension). Toutefois, si l'on considère que les manques liés à un dénuement concomitant dans deux dimensions sont supérieurs à la somme de ceux rencontrés dans chaque dimension, on pourrait arguer d'une plus grande pauvreté dans le pays B. L'approche du tableau de bord passe sous silence la conjonction des privations.

Des enseignements importants quant au degré d'interdépendance peuvent être obtenus en comptant le nombre de dimensions où un individu est en situation de précarité et en calculant les proportions de la population connaissant des privations dans un nombre donné de dimensions (Ferreira et Lugo 2013). Avec cette approche par comptage, il n'est pas nécessaire d'attribuer des facteurs de pondération aux dimensions, ni de déterminer dans quelle mesure les privations sont interchangeables (Atkinson 2003). Cette approche n'est pas sans rappeler l'indice de pauvreté multidimensionnelle (IPM) proposé par Alkire et Foster (2011), sans que l'on doive cumuler un certain nombre de privations pour être

considéré comme pauvre. En captant l'essence du concept de pauvreté multidimensionnelle, elle offre une voie médiane entre la méthode du tableau de bord (Ravallion 2011), qui passe sous silence le cumul de privations, et l'approche scalaire de l'IPM, qui exige un nombre minimum de manques pour qu'une personne soit considérée comme pauvre (Alkire et Foster 2011 ; Decancq et Lugo 2013).

Mesurer les carences multidimensionnelles suppose de disposer d'informations sur chaque dimension pour le même individu. Si l'on examine les tendances à l'échelle du continent, ces informations n'existent que pour les femmes en âge de procréer dans les 25 pays couverts par des enquêtes démographiques et sanitaires. Des indicateurs supplétifs sont utilisés pour les quatre dimensions (encadré 3.4). Si l'on prend chaque dimension séparément (comme dans l'approche du tableau de bord), environ une femme adulte sur deux est illettrée (56 %), victime de violence (54 %) ou privée d'autonomie (51 %) et une sur sept environ (14 %) souffre de malnutrition. Pour les quatre dimensions considérées ici, une femme moyenne subit 1,75 privation (56 + 54 + 51 + 14 = 175/100).

La souffrance et les privations sont-elles les mêmes pour tous ou sont-elles concentrées dans un sous-ensemble de la population ? Si les manques étaient également répartis entre tous, chaque individu serait touché dans 1,75 dimension. Si la concentration était parfaite (ou l'inégalité absolue), toutes les privations seraient concentrées dans un seul groupe constitué de 43,7 % (175/4) de la population qui serait impacté dans chacune de ces quatre dimensions, tandis que les 56,3 % restants seraient totalement à l'abri du manque. Plus la proportion d'individus en souffrance dans trois dimensions ou plus est élevée, plus le dénuement est concentré.

L'indigence est généralisée parmi les Africaines : plus de quatre femmes sur cinq (86 %) connaissent des privations dans une dimension au moins ; seules 14 % d'entre elles sont protégées du besoin (graphique 3.21). Les carences multiples caractérisent un groupe important de femmes : près d'une sur trois est pauvre dans trois ou quatre dimensions ; 55 %

ENCADRÉ 3.4   Les enquêtes démographiques et sanitaires permettent de mesurer la pauvreté multidimensionnelle

Pour mesurer l'indigence dans des dimensions multiples, nous exploitons les données tirées d'enquêtes démographiques et sanitaires réalisées dans 25 pays représentant 72 % de la population africaine. Nous nous concentrons sur les quatre domaines de privation précédemment discutés. Par analphabétisme, on entend l'incapacité de lire une phrase complète, la cécité ou l'absence de cartes braille pour la langue voulue. Dans les pays de l'échantillon, plus de la moitié (56 %) des femmes sont illettrées.

Les femmes sont considérées comme carencées au plan sanitaire si elles souffrent de malnutrition (IMC inférieur à 18,5). Il n'existe pas d'information directe sur l'espérance de vie. Le coefficient de corrélation entre l'espérance de vie par pays et la proportion de femmes sous-alimentées s'établit à 0,3.

L'attitude des femmes à l'égard de la violence domestique sert d'indicateur de la sécurité physique. Quel que soit le pays, on constate une corrélation entre les normes sociétales à l'égard de la violence conjugale et l'incidence des traumatismes résultant de la violence politique (coefficient de corrélation de 0,4).

La liberté de décision est mesurée au moyen d'indicateurs traduisant le manque d'exposition aux médias (pas d'accès, une fois par semaine au moins, à un quelconque moyen d'information : presse écrite, télévision, radio) ou le fait de n'être pas associé aux décisions concernant sa propre santé, les visites aux membres de sa famille ou les dépenses. Ces deux indicateurs sont corrélés avec l'indicateur de la gouvernance dans le monde concernant la liberté d'expression et la reddition de compte (coefficient de corrélation de 0,4).

À des fins de comparaison, nous avons ajouté un cinquième aspect à ces dimensions, la pauvreté patrimoniale. Nous utilisons l'indice des actifs des EDS pour évaluer le dénuement patrimonial des femmes (Christiaensen et Stifel 2007 ; Filmer et Scott 2012 ; Sahn et Stifel 2000 ont mis en évidence des corrélations avec la consommation). Les seuils nationaux sont définis d'après la part de la population vivant avec moins de 1,90 dollar pour l'année d'enquête correspondante. La corrélation entre cet indicateur et les autres dimensions s'établit à 0,33, soulignant ainsi le fait que la richesse en actifs ne rend pas compte de la pauvreté pour plusieurs aspects fondamentaux des fonctionnements et des capacités.

GRAPHIQUE 3.21   Une forte proportion d'Africaines subit des privations multiples

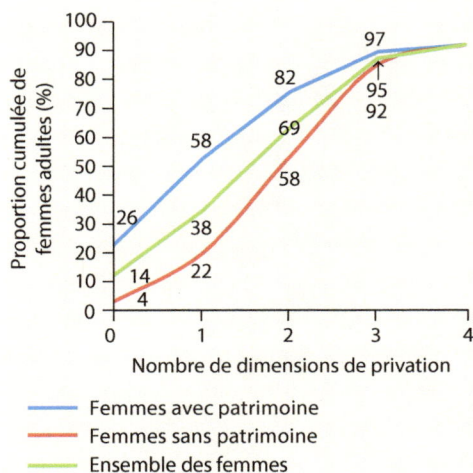

Source : Données tirées d'enquêtes démographiques et sanitaires 2005-2013

sont atteintes dans une ou deux dimensions. La pénurie généralisée est aussi extrêmement concentrée dans un groupe de taille notable, avec un tiers des femmes à même de concrétiser un seul fonctionnement, voire aucun.

Les privations multiples et la concentration du dénuement sont plus fréquentes chez les femmes peu fortunées : 42 % de celles sans patrimoine contre 18 % des autres connaissent des manques dans trois dimensions au moins. Chez celles qui ont des actifs, trois sur quatre sont confrontées à des manques à un titre au moins, ce qui confirme que la pauvreté liée au revenu ne donne qu'une vision partielle du bien-être d'une population.

Les privations multiples sont plus prévalentes chez les jeunes femmes, la tranche des 15-19 ans subissant en moyenne deux fois plus que celles de 35-49 ans (graphique 3.22). Après prise en compte de l'éducation et de l'analphabétisme, la tolérance à l'égard de la violence familiale et le contrôle social sur les agissements individuels tendent à décroître avec l'âge. Ces éléments laissent présager l'existence d'une dynamique positive à mesure que la vie progresse, mais ils traduisent aussi une persistance marquée des habitudes culturelles d'une génération à l'autre.

Tous les autres facteurs étant constants, les femmes pauvres subissent 0,6 privation

GRAPHIQUE 3.22   **La pauvreté multidimensionnelle est plus prévalente chez les jeunes femmes, les divorcées, les femmes pauvres, les rurales et celles vivant dans des pays à faible revenu, fragiles et riches en ressources**

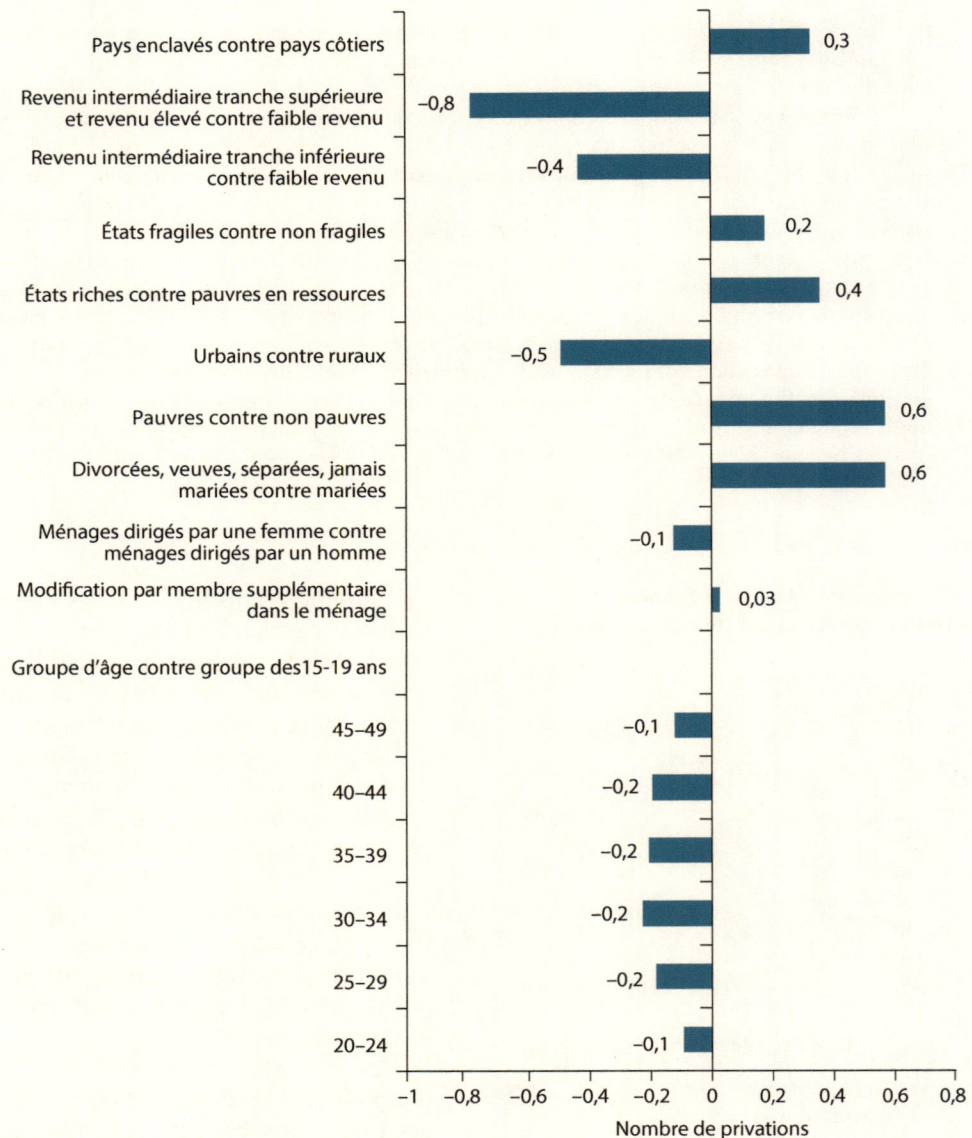

Source : Données tirées d'enquêtes démographiques et sanitaires 2005-2013
Note : Les résultats sont obtenus par régression classique par la méthode des moindres carrés par rapport au nombre de privations sur un total de quatre. Tous les coefficients estimés sont statistiquement signifiants, sauf la tendance annuelle.

de plus que les riches, tandis que les rurales sont impactées 0,5 fois plus que les urbaines. Comme ces femmes sont aussi moins éduquées et que la pauvreté est plus prévalente dans les campagnes, les écarts non corrigés sont bien plus importants. Les privations multiples sont aussi plus communes dans les États fragiles à faible revenu et riches en ressources. Elles sont 10 % plus élevées dans les pays richement dotés en ressources, et particulièrement marquées dans les pays d'Afrique de l'Ouest et du Sahel (Guinée, Mali, Niger) de même que dans les pays africains les plus peuplés

CARTE 3.3 **Les privations multiples sont importantes dans les pays de l'ouest du Sahel et les pays peuplés d'Afrique**

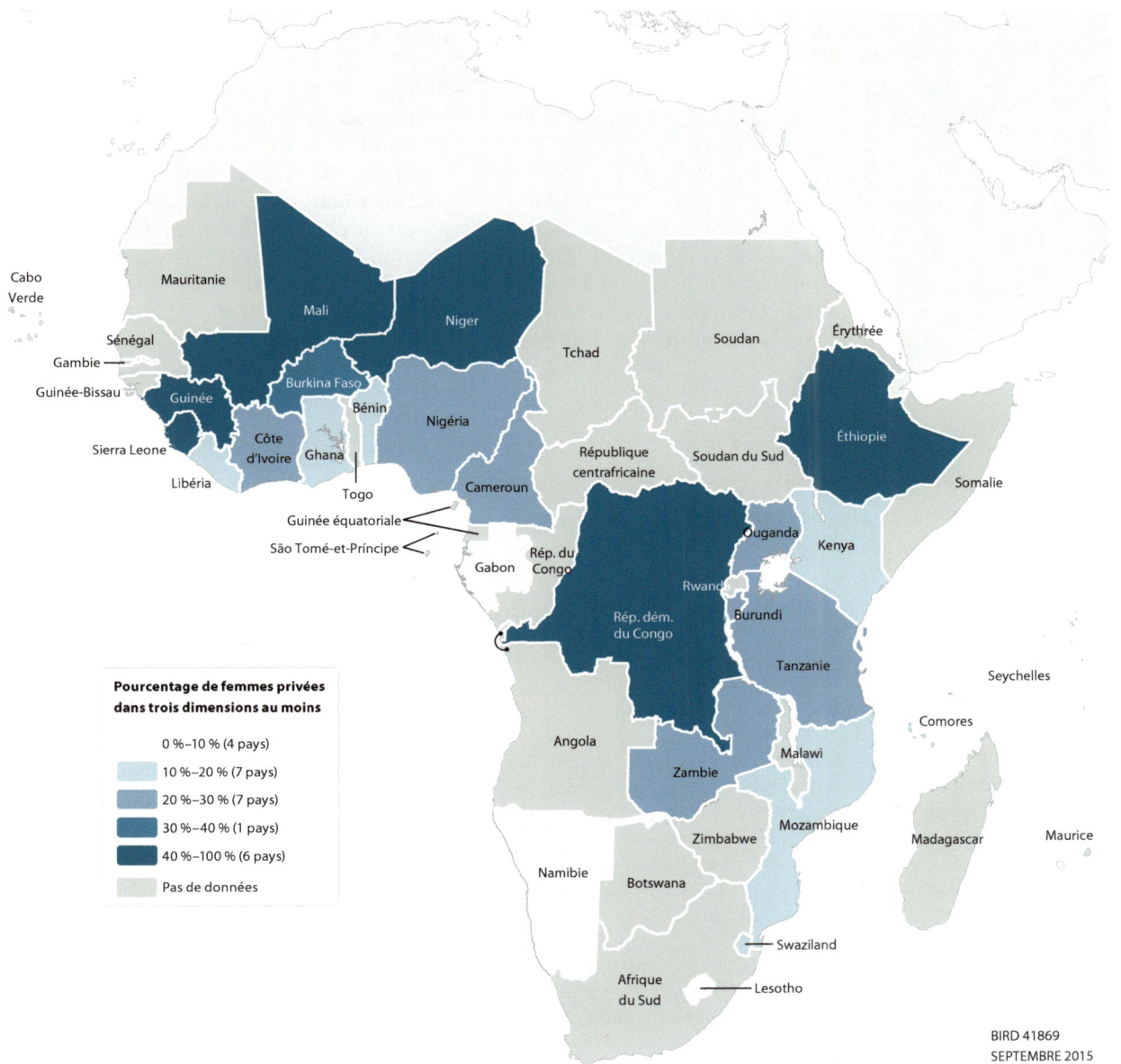

Pourcentage de femmes privées dans trois dimensions au moins

- 0 %–10 % (4 pays)
- 10 %–20 % (7 pays)
- 20 %–30 % (7 pays)
- 30 %–40 % (1 pays)
- 40 %–100 % (6 pays)
- Pas de données

BIRD 41869
SEPTEMBRE 2015

Source : Données tirées d'enquêtes démographiques et sanitaires 2005-2013

(carte 3.3) : la proportion de femmes confrontées à des carences à trois titres ou davantage est de 68 % en Éthiopie, 40 % en République démocratique du Congo et 22 % au Nigéria. Les taux élevés de privations multiples dans ces pays peuplés expliquent en partie l'importance de la pauvreté multidimensionnelle en Afrique où 31 % des femmes des 25 pays étudiés sont en situation de dénuement dans au moins trois dimensions.

La formule ici est semblable à l'approche IPM proposée par Alkire et Foster (2011) (encadré 3.5). Pour rendre compte de cette similarité, le graphique 3.23 illustre la part de la population de chaque pays qui subit des privations dans une, deux, trois ou quatre dimensions. Les pays sont classés selon la proportion de la population dans le besoin à trois titres ou plus. Si l'on applique la notation d'Alkire et Foster, le graphique 3.23 classe les pays en fonction du taux de pauvreté multidimensionnelle basé sur un k de 3, sans ajustement au titre de l'intensité du dénuement (A). L'approche IPM — qui consiste à corriger de A les résultats du graphique 3.23, ne modifie pas ce classement.

Mitra, Posärac et Vick (2013) appliquent cette approche pour comparer la pauvreté chez les personnes avec et sans handicap. Ils utilisent 10 dimensions illustrant des aspects monétaires et non monétaires de la pauvreté des individus (achèvement de la scolarité primaire, emploi) et des ménages (dépenses hors santé, ratio des dépenses de santé aux dépenses totales et six indicateurs couvrant le patrimoine, les équipements domestiques et les conditions de logement). Les gens sont jugés pauvres si la somme pondérée de leurs manques dans chacune de ces dimensions est supérieure à 40 %. Dans les sept pays de leur échantillon, l'IPM est en moyenne 7,2 % plus élevé chez les personnes handicapées. La plus forte différence concerne le Kenya (12 %) et la plus faible le Malawi (5 %).

ENCADRÉ 3.5   Qu'est-ce que l'indice de pauvreté multidimensionnelle (IPM)?

Considérer la proportion de femmes vivant des privations dans une, deux, trois, ... k dimensions (k étant le nombre total de dimensions examinées) n'est pas sans rappeler l'une des familles de mesures de la pauvreté multidimensionnelle proposée par Alkire et Foster (2011). Ces derniers se basent sur deux valeurs limites pour déterminer si une personne est pauvre à plusieurs titres : un seuil propre à la dimension qui témoigne de l'indigence dans cette dimension et un seuil multidimensionnel (k), autrement dit le nombre de dimensions dans lesquelles une personne doit être dans le besoin pour être considérée comme victime de pauvreté multidimensionnelle.

Une pondération relative plutôt qu'égale peut être appliquée aux différentes dimensions. Le second seuil est alors la proportion (et non le nombre) de privations pondérées. Le taux de pauvreté multidimensionnelle (H) représente la part de la population indigente dans k dimensions au moins. Alkire et Foster tiennent également compte de l'intensité du dénuement (A), à savoir le nombre moyen de dimensions valant à un individu d'être reconnu comme victime de pauvreté multidimensionnelle.

Corriger le taux de pauvreté multidimensionnelle (H) de l'intensité du dénuement (A) permet de différencier les pays ayant une proportion égale de pauvres dans plusieurs dimensions. Un pays où 30 % des femmes connaissent des privations dans trois dimensions, mais aucune dans quatre dimensions, sera ainsi mieux placé qu'un autre où 30 % des femmes souffrent de pauvreté multidimensionnelle, mais où la moitié d'entre elles subissent quatre types de privations. L'IPM s'écrit alors : $M = H \times A$.

GRAPHIQUE 3.23 **Le classement des pays est à peine modifié par le changement des seuils dimensionnels**

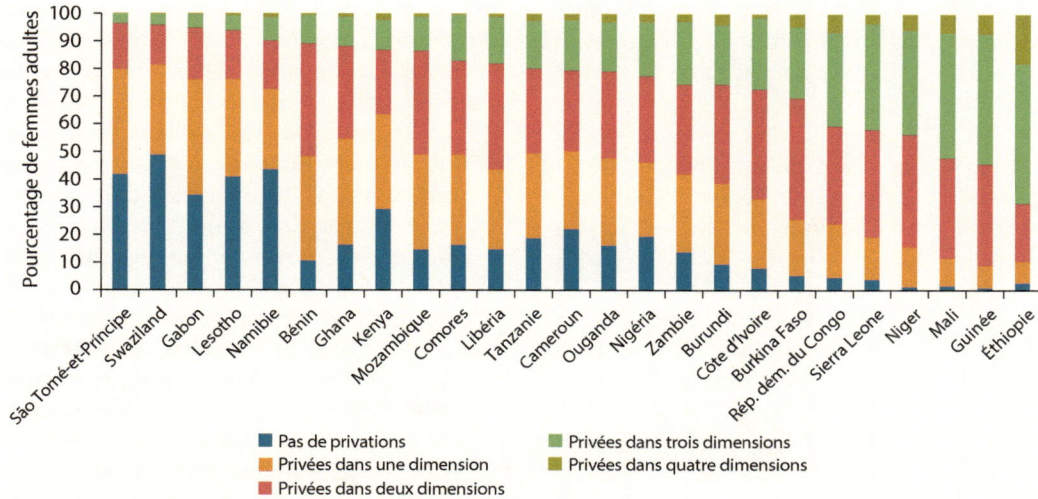

Légende :
- Pas de privations
- Privées dans une dimension
- Privées dans deux dimensions
- Privées dans trois dimensions
- Privées dans quatre dimensions

Source : Données tirées d'enquêtes démographiques et sanitaires 2005-2013.
Note : Les pays sont classés selon la part de la population de femmes adultes dans le besoin dans trois dimensions sur quatre au moins.

Conclusions

Ce chapitre passe en revue les progrès de l'Afrique depuis le milieu des années 90 dans différents aspects non monétaires de la pauvreté. Les dimensions considérées sont l'éducation et la santé, toutes deux au cœur des objectifs du Millénaire pour le développement, ainsi que le droit à une vie sans violence et la liberté de décision. L'existence de données permet aujourd'hui cet examen, malgré divers problèmes de mesure qui continuent de se poser, même avec des indicateurs classiques comme l'alphabétisation des adultes. Des progrès ont été enregistrés dans les quatre domaines, même si d'importantes variations perdurent entre les pays et les groupes de population considérés.

Entre 1996 et 2012, le taux d'alphabétisation des adultes a augmenté de quatre points de pourcentage, l'écart entre les sexes a diminué et les taux bruts de scolarisation primaire ont grimpé de façon spectaculaire. L'espérance de vie à la naissance s'est améliorée de 6,2 ans et la prévalence de la malnutrition chronique chez les moins de cinq ans a diminué de six points de pourcentage (pour s'établir à 38,6 %). Le nombre de décès dus à des violences d'origine politique a reculé, tandis que la tolérance de la violence domestique liée au genre et son incidence ont toutes deux chuté de 10 points de pourcentage. Les notes concernant la représentation et la responsabilité citoyennes ont légèrement augmenté, de même que la participation des femmes au processus décisionnel au sein du ménage.

Malgré ces avancées, les niveaux d'indigence restent élevés dans tous les domaines et le rythme des progrès s'est stabilisé. En dépit de l'accroissement notable de la scolarisation, plus de deux adultes sur cinq ne peuvent ni lire, ni écrire et l'enseignement est de qualité médiocre. Il est urgent d'améliorer les acquis scolaires dans l'éducation primaire en Afrique. Les résultats de santé font pendant à la situation de l'alphabétisation. Il y a du mieux, mais les résultats restent les pires de la planète. Les progrès de la vaccination et de la couverture en moustiquaires sont en phase de ralentissement. Près de deux enfants sur cinq souffrent de malnutrition, une femme sur huit présente un déficit pondéral et, parallèlement, l'obésité commence à poser problème.

Durant les années 2000, la paix a régné en Afrique bien plus qu'auparavant, mais depuis 2010, le nombre d'épisodes violents a été quatre fois supérieur au niveau du milieu des années 90. Sur le continent, la violence prend à la fois la forme de troubles et de conflits civils de grande ampleur, et celle de la violence conjugale. La tolérance de la violence domestique s'établit à 30 %, soit un niveau deux fois plus élevé que dans le reste des pays en développement et son incidence est plus de 50 % supérieure. Cette soumission plus marquée et le peu de pouvoir décisionnel des jeunes femmes (par comparaison à leurs aînées) portent à croire qu'il faudra du temps pour faire évoluer les mentalités d'une génération à l'autre. S'agissant du droit à la parole et de l'éthique de responsabilité, l'Afrique demeure au bas de l'échelle, en dépit de notes légèrement meilleures que celles des pays du Moyen-Orient et d'Afrique du Nord, comme de l'Asie de l'Est et du Pacifique.

Nonobstant ces grandes tendances régionales, on constate des variations considérables d'un pays à l'autre et dans les différents groupes humains. Les populations rurales et les personnes sans revenu sont dans une situation pire à tous les égards, même si d'autres facteurs, tels que le genre et l'éducation des femmes jouent souvent un rôle tout aussi important, voire davantage, et parfois de façon inattendue. Ainsi, les Africaines peuvent espérer vivre en bonne santé 1,6 an de plus que les hommes et le risque de malnutrition est plus élevé de cinq points de pourcentage chez les garçons de moins de cinq ans que chez les filles. Parallèlement, l'écart entre les sexes demeure considérable au plan de l'alphabétisation, les femmes sont davantage soumises à la violence que les hommes (notamment la violence conjugale) et elles sont davantage entravées dans leur accès à l'information et

à la prise de décision. L'alphabétisation est particulièrement faible en Afrique de l'Ouest où les disparités entre les sexes sont importantes. La forte prévalence du VIH pèse sur l'espérance de vie en Afrique australe. Les conflits sont concentrés dans la Corne de l'Afrique et la République démocratique du Congo. S'agissant des aptitudes, les faibles résultats de l'Afrique sont en partie dus à des performances inférieures à la moyenne dans les trois pays les plus peuplés du continent (Nigéria, République démocratique du Congo et Éthiopie). Les privations multiples caractérisent l'existence d'une proportion notable d'Africaines (il n'existe pas de données sur les hommes).

Deux constats importants se dégagent de cette analyse. Premièrement, les États fragiles et richement dotés en ressources ont généralement de moins bons résultats et les pays à revenu intermédiaire s'en sortent mieux que les autres pays. Ces constats viennent confirmer les effets pervers des conflits et sont tout à fait conformes à la corrélation que l'on observe souvent avec le développement économique global. Les habitants de pays riches en ressources sont pénalisés dans leurs résultats au plan du développement humain du fait de l'existence de ces ressources. Ils sont moins alphabétisés (de 3,1 points de pourcentage), ont en moyenne une durée de vie plus brève (de 4,5 ans) et des taux plus élevés de malnutrition chez les femmes (3,7 points de pourcentage) et les enfants (2,1 points de pourcentage), connaissent davantage de violence domestique (9 points de pourcentage) et ont moins le pouvoir de se faire entendre et de demander des comptes que les personnes vivant dans des pays moins bien dotés en ressources[11].

L'éducation (secondaire et supérieure) des femmes fait toute la différence quelle que soit la dimension considérée (santé, violence et liberté de décision) tant chez les adultes que chez les enfants. Améliorer l'éducation et les débouchés socio-économiques des femmes pourrait changer la donne du point de vue des aptitudes disponibles sur le continent.

Notes

1. Le PNUD (1990, page 10) décrit ainsi l'indice de développement humain : « Le développement humain est un processus visant à élargir les possibilités offertes aux individus. En principe, ces choix peuvent être infinis et peuvent varier dans le temps. Toutefois, à tous les niveaux de développement, les trois dimensions essentielles pour un individu sont la possibilité de vivre une vie longue et en bonne santé, d'acquérir des connaissances et d'avoir accès aux ressources nécessaires pour jouir d'un niveau de vie décent. Si ces choix essentiels ne sont pas disponibles, de nombreuses autres opportunités demeurent inaccessibles. »

2. L'UNESCO (2015) examine les causes de l'évolution limitée de l'alphabétisation des adultes dans le monde depuis les années 2000, en particulier l'inefficacité des programmes mis en œuvre à cet effet. Tous les progrès enregistrés sont dus à une amélioration de l'alphabétisation des cohortes les plus jeunes.

3. Le taux brut de scolarisation peut être supérieur à 100 % étant donné la prise en compte d'élèves trop ou insuffisamment âgés qui ont été scolarisés tardivement ou précocement, ainsi que des redoublants.

4. Les femmes peuvent avoir une meilleure espérance de vie, même dans des contextes qui ne leur sont pas favorables, car elles sont génétiquement programmées pour vivre plus longtemps (Sen 2002 ; Banque mondiale 2011).

5. Les résultats sont fondés sur un modèle d'analyse de régression à effets fixes de l'espérance de vie sur la période 2000-2012 dans 39 pays selon le taux de mortalité des moins de cinq ans ; la prévalence du VIH ; un indicateur variable d'une valeur de 1 si le nombre annuel moyen de décès dus à des conflits survenus dans les cinq ans précédant l'année de calcul de l'espérance de vie est supérieur à 100 ; le PIB (en dollars constants de 2005 par habitant) et son carré. De Walque et Filmer (2013) ne constatent aussi aucun effet du PIB sur la mortalité des Africains adultes et un effet assez faible des conflits récents, sauf en cas d'escalade de la violence comme dans le génocide rwandais. Dans le reste du monde, le PIB est négativement corrélé avec la mortalité des adultes.

6. L'augmentation des financements s'est ralentie durant les dernières années, d'où une stabilisation du taux d'utilisation de moustiquaires imprégnées d'insecticides et un arrêt de la régression de la mortalité infantile due au paludisme (OMS 2013, 2014b).

7. Les enfants sont jugés en retard de croissance lorsque leur ratio poids-âge est inférieur de plus de deux écarts types à la médiane de la population de référence.

8. La note attribuée à la dimension « voix citoyenne et responsabilisation » des indicateurs de la gouvernance dans le monde (IGM) est fortement corrélée aux réponses apportées par 35 pays africains à deux questions de l'Afrobaromètre portant sur « la liberté de dire ce qu'on pense » (0,67) et « la liberté d'adhérer à une organisation politique » (0,65) ; avec « l'étendue de la démocratie », la corrélation s'établit à 0,58. Comme l'Afrobaromètre ne mesure pas la liberté des médias, mais seulement l'accès aux médias de masse, la corrélation avec la note IGM attribuée à la dimension « voix citoyenne et responsabilisation » est légèrement inférieure.

9. La définition des pondérations fait l'objet d'un vif débat (voir Alkire et Foster 2011 et les critiques de Ravallion 2011). Il s'agit notamment de déterminer si les privations doivent être traitées comme des substituts ou des compléments (Bourguignon et Chakravarty 2003). Pour être appropriés, les facteurs de pondération devraient refléter des arbitrages justifiables au plan éthique ou empirique entre les différentes composantes du dénuement (voir Decancq et Lugo 2013 ; Ferreira et Lugo 2013) et non être appliqués par commodité.

10. Au niveau des pays, on ne trouve qu'une corrélation limitée entre les proportions d'individus privés dans les quatre dimensions. Le coefficient de corrélation est en moyenne de 0,22 (en valeur absolue) ; il va de 0,12 (pour ce qui est de la corrélation entre l'indicateur « voix citoyenne et responsabilisation » et l'indicateur d'illettrisme) à 0,39 (pour la corrélation entre ce premier indicateur et celui concernant le nombre de décès résultant de violences). Cette faible corrélation est conforme au manque d'interchangeabilité entre les modes de fonctionnement et les capacités (comme le montre l'approche par les capacités). Le recoupement le plus important concerne la prévalence de la pauvreté monétaire au niveau de 1,25 dollar (33 %) pour ce qui est de la pauvreté patrimoniale et de chacune des quatre autres dimensions ; on pourrait y voir une validation de l'approche welfariste

(pauvreté monétaire) de la mesure de la pauvreté (l'indigence liée au manque d'actifs étant prise comme indicateur de privations multiples). Or, même lorsque le recoupement est à son niveau le plus élevé, la corrélation demeure relativement faible, confirmant que la pauvreté patrimoniale reste une mesure indirecte et plutôt incomplète du bien-être et qu'une notation correcte de ce type de pauvreté masque des privations au regard de nombreux modes de fonctionnement et capacités de base.

11. Pour De la Brière et al. (2015), les pays riches en ressources devraient exploiter leurs richesses minières pour mieux développer leur capital humain.

Bibliographie

ACLED (Armed Conflict Location and Event Data) Project. n.d. http://www.acleddata.com/about-acled/

Afrobaromètre. 2010–12. http://www.afrobarometer.org

Aker, Jenny C., and Isaac Mbiti M. 2010. "Mobile Phones and Economic Development in Africa." *Journal of Economic Perspectives* 24 (3) : 207–32.

Alkire, Sabina. 2008. "Choosing Dimensions: The Capability Approach and Multidimensional Poverty." MPRA Paper 8862, Munich Personal RePEc Archive.

Alkire, Sabina, and James Foster. 2011. "Understandings and Misunderstandings of Multidimensional Poverty Measurement." *Journal of Economic Inequality* 9 (2) : 289–314.

Alkire, Sabina, and Maria Emma Santos. 2014. "Measuring Acute Poverty in the Developing World : Robustness and Scope of the Multidimensional Poverty Index." *World Development* 59 : 251–74.

Atkinson, Anthony B. 2003. "Multidimensional Deprivation: Contrasting Social Welfare and Counting Approaches." *Journal of Economic Inequality* 1 (1) : 51–65.

Banque mondiale. 2011. *Rapport sur le développement dans le monde 2012 : Égalité des genres et développement*. Washington, DC: États-Unis d'Amérique. Banque mondiale.

———. 2014. *Voice and Agency Report: Empowering Women and Girls for Shared Prosperity*. Washington, DC: World Bank.

Bourguignon, François, and Satya R. Chakravarty. 2003. "The Measurement of Multidimensional Poverty." *Journal of Economic Inequality* 1 (1) : 25–49.

Calderone, Margherita, Derek Headey, and JeanFrançois Maystadt. 2014. *Enhancing Resilience to Climate-Induced Conflict in the Horn of Africa*, vol. 12. International Food Policy Research Institute, Washington, DC.

Campbell, Jacquelyn C. 2002. "Health Consequences of Intimate Partner Violence." *Lancet* 359 (9314) : 1331–36.

Chiappori, Pierre-André, and Costas Meghir. 2015. "Intrahousehold Inequality." In *Handbook of Income Distribution*, vol. 2, edited by Anthony B. Atkinson and François Bourguignon, 1369–418, Amsterdam: Elsevier.

Christiaensen, Luc, and David Stifel. 2007. "Tracking Poverty over Time in the Absence of Comparable Consumption Data." *World Bank Economic Review* 21 (2) : 317–41.

Coker, Ann L., Paige H. Smith, and Mary K. Fadden. 2005. "Intimate Partner Violence and Disabilities among Women Attending Family Practice Clinics." *Journal of Women's Health* 14 (9) : 829–38.

Deaton, Angus. 2008. "Income, Health and WellBeing around the World: Evidence from the Gallup World Poll." *Journal of Economic Perspective* 22 (2) : 53–72.

Decanq, Koen, Marc Fleurbaey, and Erik Schokkaert. 2015. "Inequality, Income and WellBeing." In *Handbook of Income Distribution*, vol. 2, edited by Anthony B. Atkinson and François Bourguignon, 67–140, Amsterdam: Elsevier.

Decancq, Koen, and María Ana Lugo. 2013. "Weights in Multidimensional Indices of WellBeing: An Overview." *Econometric Reviews* 32 (1) : 7–34.

de la Brière, Benedicte, Deon Filmer, Dena Ringold, Dominic Rohner, Karelle Samuda, and Anastasiya Denisova. 2015. *From Mines to Minds: Turning Sub-Saharan's Mineral Wealth into Human Capital*. Washington, DC: World Bank.

Dercon, Stefan, and Catherine Portner. 2014. "Live Aid Revisited: Long-Term Impacts of the 1984 Ethiopian Famine on Children." *Journal of the European Economic Association* 12 (4) : 927–48.

de Walque, Damien, and Deon Filmer. 2012. "The Socioeconomic Distribution of Adult Mortality during Conflicts in Africa." *Peace Economics, Peace Science, and Public Policy* 18 (3) : 1–12.

———. 2013. "Trends and Socioeconomic Gradients in Adult Mortality around the

Developing World." *Population and Development Review* 39 (1) : 1–29.

Duflo, Esther. 2012. "Women's Empowerment and Development." *Journal of Economic Literature* 50 (4) : 1051–79.

Easterlin, Richard. 1974. "Does Economic Growth Improve the Human Lot? Some Empirical Evidence." In *Nations and Households in Economic Growth: Essays in Honor of Moses Abramovitz*, edited by Paul A. David and Melvin W. Reder. New York: Academic Press.

EDS (Enquêtes démographiques et sanitaires). Années diverses. ICF International, Calverton, MD.

EDSTAT. Statistiques sur l'éducation, Banque mondiale. Washington, DC. États-Unis d'Amérique : http://datatopics.worldbank.org /education/

Etang-Ndip, Alvin, Johannes G. M. Hoogeveen et Julia Lendorfer. 2015. « Impact socio-économique de la crise au nord du Mali sur les personnes déplacées ». Document de travail de recherche sur les politiques WPS 7253, Banque mondiale, Washington, DC, États-Unis d'Amérique.

Ferreira, Francisco H. G., and María Ana Lugo. 2013. "Multidimensional Poverty Analysis: Looking for a Middle Ground." *World Bank Research Observer* 28 (2) : 220–35.

Filmer, Deon, and Kinnon Scott. 2012 "Assessing Asset Indices." *Demography* 49 (1) : 359–92.

Foster, James E. 2011. "Freedom, Opportunity and Well-Being." In *Handbook of Social Choice and Welfare*, vol. 2, edited by Kenneth J. Arrow, Amartya Sen, and Kotaro Suzumura, 687–728. Amsterdam: Elsevier.

Frey, Bruno S., and Alois Stutzer. 2002. "What Can Economists Learn from Happiness Research?" *Journal of Economic Literature* 40 (2) : 402–35.

Gambino, Tony. 2011. "Democratic Republic of the Congo." Background paper for the *World Development Report 2011*. World Bank, Washington, DC.

Harttgen, Kenneth, Stephan Klasen, and Sebastian Vollmer. 2013. "Economic Growth and Child Undernutrition in Sub-Saharan Africa." *Population and Development Review* 39 (3) : 397–412.

HCR (Agence des Nations Unies pour les réfugiés). 2014. *Tendances mondiales 2013. Genève.*

Hungi, Njora, Demus Makuwa, Kenneth Ross, Mioko Saito, Stephanie Dolata, Frank van Cappelle, Laura Paviot, and Jocelyne Vellein. 2010.

"SACMEQ III Project Results: Pupil Achievement Levels in Reading and Mathematics." Working Document 1, Southern Africa Consortium for Measuring Educational Quality (SACMEQ), Harare, Zimbabwe. http:// www.sacmeq.org/sites/default/files/sacmeq /reports/sacmeq-iii/working-documents/wd01 _sacmeq_iii_results_pupil_achievement.pdf.

Indicateurs du développement dans le monde (base de données). Banque mondiale, Washington, DC. États-Unis d'Amérique. http://data.worldbank .org/data-catalog/world-development-indicators

Institut de Statistiques et d'Études économiques. 2009. *Welfare and Poverty in Rural Burundi: Results of the Priority Survey, Panel 2007.* Bujumbura (Burundi).

Kishor, Sunita, and Kiersten Johnson. 2004. *Profiling Domestic Violence: A Multi-Country Study.* Calverton, MD: ORC Macro.

Kraemer, Sebastian. 2000. "The Fragile Male." *British Medical Journal* 321 (7276) : 1609–12.

Kreibaum, Merle. 2014 "Their Suffering, Our Burden? How Congolese Refugees Affect the Ugandan Population." Households in Conflict Network Working Paper 181, Institute of Development Studies, University of Sussex, Brighton, UK.

Loewenstein, George, and Peter A. Ubel. 2008. "Hedonic Adaptation and the Role of Decision and Experienced Utility in Public Policy." *Journal of Public Economics* 92 (8–9) : 1795–810.

MacQuarrie, Kerry L., Rebecca Winter, and Sunita Kishor. 2013. *Spousal Violence and HIV: Exploring the Linkages in Five SubSaharan African Countries.* DHS Analytical Study 3. Calverton, MD: ICF International.

Max-Neef, Manfred A., Antonio Elizalde, and Martin Hopenhayn. 1991. *Human Scale Development: Conception, Application and Further Reflections.* New York: Apex Press.

Maystadt, Jean-François, and Olivier Ecker. 2014. "Extreme Weather and Civil War: Does Drought Fuel Conflict in Somalia through Livestock Price Shocks?" *American Journal of Agricultural Economics* 96 (4) : 1157–82.

Maystadt, Jean-François et Philip Verwimp. 2015. « Déplacements forcés et réfugiés en Afrique subsaharienne ». Document de synthèse préparé en vue de la présente étude. Banque mondiale, Washington, DC. États-Unis d'Amérique.

Milazzo, Annamaria, and Dominique van de Walle. 2015. "Women Left Behind? Poverty and Headship in Africa." Policy Research

Working Paper 7331, World Bank, Washington, DC.

Mitra, Sophie. 2006. "The Capability Approach and Disability." *Journal of Disability Policy Studies* 16 (4) : 236–47.

Mitra, Sophie, Aleksandra Posärac, and Brandon Vick. 2013. "Disability and Poverty in Developing Countries: A Multidimensional Study." *World Development* 41: 1–18.

Nyamayemombe, Caroline, C. Benedict, V. Mishra, M. Gwazane, S. Rusakaniko, and P. Mukweza. 2010. "The Association between Violence against Women and HIV: Evidence from a National Population-Based Survey in Zimbabwe." Zimbabwe Working Paper 4, ICF Macro, Calverton, MD.

O'Loughlin, John, Frank D. W. Witmer, Andrew M. Linke, Arlene Laing, Andrew Gettelman, and Jimy Dudhia. 2012. "Climate Variability and Conflict Risk in East Africa, 1990–2009." *Proceedings of the National Academy of Sciences* 109 (45) : 18344–49.

OMS (Organisation mondiale de la Santé). 2013. *Rapport 2013 sur le paludisme dans le monde.* Genève.OMS.

———. 2014a. *Observatoire mondial de la santé 2015.* Geneva: OMS.

———. 2014b. *Rapport 2014 sur le paludisme dans le monde.* Genève.OMS.

———. 2015. *Observatoire mondial de la santé 2015.* Genève: OMS.

Oswald, Andrew J., and Nattavudh Powdthavee. 2008. "Death, Happiness, and the Calculation of Compensatory Damages." *Journal of Legal Studies* 37: S217–S251.

PASEC (Programme d'analyse des systèmes éducatifs de la CONFEMEN). http://www.pasec .confemen.org/

Popkin, Barry M. 2001. "The Nutrition Transition and Obesity in the Developing World." *Journal of Nutrition* 131 (3) : 871S–873S.

Programme des Nations Unies pour le développement (PNUD) 1990. *Rapport sur le développement humain 1990.* Oxford (Royaume-Uni) : Oxford University Press.

Raleigh, Clionadh, Andrew Linke, Håvard Hegre, and Joakim Karlsen. 2010. "Introducing ACLED: Armed Conflict Location and Event Data." *Journal of Peace Research* 47 (5) : 651–60.

Ravallion, Martin. 2011. "On Multidimensional Indices of Poverty." *Journal of Economic Inequality* 9 (2) : 235–48.

———. 2012. "Poor, or Just Feeling Poor? On Using Subjective Data in Measuring Poverty." Policy Research Working Paper 5968, World Bank, Washington, DC.

Rico, Emily, Bridget Fenn, Tanya Abramsky, and Charlotte Watts. 2011. "Associations between Maternal Experiences of Intimate Partner Violence and Child Nutrition and Mortality: Findings from Demographic and Health Surveys in Egypt, Honduras, Kenya, Malawi and Rwanda." *Journal of Epidemiology and Community Health* 65 (4) : 360–67.

Robeyns, Ingrid. 2005. "The Capability Approach: a Theoretical Survey." *Journal of Human Development* 6 (1) : 93–117.

SACMEQ (Consortium de l'Afrique australe et orientale pour le pilotage de la qualité dans l'éducation). 2007. UNESCO, Institut international de planification de l'éducation, Paris.

Sahn, David, and David Stifel. 2000. "Poverty Comparisons over Time and across Countries in Africa." *World Development* 28 (12) : 2123–55.

Sandel, Michael J. 2012. *What Money Can't Buy: The Moral Limits of Markets.* New York: Farrar, Straus and Giroux.

Sen, Amartya. 1980. "Equality of What?" In *The Tanner Lectures on Human Values,* vol. 1, edited by MacMurrin, Sterling M., 195–220, Cambridge, UK: Cambridge University Press.

———. 1985. *Commodities and Capabilities.* Amsterdam: North-Holland.

———. 1999. *Development as Freedom.* New York: Anchor Books.

———. 2002. "Why Health Equity?" *Health Economics* 11 (8) : 659–66.

Singh, Kavita, Unni Karunakara, Gilbert Burnham, and Kenneth Hill. 2005. "Forced Migration and Under-Five Mortality: A Comparison of Refugees and Hosts in North- western Uganda and Southern Sudan." *European Journal of Population/Revue européenne de démographie* 21 (2–3) : 247–70.

Stevenson, Betsey, and Justin Wolfers. 2008. "Economic Growth and Subjective Well-Being: Reassessing the Easterlin Paradox." *Brookings Papers on Economic Activity,* 1–87.

Stöckl, Heidi, Lori Heise, and Charlotte Watts. 2012. "Moving beyond Single Issue Priority Setting: Associations between Gender Inequality and Violence and Both HIV Infection and Poor Maternal Health in Malawi." UNAIDS, Geneva.

UNESCO (Organisation des Nations Unies pour l'éducation, la science et la culture. 2015. *Éducation pour tous 2000–2015 : Progrès et enjeux.* Rapport mondial de suivi de l'éducation pour tous 2015. Paris.

Van de Walle, Dominique, and Annamaria Milazzo. 2015. "Are Female Headed Households Poorer? New Evidence for Africa." mimeo, World Bank, Washington, DC.

Verwimp, Philip, and Jan Van Bavel. 2005. "Child Survival and Fertility of Refugees in Rwanda." *European Journal of Population/Revue européenne de démographie* 21 (2–3) : 271–90.

———. 2013 "Schooling, Violent Conflict, and Gender in Burundi." *World Bank Economic Review* 28 (2) : 384–411.

Vyas, Seema. 2013. *Estimating the Association between Women's Earnings and Partner Violence: Evidence from the 2008–2009 Tanzania National Panel Survey.* Women's Voice, Agency, & Participation Research Series 2, World Bank, Washington, DC.

Waldron, Ingrid. 1983. "Sex Differences in Human Mortality: The Role of Genetic Factors." *Social Science & Medicine* 17 (6) : 321–33.

Wamani, Henry, Anne N. Åstrøm, Stefan Peterson, James K. Tumwine, and Thorkild Tylleskär. 2007. "Boys Are More Stunted than Girls in Sub-Saharan Africa: A Meta-Analysis of 16 Demographic and Health Surveys." *BMC Pedriatics* 7 (17) : 1–10.

Wayack Pambè, Madeleine, Bilampoa Gnoumou, and Idrissa Kaboré. 2013. "Relationship between Women's Socioeconomic Status and Empowerment in Burkina Faso: A Focus on Participation in Decision-Making and Experience of Domestic Violence." DHS Working Paper 99, Demographic and Health Surveys and USAID.

Ziraba, Abdhalah K., Jean C. Fotso, and Rhoune Ochako. 2009. "Overweight and Obesity in Urban Africa: A Problem of the Rich or the Poor?" *BMC Public Health* 9 (1) : 465.

L'inégalité en Afrique

4

En Afrique, l'inégalité est complexe. Le continent abrite sept des 10 pays les moins égalitaires du globe. Toutefois, l'inégalité n'est pas pire dans les pays africains restants que dans les autres pays en développement de la planète. L'inégalité est cependant élevée dans l'ensemble de la région du fait de grandes disparités de revenus d'un pays à l'autre. Pour compléter la description de la pauvreté, des libertés et des capacités qui a fait l'objet des deux chapitres précédents, ce quatrième chapitre dresse le profil de l'inégalité en Afrique, à l'aune de l'inégalité face à la consommation (notamment du point de vue de la richesse extrême) ainsi que sous l'angle de l'inégalité des chances.

Il est important de distinguer l'inégalité de résultats (tels que le revenu, la consommation et la richesse) et l'inégalité des chances. Dans le second cas, des circonstances sur lesquelles l'individu n'a aucun contrôle — éducation de la mère, métier du père, naissance en zone rurale ou dans un groupe ethnique particulier — peuvent très fréquemment dicter l'avenir de cet individu à de nombreux égards. Naître pauvre signifie souvent ne pas profiter autant des investissements dans le développement humain, ce qui détermine le niveau de vie futur.

Naître pauvre peut aussi influencer les aspirations. Hoff (2012) montre comment les ambitions peuvent être brisées lorsque l'inégalité est enracinée. Ainsi, être persuadé que l'on n'a aucune chance de s'en sortir ou que la donne nous est défavorable peut amener tout droit à la concrétisation de cette attente. L'absence de conditions égales pour tous — composante structurelle ou a priori de l'inégalité — est généralement perçue comme une injustice. L'équité est valorisée partout dans le monde au point que des gens en arrivent parfois à prendre des décisions apparemment irrationnelles (en ce sens qu'elles ne servent pas leur intérêt propre) dans le seul but de sanctionner ceux qui se comportent injustement (Banque mondiale 2005).

L'inégalité de résultats — à savoir l'écart entre les plus pauvres et les plus riches — ne dépend pas seulement des circonstances, mais aussi des efforts et des risques assumés par les individus. Récompenser l'effort ou la prise de risque peut stimuler et motiver les gens. De ce point de vue, tous les aspects de l'inégalité ne sont pas forcément mauvais, même si elle peut avoir un coût socio-économique important lorsqu'elle est très répandue.

---

i Ce chapitre a été rédigé par Camila Galindo-Pardo.

L'inégalité peut entamer l'aptitude des communautés à fournir des services sociaux et des biens publics et à les coordonner[1]. Elle peut aussi provoquer des conflits, même si les données empiriques ne permettent pas d'affirmer qu'une inégalité généralisée débouche sur des conflits ou qu'elle en soit la source (Cramer 2005 ; Lichbach 1989)[2].

L'inégalité influence la nature des retombées de la croissance économique sur la réduction de la pauvreté et peut aussi miner les perspectives de croissance. S'agissant de la lutte contre la pauvreté, lorsque l'inégalité est importante d'emblée, une forte proportion de ménages pauvres sera caractérisée par des revenus très en deçà du seuil de pauvreté, de telle sorte que la croissance (augmentation des revenus) ne fera guère reculer la pauvreté (Bourguignon 2004 ; Klasen 2004 ; Ravallion 2001). En outre, d'autres éléments semblent attester que l'inégalité déclenche des processus déterminant une croissance à la fois moins vigoureuse et moins durable et, partant, une persistance de la pauvreté (Berg, Ostry et Zettelmeyer 2012 ; OCDE 2015), quand la richesse est par exemple dirigée vers la quête de profits et d'autres comportements économiques qui sont source de distorsion (Stiglitz 2012). Les trajectoires de l'inégalité sont donc déterminantes pour la croissance. Marrero et Rodriguez (2013) ont mis en évidence une solide relation négative entre croissance et inégalité des chances aux États-Unis d'Amérique. Ferreira et al. (2014) s'appuient sur divers éléments attestant possiblement l'existence d'une association négative entre inégalité et croissance, même s'ils concluent que les données ne corroborent pas l'existence d'une forte relation négative entre inégalité des chances et croissance. Selon d'autres auteurs, les pays désireux de combattre la pauvreté devraient s'attacher à réduire les inégalités à mesure qu'ils se développent plutôt qu'à stimuler la croissance (Olinto, Lara Ibarra et Saavedra-Chanduvi 2014). Les pays à faible revenu où prévaut un fort degré d'inégalité sont donc confrontés à une tension entre l'intérêt porté à la croissance et l'accent mis sur la lutte contre l'inégalité.

Invoquant les études toujours plus nombreuses témoignant des effets de l'inégalité, première ou acquise, sur la croissance et la pauvreté, certains observateurs font valoir que la lutte contre les inégalités devrait être un objectif de développement à part entière (Shepherd et al. 2014). Cette notion semble trouver écho chez les décideurs des quelques pays africains pour lesquels des éléments d'information sont disponibles. Dans l'enquête réalisée dans 15 pays en développement dans le monde (dont l'Afrique du Sud, le Cameroun, le Malawi et le Nigéria), le Programme des Nations Unies pour le développement (PNUD 2014) montre que 77 % des décideurs perçoivent le degré actuel d'inégalité comme une menace pour le développement national à long terme. Seuls 10 % d'entre eux estiment que l'inégalité leur est favorable.

Perceptions de l'inégalité

Plusieurs enquêtes tentent d'expliciter les perceptions et attitudes des citoyens vis-à-vis de l'inégalité. Il s'en dégage un tableau imprécis, qui tient en partie aux différences des questions posées[3].

L'Enquête mondiale sur les valeurs demande aux personnes consultées s'il faut plus ou moins d'inégalité dans leur pays. Les résultats montrent une polarisation : dans certains pays, plus de 20 % de ces personnes indiquent qu'il faut davantage d'inégalité, tandis qu'une proportion égale avance le contraire. Bien que le graphique 4.1 rende compte de seulement quatre pays, les résultats sont analogues pour les sept autres pays d'Afrique couverts par cette enquête et les schémas n'évoluent pas notablement d'une itération de l'enquête à l'autre. Ces résultats sont conformes au constat du *Rapport sur le développement dans le monde 2006 : Équité et développement* (Banque mondiale 2005) selon lequel, contrairement à ce que l'on pourrait penser, les citoyens n'ont pas forcément une vision négative de l'inégalité. Seulement 21 % de la population africaine est d'avis qu'il faudrait plus d'équilibre dans les

GRAPHIQUE 4.1 **Les points de vue sur l'inégalité diffèrent entre et dans les pays**

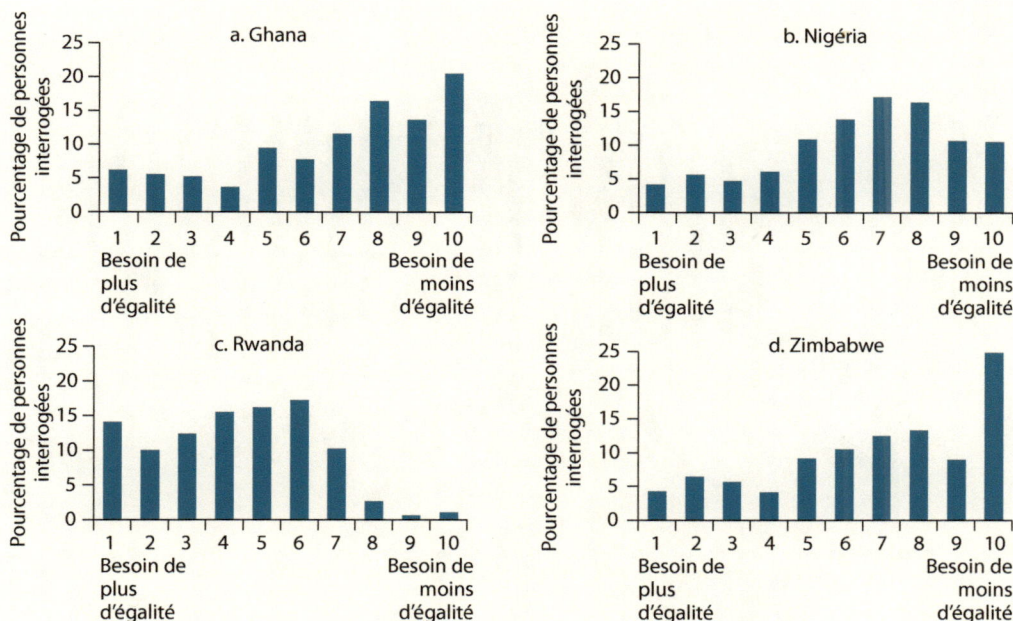

Source : Enquête mondiale sur les valeurs : Ghana (2012) ; Nigéria (2011) ; Rwanda (2012) et Zimbabwe (2012).
Note : 1 = Il faut plus d'égalité de revenus ; 10 = Il faut plus d'écarts de revenus pour stimuler l'effort individuel.

revenus, soit une valeur inférieure aux 28 % pour tous les autres pays couverts par l'Enquête mondiale sur les valeurs.

Dans les enquêtes réalisées pour l'Afrobaromètre, sur une liste de plus de 30 réponses possibles, les personnes interrogées citent rarement l'inégalité comme l'un des problèmes majeurs dans leur pays. Dans la plupart des pays, ces enquêtes révèlent que la pauvreté et l'emploi sont les principales préoccupations des répondants. Dans la majorité des 30 pays d'Afrique couverts par un sondage Gallup (2013), la plupart des individus interrogés estiment que l'on peut s'en sortir en travaillant dur.

Dans l'Enquête mondiale sur les attitudes réalisée par Pew, on constate au contraire que 70 à 81 % des répondants des six pays d'Afrique étudiés jugent que l'inégalité est un problème majeur dans leur pays (Centre de recherche Pew 2013). De même, les enquêtes conduites pour l'Afrobaromètre

montrent que la plupart des Africains sont d'avis que leur gouvernement s'y prend mal, voire très mal, pour réduire l'écart de revenu entre les riches et les pauvres. Ces sentiments ne sont pas corrélés avec le degré d'inégalité qui prévaut dans le pays (graphique 4.2).

Mesure de l'inégalité

Comme l'analyse de la pauvreté au chapitre 2, l'analyse des inégalités présentée dans ce chapitre est fondée sur des données de consommation provenant d'enquêtes sur les ménages qui sont représentatives de la situation nationale. À quelques exceptions près, les facteurs qui gênent la mesure de la pauvreté sont aussi ceux qui compliquent la mesure de l'inégalité[4]. Les tendances apparentes de l'inégalité peuvent être biaisées par les modifications apportées au questionnaire ou l'époque de l'année où l'enquête de

GRAPHIQUE 4.2   Les perceptions des enquêtés quant à l'utilité des efforts de leur gouvernement pour réduire les écarts de revenus diffèrent d'un pays à l'autre

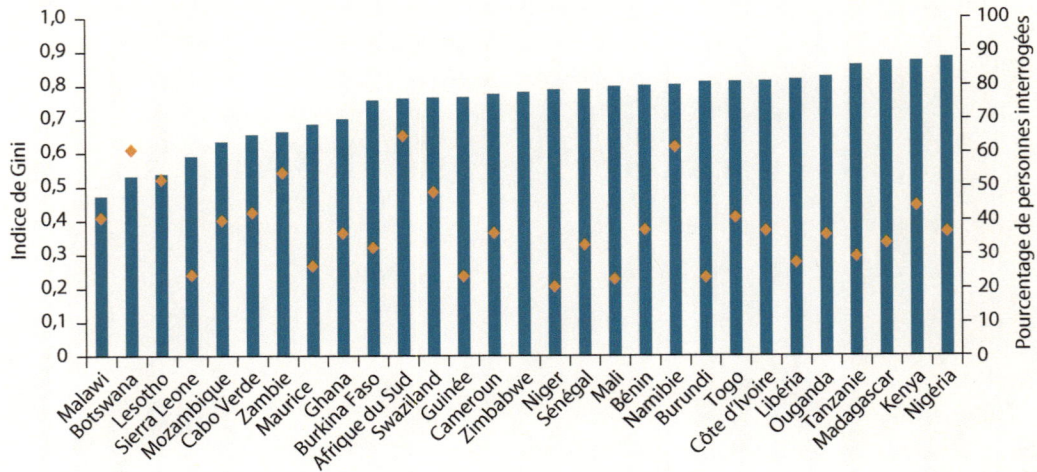

Sources : Réponses aux enquêtes de l'Afrobaromètre, Cycle 5 (2011-2013). Indice de Gini : Base de données de la Banque mondiale sur la pauvreté en Afrique.
Note : Les barres bleues illustrent la part de la population estimant que le gouvernement n'en fait pas assez pour réduire les écarts de revenus (axe droit). Les diamants Orange représentent les coefficients de Gini (axe gauche).

terrain est réalisée. Pour contourner le problème, l'analyse présentée ici exclut les enquêtes non comparables (telles que définies au chapitre 1)[5].

Les enquêtes menées en Afrique mesurent l'inégalité d'après la consommation. De manière générale, les comparaisons interrégionales ignorent la différence entre les mesures de l'inégalité fondées sur le revenu, et celles reposant sur la consommation (comme on le souligne à la section suivante), alors qu'il s'agit d'une distinction importante puisque les inégalités de consommation sont généralement moindres que les inégalités monétaires.

Dans ce chapitre, l'inégalité est mesurée selon l'indice de Gini (encadré 4.1) en consommation par habitant, à savoir la mesure utilisée au chapitre 2 pour évaluer la pauvreté. Pour certains auteurs, il est plus facile de mesurer la consommation que le revenu dans les pays à faible revenu (Deaton et Zaidi 2002). Néanmoins, la consommation actuelle ne révèle généralement pas toute l'ampleur des inégalités économiques dans la mesure où la consommation ne rend pas compte de l'épargne et de la fortune.

Les inégalités au plan du revenu et de la fortune peuvent aussi être substituées aux mesures fondées sur la consommation. Dans la plupart des pays, les mesures basées sur le revenu sont supérieures à celles reposant sur la consommation (Blundell, Pistaferri et Preston 2008 ; Krueger et al. 2010 ; Santaeulàlia-Llopis et Zheng 2015) tandis que l'inégalité de fortune est très souvent plus importante que l'inégalité de revenu (Davies et al. 2011 ; Diaz-Gimenez, Glover et Rios-Rull 2011 ; Piketty 2014 ; Rama et al. 2015 ; pour l'Afrique, voir de Magalhães et SantaeulàliaLlopis 2015). La consommation et le revenu sont des mesures de flux sur une période donnée (par exemple un an) ; la richesse est une mesure de stocks qui reflète les actifs accumulés tout au long de la vie (par l'épargne) et d'une génération sur l'autre (par héritage).

La plupart des enquêtes sur les ménages africains ne précisent pas l'ampleur de leur richesse. À partir des rares enquêtes offrant des données partielles sur la question, de Magalhães et Santaeulàlia-Llopis (2015) comparent les inégalités de consommation, de revenu et de richesse au Malawi, en

Ouganda et en Tanzanie. Dans les mesures de la richesse, ils incluent les terres, le logement, le bétail, les machines agricoles et les articles ménagers durables, nets de toute dette (leurs données excluent le logement en Tanzanie et l'endettement en Ouganda). Comme les actifs financiers ne sont pas pris en compte, la richesse totale est sous-estimée, notamment chez les ménages urbains.

Leurs résultats mettent en évidence un schéma observé dans d'autres régions. Au Malawi, l'inégalité de richesse est pratiquement deux fois plus importante que l'inégalité de consommation. Dans les zones rurales, la richesse mesurée par l'indice de Gini s'établit à 0,60, contre 0,54 pour le revenu et 0,39 pour la consommation. En zone urbaine, ces estimations se situent à 0,84 pour la richesse, 0,71 pour le revenu et

0,44 pour la consommation. L'Ouganda et la Tanzanie présentent un tableau semblable.

S'agissant de l'inégalité de consommation, une seconde difficulté est que dans la pratique, les mesures sont biaisées par défaut si les biens pris en compte n'incluent pas les dépenses propres aux personnes fortunées (les articles de luxe que sont les congés ainsi que les achats illicites de biens durables, tels que les voitures). Ces biens sont parfois exclus des enquêtes et, même lorsqu'ils y figurent, ils n'entrent pas dans la mesure de la consommation[6]. Les enquêtes de consommation peinent aussi à rendre compte des populations hors de portée, notamment celles vivant dans une indigence extrême (parfois dans des zones isolées ou des établissements informels) et les plus riches (qui refuseraient sans doute de participer à une

---

ENCADRÉ 4.1   **L'indice de Gini en bref**

L'indice ou coefficient de Gini peut être expliqué au moyen de la courbe de Lorenz qui donne la part cumulée de la consommation totale sur l'axe des ordonnées et la proportion cumulée de la population sur l'axe des abscisses, en commençant par l'individu ou le ménage le plus pauvre (graphique B4.1.1). S'il y a égalité parfaite, la part X % de la population au bas de l'échelle représente X %

GRAPHIQUE B4.1.1   **La courbe de Lorenz illustre la mesure de l'inégalité selon l'indice de Gini**

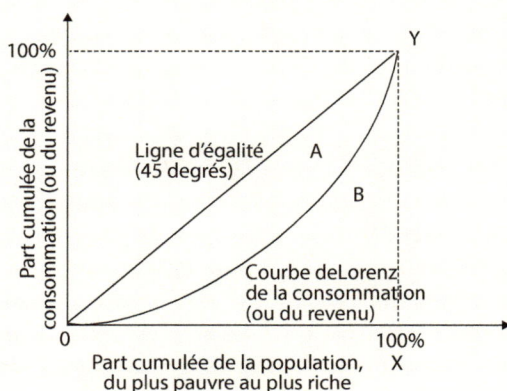

de la consommation (ou gagne X % de l'ensemble des revenus) et la courbe de Lorenz coïncide avec la diagonale. En cas d'inégalité, la part X % de la population au bas de l'échelle représente moins de X % de la consommation. La courbe de Lorenz s'incurve vers l'extérieur ; plus elle s'éloigne de la diagonale, plus le degré d'inégalité est important. Dans le cas extrême d'une inégalité parfaite, toute la consommation serait concentrée entre les mains de l'individu le plus riche et la courbe de Lorenz coïnciderait avec la ligne de 0 à X et Y. L'indice de Gini illustre la région entre la ligne d'égalité parfaite (la diagonale) et la courbe de Lorenz (A) par rapport à la région maximale qui correspondrait à une inégalité parfaite (A + B).

L'inégalité peut aussi être mesurée par l'écart logarithmique moyen (ELM), également appelé indice de Theil, qui appartient à la famille des indices d'entropie généralisée (Cowell 2000). Comme avec le coefficient de Gini, plus l'ELM est élevé, plus grande est l'inégalité ; en revanche, contrairement au Gini, l'indice de Theil n'est pas limité à 1. Il exprime en pourcentage la différence entre la consommation d'un individu aléatoirement sélectionné et la consommation moyenne de la population. Cet indice a ceci d'intéressant qu'il rend compte de l'inégalité chez les pauvres. Autre

(encadré continue page suivante)

ENCADRÉ 4.1   **L'indice de Gini en bref** *(suite)*

caractéristique pratique, il est décomposable, ce qui n'est pas le cas du coefficient de Gini ; autrement dit, il permet de calculer le rôle de l'inégalité entre différents groupes de même qu'au sein de ces groupes, et donc de connaître l'anatomie de l'inégalité, comme nous le faisons dans le reste de ce chapitre.

De date plus récente, l'indice de Palma mesure l'inégalité au moyen du ratio de la part de consommation des 10 % les plus riches à celle des 40 % les plus pauvres, aux deux extrêmes de la distribution (Palma 2006, 2011). Dans sa forme initiale, cet indice était exprimé en revenu national brut. C'est une mesure intuitive de l'inégalité qui met en

évidence les importants écarts de consommation souvent constatés entre les riches et les pauvres.

Chacune de ces mesures a des propriétés différentes et peut donc produire des résultats différents. Néanmoins, le classement de l'inégalité d'un pays africain à l'autre reste globalement le même, quelle que soit la mesure utilisée. Le graphique B4.1.2 donne le classement de l'inégalité par pays, mesurée par l'ELM (panneau a) et par l'indice de Palma (panneau b) par comparaison avec le classement fondé sur l'indice de Gini. Dans la plupart des cas, les pays sont alignés sur la diagonale, ce qui signifie que leur rang n'est pas affecté par la mesure utilisée. Ces constats sont semblables à ceux de Cobham et Sumner (2013).

GRAPHIQUE B4.1.2   **Les différentes mesures de l'inégalité racontent une même histoire**

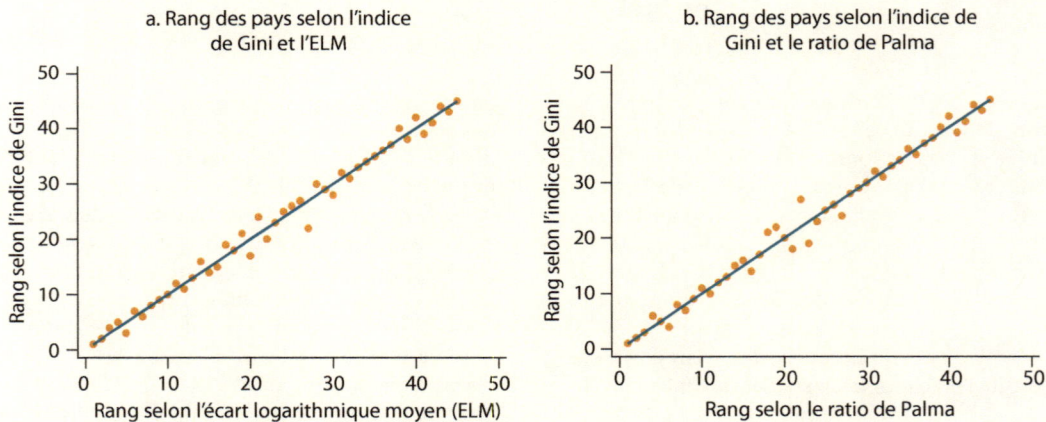

enquête). D'après Guénard et Mesplé-Somps (2010), appliquer des méthodes d'imputation à des données de revenu mal calculées et tenir compte d'expatriés qui ne sont pas couverts par les enquêtes réalisées en Côte d'Ivoire et à Madagascar a pour effet d'accroître très sensiblement l'inégalité mesurée. L'omission de ces ménages a un effet net sur les distorsions de l'inégalité qui est à la fois ambigu et dépend des groupes de ménages exclus de l'enquête. Toutefois, si les plus hauts revenus et les personnes les plus pauvres sont

systématiquement passés sous silence, l'inégalité est sous-estimée.

Diverses méthodes ont été proposées pour pallier certaines de ces difficultés (voir Korinek, Mistiaen et Ravallion 2006). L'une d'elles consiste à comparer les revenus les plus élevés dans les enquêtes sur les ménages comportant des données sur la fiscalité (Atkinson, Piketty et Saez 2011 ; Banerjee et Piketty 2005). En règle générale, les études fondées sur cette approche concluent que les enquêtes sous-estiment les plus hauts revenus. Les données sur l'Afrique du Sud sont ambiguës, car la plupart des enquêtes donnent des proportions de revenus élevés qui sont proches des données de fiscalité (Morival 2011). Les données de fiscalité font défaut dans de nombreux pays en développement alors qu'elles permettraient d'évaluer les sous-déclarations dans les enquêtes sur les ménages (voir par exemple la discussion sur le Moyen-Orient dans Alvaredo et Piketty 2015). L'une des études qui tentent d'évaluer l'ampleur de cette sous-estimation (celle de Hlasny et Verme 2013, sur l'Égypte) révèle, étonnamment peut-être, qu'elle n'est pas si importante.

Une autre formule qui permet d'apprécier les sous-estimations au sommet de la courbe de distribution consiste à comparer la consommation mesurée par les enquêtes sur les ménages avec la consommation privée mesurée par les comptes nationaux. En dépit de leurs différences conceptuelles, l'écart grandissant entre ces deux termes dans des pays, tels que la Chine et l'Inde est souvent interprété comme une preuve de l'incapacité des enquêtes à rendre compte de la proportion croissante des dépenses privées (Deaton 2005). Ce problème ne paraît pas aussi important en Afrique où l'on n'observe pas de divergences significatives entre les enquêtes sur les ménages et les comptes nationaux, comme on l'explique au chapitre 1.

La comparaison de l'indice de Gini dans les différents pays permet d'étudier l'inégalité de la distribution de la consommation. Cet indice est très fréquemment employé pour mesurer l'inégalité (encadré 4.1). Il va de 0 (tous les individus bénéficient du même niveau de consommation par habitant, soit une égalité parfaite) à 1 (un individu représente à lui seul la totalité de la consommation). Un coefficient de 0,4 signifie que la différence de consommation entre deux personnes aléatoirement choisies dans la population générale devrait se situer à 80 % (soit deux fois l'indice). Ce chapitre s'appuie sur les valeurs extraites des enquêtes sur les ménages plutôt que de les recalculer à partir d'autres sources (encadré 4.2)

Schémas et tendances de l'inégalité

Cette section examine les aspects nationaux et régionaux de l'inégalité pour ensuite décrire les caractéristiques clés des ménages qui expliquent les disparités entre les différents groupes d'un pays.

L'inégalité dans les pays africains

Les plus récentes enquêtes sur les ménages réalisées en Afrique donnent pour l'indice de Gini des valeurs allant de 0,31 (Niger et Sao Tomé-et-Principe) à 0,63 (Afrique du Sud). Si l'on compare ces estimations avec celles concernant d'autres pays (tirées dans la base de données PovcalNet), on constate que 7 des 10 pays les moins égalitaires du monde se trouvent en Afrique (graphique 4.3). Seulement deux de ces sept pays (l'Afrique du Sud et la Zambie) comptent moins de 5 millions d'habitants.

Les niveaux d'inégalité en Afrique sont encore plus étonnants si l'on considère que nombre de pays extérieurs à la région — en particulier les pays avancés d'Amérique latine — mesurent l'inégalité non sur la base du revenu mais par rapport à la consommation par habitant. Les données sur le revenu produisent généralement des niveaux d'inégalité plus élevés que celles sur la consommation.

Sur tout le continent africain, l'inégalité présente un tableau fortement hétérogène suivant un schéma géographique (carte 4.1). Elle est plus marquée en Afrique australe (Afrique du Sud, Botswana, Lesotho, Namibie, Swaziland et Zambie) où les indices de Gini sont supérieurs à 0,5, ainsi qu'en République Centrafricaine et aux Comores. Elle est moins importante dans les pays d'Afrique de l'Ouest, tandis que les pays de l'est du continent affichent des valeurs diverses. Ces résultats sont robustes même au regard d'autres mesures de l'inégalité (encadré 4.1).

Pour certains chercheurs, les schémas caractérisant l'inégalité ont des racines historiques. Surtout, la forte inégalité qui prévaut en Afrique australe est l'héritage des politiques de discrimination raciale et

ENCADRÉ 4.2   L'indice de Gini peut-il être estimé sans enquête ?

Les problèmes de comparabilité et de manque de données font obstacle à l'étude de l'inégalité en Afrique. S'agissant des résultats présentés dans ce chapitre et fondés sur l'indice de Gini, neuf pays ont plus de trois points de données et sept n'en ont qu'un seul.

Peut-on contourner cette pénurie de données en estimant le coefficient de Gini ? La base de données normalisée sur l'inégalité des revenus dans le monde (SWIID) adopte cette approche en tentant d'optimiser la comparabilité et la couverture des estimations de l'indice de Gini (Solt, à paraître a). Cette formule donne de meilleurs résultats dans les pays disposant d'un corpus de données de qualité, bien qu'elle reste critiquée (voir Jenkins 2014 et la réponse à cette critique dans Solt, à paraître b).

En appliquant un algorithme pour les données manquantes et en exploitant l'information disponible dans un pays sur les années récentes ainsi que divers efforts de collecte de données (tels que PovcalNet de la Banque mondiale, la base de données de l'UNU-WIDER et les rapports statistiques nationaux), l'équipe de la base de données SWIID a estimé l'indice de Gini pour 45 pays d'Afrique. Pour la période 1991–2012, SWIID offre au minimum 16 estimations annuelles du Gini pour plus de la moitié de ces pays. Étant donné le manque de données d'enquête dans les pays en développement, les imputations SWIID mettent en évidence une forte variabilité dans la région, comme Solt (à paraître a) l'a noté (graphique B4.2.1). Pour la plupart, les estimations directement calculées à partir de données

GRAPHIQUE B4.2.1   **Les estimations de l'indice de Gini de la base de données normalisée sur l'inégalité des revenus dans le monde (SWIID) montrent une forte variabilité**

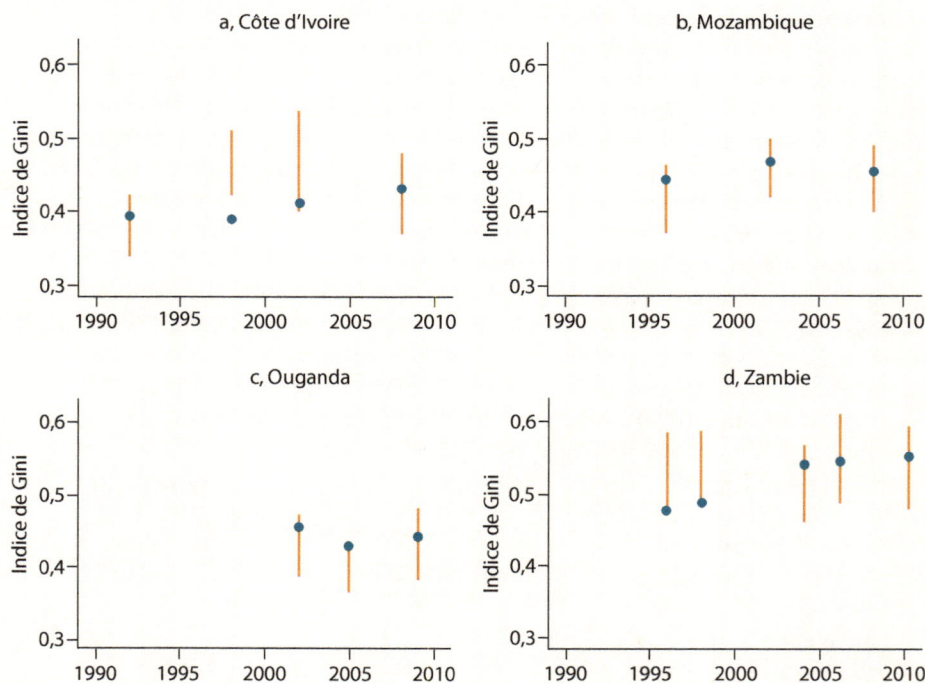

Source : Base de données de la Banque mondiale sur la pauvreté en Afrique et Solt, à paraître a.
Note : Les lignes oranges illustrent l'intervalle de confiance de 95 % des imputations de l'indice de Gini de la SWIID. Les points bleus représentent les estimations de l'indice de Gini d'après des enquêtes, provenant de la base de données de la Banque mondiale sur la pauvreté en Afrique.

encadré continue page suivante

ENCADRÉ 4.2   L'indice de Gini peut-il être estimé sans enquête ? *(suite)*

d'enquête entrent dans l'intervalle de confiance SWIID, même si cet intervalle est important.

Les deux sources sont fortement corrélées (avec une corrélation de 0,83 entre les estimations tirées des enquêtes et les estimations moyennes de SWIID calculées d'après 100 imputations). La corrélation est encore plus importante (0,91) si on limite la comparaison aux enquêtes jugées comparables pour un même pays. Elle est faible (0,15 seulement) entre les neuf pays d'Afrique centrale.

Il n'y a pas de réel alignement entre la direction des changements observés dans les valeurs Gini de SWIID et les tendances mises en évidence par les enquêtes (comme au graphique 4.4). Les changements suivent une direction analogue dans seulement 11 des 20 pays affichant une tendance dans les deux sources. Les estimations SWIID comportent un fort degré d'incertitude. L'évolution de l'indice de Gini n'est statistiquement significative que pour 1 pays sur 20. Il faut donc considérer que l'imputation des mesures d'inégalité demeurera sujette à caution tant que des enquêtes complémentaires et de meilleure qualité ne seront pas menées dans la région.

---

d'accaparement des terres de la période coloniale. L'histoire des régimes fonciers communautaires d'Afrique de l'Ouest et du Centre est très différente de celle de pays occupés par des colons blancs (où prédominent les petites parcelles familiales, les grands domaines et les plantations) d'Afrique orientale et australe (Cornia 2014).

Il n'y a guère d'autres schémas perceptibles dans les caractéristiques des pays et l'inégalité. Après prise en compte des quatre sous-régions, les niveaux d'inégalité ne sont pas statistiquement différents d'un État à l'autre, qu'ils soient côtiers ou enclavés, fragiles ou non, et peu ou richement dotés en ressources. Bhorat, Naidoo et Pillay (2015) concluent aussi que l'inégalité moyenne n'est pas différente entre les pays riches en ressources et les autres, mais notent tout de même une forte inégalité dans certains des premiers. Si l'on exclut les huit pays de la région où l'inégalité est la plus marquée (Afrique du Sud, Zambie et six autres petits pays) après neutralisation du revenu national, l'Afrique affiche des niveaux d'inégalité comparables à ceux constatés dans les pays en développement d'autres régions du monde (Bhorat, Naidoo et Pillay 2015 parviennent à la même conclusion).

L'inégalité gagne-t-elle du terrain dans les pays africains ? Une analyse de 23 pays pour lesquels il existe deux enquêtes comparables permettant de mesurer l'inégalité révèle que celle-ci a reculé dans la moitié des pays environ et augmenté dans l'autre moitié (graphique 4.4)[7]. Aucun schéma clair ne se dégage de la situation des pays au regard des ressources, du revenu ou de l'ampleur de l'inégalité à l'époque de la première enquête.

Le tableau est le même si l'on examine la période la plus longue pour laquelle il existe des données comparables. Cornia (2014) parle de « bifurcation des tendances de l'inégalité »[8]. Les tendances internes de l'inégalité diffèrent entre les pays d'Afrique et ceux d'Asie, où l'inégalité est en hausse, et ceux d'Amérique latine où elle régresse depuis le début des années 2000 (voir Ferreira et al. 2013 pour l'Amérique latine ; Banque asiatique de développement 2014, et Rama et al. pour l'Asie).

Doit-on s'attendre à une aggravation plus systématique de l'inégalité compte tenu des 20 ans de croissance que l'Afrique a connus ? Les tendances de l'inégalité pendant les périodes de croissance économique ont déjà fait couler beaucoup d'encre. Dans les années 50, Simon Kuznets a formulé l'hypothèse que l'inégalité commence par augmenter avant de régresser à mesure que le PIB par habitant s'accroît (Kuznets 1955). Étant

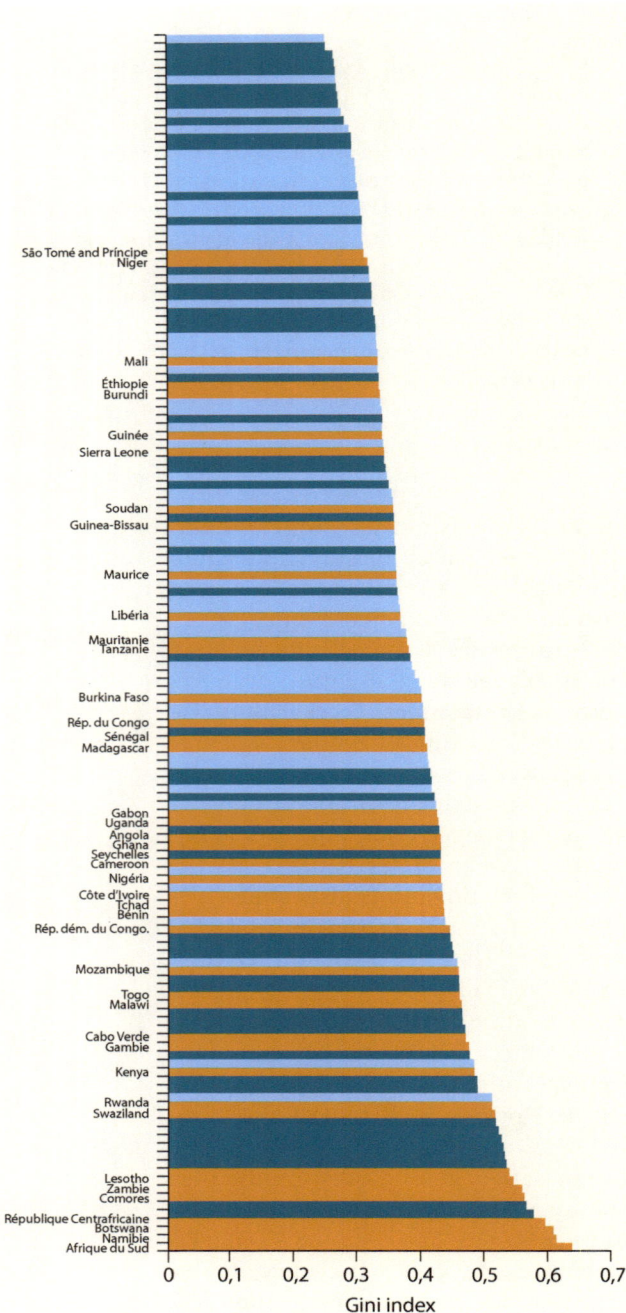

Source : PovcalNet pour les pays hors Afrique ; base de données de la Banque mondiale sur la pauvreté en Afrique.
Note : Les barres oranges illustrent les pays d'Afrique (d'après la consommation) ; les barres bleu clair représentent les pays hors Afrique d'après les enquêtes de consommation ; les barres bleu foncé représentent les pays hors Afrique d'après les enquêtes sur le revenu.

donné que le PIB de la plupart des pays d'Afrique reste à bas niveau, l'hypothèse de Kuznets laisse à penser que l'inégalité devrait s'accroître avec l'amélioration du PIB par habitant.

L'hypothèse de Kuznets n'a guère été validée par les études empiriques (Bruno, Ravallion et Squire 1998 ; Deininger et Squire 1996 ; Milanovic 2011), pas plus que les données sur l'Afrique ne semblent dessiner clairement une trajectoire de type Kuznets.

Le panneau a du graphique 4.5 compare le degré d'inégalité (mesuré selon l'indice de Gini) et le PIB par habitant. En dépit d'une relation fortement positive entre le niveau du PIB et l'inégalité, cette relation est presque entièrement déterminée par les pays à revenu intermédiaire de la tranche supérieure d'Afrique australe (Afrique du Sud, Botswana et Namibie) qui se distinguent à plusieurs titres (outre le PIB par habitant) du reste du continent. L'hypothèse de Kuznets peut être plus finement testée en comparant l'évolution de l'inégalité à celle du PIB par habitant d'après de multiples observations pour chaque pays (panneau b du graphique 4.5). Si son hypothèse tient, les données devraient produire un tracé en forme de *U* inversé ou, à tout le moins — étant donné que la plupart des pays de l'échantillon sont pauvres et donc susceptibles de se déplacer le long de la portion ascendante du *U* — une courbe ascendante illustrant la montée de l'inégalité à mesure de l'accroissement du PIB. Ce n'est pas le cas : l'inégalité n'a pas de direction claire et ne semble pas être systématiquement rattachée à l'évolution du PIB par habitant. D'autres chercheurs sont parvenus à des conclusions analogues sur la base de données récentes (Bhorat, Naidoo et Pillay 2015) et des poussées de croissance des années 90 (Fields 2000).

Tous les autres paramètres étant constants, le fléchissement de l'inégalité est associé à un recul de la pauvreté (Bourguignon 2004 ; Klasen 2004). Nombre des pays du graphique 4.6 se situent dans le quadrant 4 où l'inégalité et la pauvreté régressent toutes deux. Néanmoins, la

CARTE 4.1   **Schéma géographique de l'inégalité en Afrique**

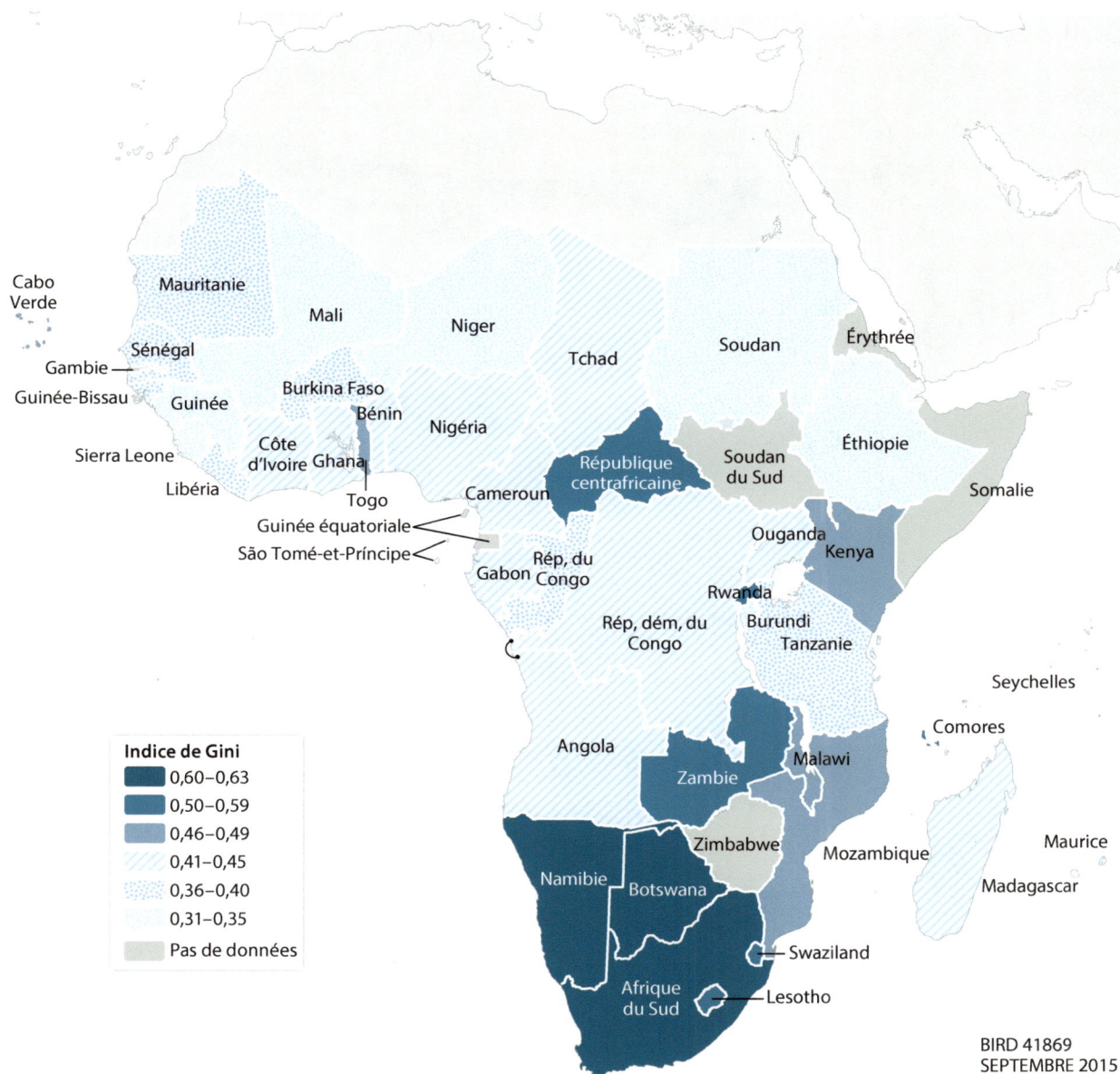

Indice de Gini
- 0,60–0,63
- 0,50–0,59
- 0,46–0,49
- 0,41–0,45
- 0,36–0,40
- 0,31–0,35
- Pas de données

BIRD 41869
SEPTEMBRE 2015

Source : Base de données de la Banque mondiale sur la pauvreté en Afrique.

pauvreté a diminué dans un certain nombre de pays malgré une inégalité croissante (quadrant 1 du graphique 4.6). Dans ces pays, la croissance de la consommation moyenne a été suffisante pour contrebalancer l'aggravation de l'inégalité.

L'inégalité sur le continent africain dans son ensemble

La combinaison des données d'enquête pour divers pays permet d'étudier la distribution de la consommation sur l'Afrique tout

GRAPHIQUE 4.4   **L'inégalité a augmenté dans la moitié des pays environ et a chuté dans l'autre moitié**

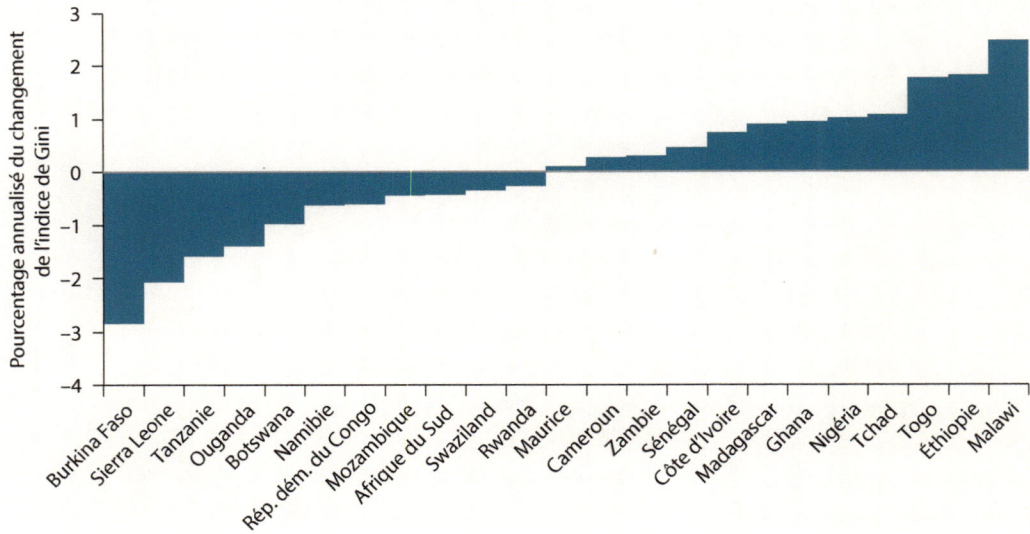

Source : Base de données de la Banque mondiale sur la pauvreté en Afrique.
Note : Le pourcentage annualisé du changement de l'indice de Gini est basé sur les deux enquêtes comparables les plus récentes.

GRAPHIQUE 4.5   **Il n'y a pas de relation systématique entre la croissance et l'inégalité en Afrique**

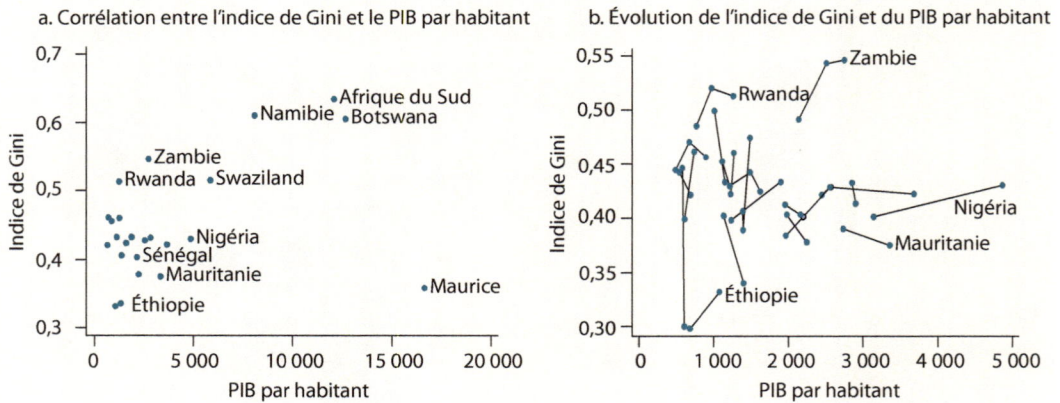

Sources : Base de données de la Banque mondiale sur la pauvreté en Afrique (sous-ensemble des pays présentant des enquêtes comparables) ; base de données des indicateurs du développement dans le monde.
Note : Le panneau a est basé sur l'enquête la plus récente. Le panneau b exclut les cinq pays du panneau a ayant le revenu le plus élevé.

entière[9]. À cet effet, les enquêtes ont été regroupées par année de référence (1993, 1998, 2003 et 2008)[10]. Les données couvrent 81 % du PIB régional et 72 % de la population, ce qui indique que les pays riches ont davantage de chances d'être inclus dans l'étude[11]. Au vu de cette couverture, les résultats représentent probablement la limite inférieure de l'inégalité en Afrique.

L'indice de Gini pour l'Afrique va de 0,52 à 0,56 pour les années de référence, des valeurs beaucoup plus fortes que les mesures de l'inégalité pour chaque pays pris individuellement (tableau 4.1). Seulement quatre pays (Afrique du Sud, Botswana, Namibie et République Centrafricaine) ont un indice de Gini supérieur à celui de l'Afrique pour 2008. Comme il a déjà été précisé, les pays africains ont globalement des niveaux d'inégalité analogues à ceux d'autres pays en développement quand on mesure l'inégalité nationale moyenne. Cependant, l'Afrique affiche le plus haut niveau d'inégalité de toutes les régions du monde[12]. L'indice de Gini pour le continent a grimpé de près de 9 % entre 1993 et 2008. À l'inverse, l'indice moyen par pays a chuté de presque 5 % et aucune évolution n'est observée si les pays sont pondérés en fonction de leur population.

Le degré d'inégalité en Afrique est majoritairement déterminé par l'inégalité au sein des différents pays, d'où le fait que bien plus de la moitié de cette inégalité soit mesurée par l'ELM. Toutefois, son aggravation sur le continent a été déterminée par un creusement de l'écart entre les pays, et non par ses variations internes. Au fil du temps, une part croissante de cette inégalité s'explique par les écarts entre les pays. Ces résultats sont très différents des tendances constatées dans le monde où l'inégalité infranationale amplifie à la fois son niveau global et sa part de l'inégalité totale (même si les différences entre les pays demeurent la première source d'inégalité dans le monde).

Le PIB national explique-t-il l'inégalité sur le continent africain ? Dans une certaine mesure, c'est effectivement le cas. Le graphique 4.7 divise la distribution 2008

de la consommation en Afrique en 20 vingtiles, de pauvre à riche, dont chacun représente 5 % de la population africaine. Pour chaque vingtile, le graphique illustre la part de la population vivant dans des pays à faible revenu, des pays à revenu intermédiaire de la tranche inférieure, intermédiaire et supérieure, et dans des pays à revenu élevé. En 2008, 54 % de la population des 5 % au sommet de la distribution vivaient dans des pays à revenu intermédiaire de la tranche supérieure et dans des pays à revenu élevé,

GRAPHIQUE 4.6 **Le fléchissement de l'inégalité est souvent associé à un recul de la pauvreté**

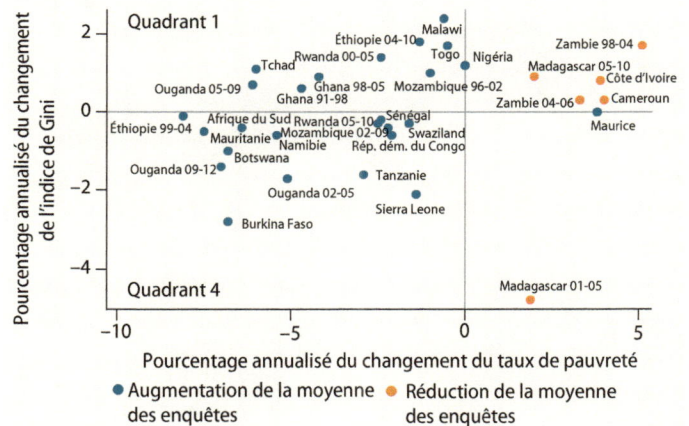

Source : Pays de la base de données de la Banque mondiale sur la pauvreté en Afrique présentant des enquêtes comparables.
Note : L'Éthiopie 1995–1999, donnée aberrante, est exclue. L'année des enquêtes est indiquée pour les pays ayant plus d'une paire d'enquêtes comparables.

TABLEAU 4.1 **L'inégalité en Afrique, 1993–2008**

Indicateur	Année de référence				Pourcentage de changement 1993-2008
	1993	1998	2003	2008	
Indice de Gini pour l'Afrique	0,52	0,25	0,54	0,56	8,6
Indice de Gini national moyen	0,47	0,45	0,45	0,45	3,8
Indice de Gini national moyen, pondéré par la population	0,44	0,44	0,43	0,44	−0,5
Écart logarithmique moyen pour l'Afrique	0,47	0,47	0,51	0,57	20,0
Contribution infranationale à l'ELM pour l'Afrique (%)	73,4	71,3	64,3	59,7	

Source : Jirasavetakul et al. 2015.

GRAPHIQUE 4.7   Les ménages les plus riches d'Afrique vivent principalement dans les pays les plus riches

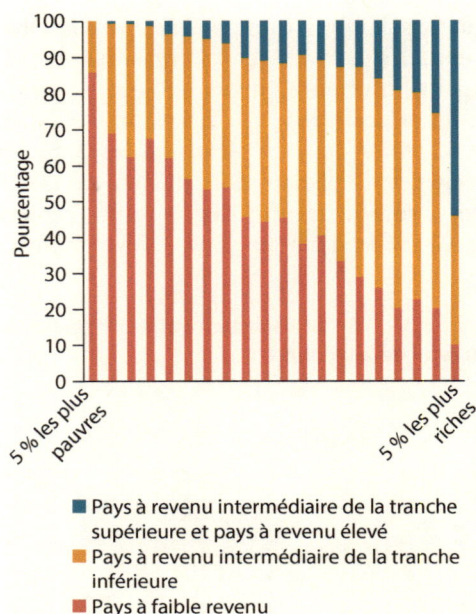

Source : Jirasavetakul et Lakner 2015.

36 % dans des pays à revenu intermédiaire de la tranche inférieure et 10 % dans des pays à faible revenu. La proportion de la population africaine des pays à revenu intermédiaire de la tranche supérieure et des pays à revenu élevé augmente à mesure que l'on s'élève dans la distribution, tandis que la part de la population des pays à faible revenu décroît. Les chevauchements sont toutefois importants dans les classifications des pays, ce qui signifie qu'il existe des ménages très fortunés dans les pays pauvres et vice versa.

L'inégalité entre les groupes de population

Cette section examine dans quelle mesure les niveaux de consommation diffèrent entre les différents groupes de population d'un même pays en fonction de certaines caractéristiques socio-économiques ou d'autres facteurs intrinsèques aux ménages. L'inégalité entre les groupes (dite horizontale) est mesurée en décomposant l'inégalité globale en deux parties : celle attribuée aux différences entre les groupes (horizontale) et l'inégalité intra-groupes. Les inégalités horizontales peuvent coûter très cher à la société. Elles peuvent perpétuer la pauvreté et l'exclusion sociale d'une génération à l'autre et peuvent donc restreindre la mobilité socio-économique. Les inégalités entre groupes ont été corrélées aux conflits violents et aux troubles sociaux et sont donc hautement préjudiciables pour le développement économique et la lutte contre la pauvreté (Cramer 2005 ; Langer et Stewart 2015). De même, les fractures ethniques en Afrique ont été rattachées à la médiocrité des résultats en matière d'offre de biens publics locaux (Miguel et Gugerty 2005) et à une moindre croissance économique générale (Easterly et Levine 1997).

Pour explorer l'inégalité entre les groupes de populations d'Afrique, sept groupes ont été définis conformément au consensus prévalant dans les études publiées et en fonction de la disponibilité d'informations provenant d'enquêtes sur les ménages[13]. Sur les sept groupes examinés, le lieu géographique, l'éducation et la démographie sont les facteurs d'inégalité les plus importants (graphique 4.8).[14]

Les inégalités spatiales sont importantes pour le groupe urbains-ruraux comme pour les classifications de groupes régionaux[15]. Au Sénégal, un tiers de l'inégalité totale est attribué aux écarts entre les ménages urbains et les ménages ruraux. À la limite inférieure du spectre, on trouve de petits États insulaires (Comores, São Tomé-et-Príncipe) où les écarts urbains-ruraux sont quasi-inexistants. Ce tableau est globalement le même entre les régions (unités administratives de premier niveau). Les deux composantes intergroupes (urbains-ruraux et régions) sont corrélées (0,73) ; les pays affichant d'importants écarts de niveau de vie entre les villes et les campagnes présentent aussi des écarts notables entre les régions. Les inégalités spatiales peuvent même être supérieures à celles révélées par la consommation des ménages en raison de la spatialité de l'offre de services publics (en ce sens que la valeur des services publics, tels que les services de santé et les écoles, peut être supérieure en zone urbaine).

GRAPHIQUE 4.8 Le lieu géographique, l'éducation et la démographie sont les facteurs d'inégalité les plus importants

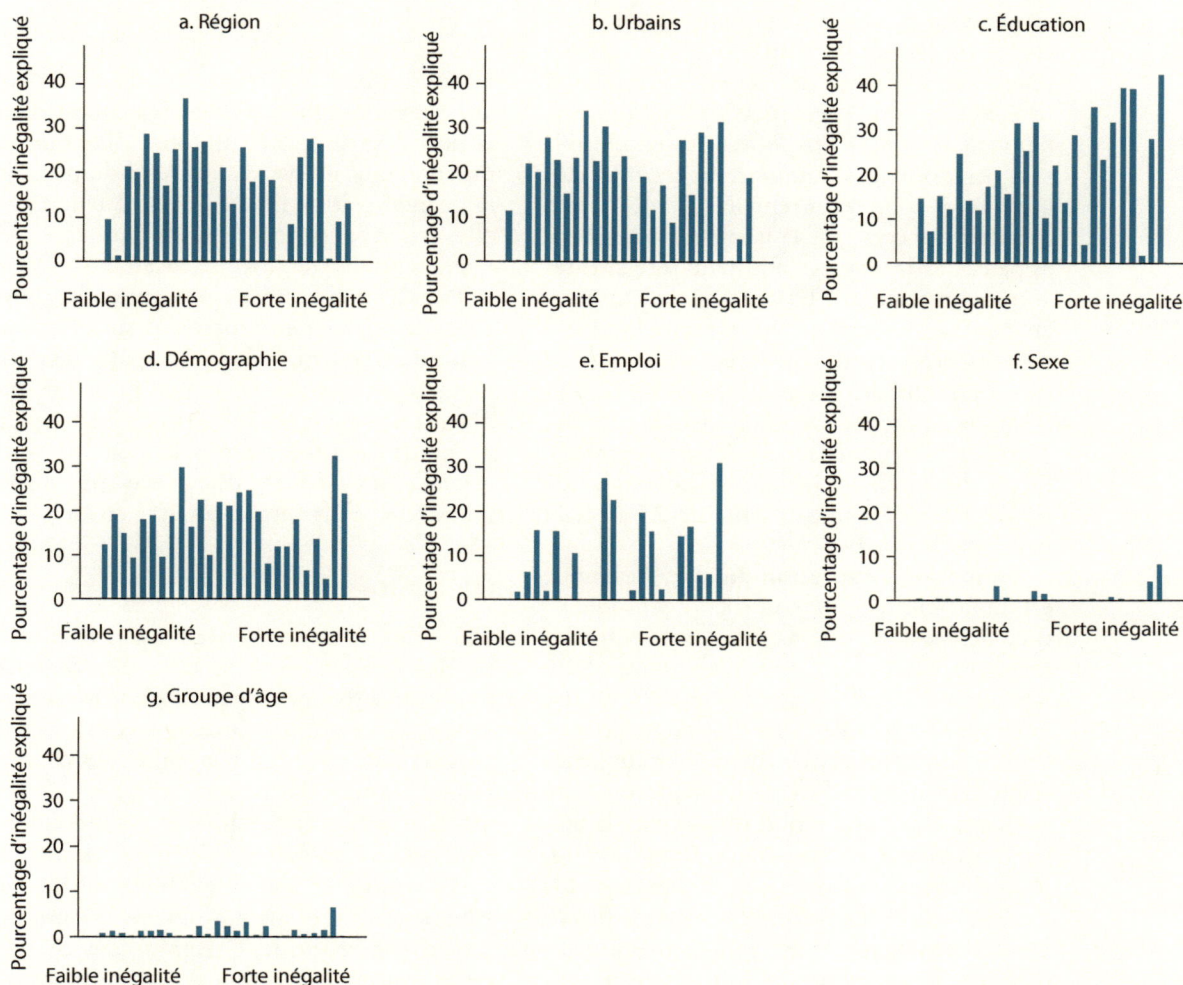

Source : Base de données de la Banque mondiale sur la pauvreté en Afrique.
Note : Le graphique illustre le pourcentage de l'inégalité totale qui est expliqué par les différences de consommation moyenne entre les groupes pour 26 pays d'Afrique. Pour l'emploi, seuls 17 pays sont pris en considération du fait de données manquantes sur la situation de l'emploi ou du secteur. L'inégalité est mesurée par l'écart logarithmique moyen. Les pays sont classés en fonction du degré global d'inégalité, du plus faible au plus élevé (de gauche à droite).

Une autre façon de considérer l'ampleur de l'inégalité régionale consiste à comparer la consommation moyenne par habitant dans les différentes régions. L'écart (mesuré par le ratio entre les régions les plus riches et les régions les plus pauvres) montre souvent que la consommation moyenne des premières est deux fois plus élevée que celle des régions les plus démunies. L'écart pour les unités administratives de premier niveau s'établit à 2,1 en Éthiopie (régions), 3,4 en République démocratique du Congo (provinces) et à plus de 4,0 au Nigéria (États)[16]. L'inégalité résultant d'une ségrégation géographique des revenus est sans doute plus déstabilisante au plan politique qu'une situation où riches et pauvres sont également dispersés géographiquement (Milanovic 2011), surtout si les inégalités géographiques coïncident avec l'appartenance ethnique ou religieuse, comme c'est le cas au nord et au sud du Nigéria.

Les échantillons de la plupart des enquêtes sur les ménages sont trop petits pour estimer l'inégalité à l'échelle de zones géographiques inférieures aux régions. Ces estimations peuvent toutefois être obtenues en combinant les données d'enquête sur les ménages aux données de recensement, ce qui permet d'établir des cartes de la pauvreté (également appelées estimations de la pauvreté sur des secteurs restreints). La carte de la pauvreté en Zambie montre que sur les quelque 1400 circonscriptions du pays, environ une sur sept a un taux de pauvreté inférieur à la moitié de la moyenne nationale (de la Fuente, Murr et Rascón 2015). À l'autre extrême, 20 % des circonscriptions ont des taux de pauvreté supérieurs de plus de 25 % à la moyenne nationale.

Le niveau d'éducation du chef de famille est un facteur déterminant encore plus important des écarts de consommation entre les ménages. Dans trois pays (Afrique du Sud, Rwanda et Zambie), le niveau de scolarité explique environ 40 % de l'inégalité globale. Plus il y a d'inégalité entre les catégories d'éducation, plus l'inégalité s'accroît, une association que l'on n'observe pas chez la plupart des autres groupes socio-économiques. L'éducation a tendance à expliquer une plus forte part de l'inégalité que la catégorie d'activité économique dont relève le chef du ménage, un paramètre qui est pourtant important dans certains pays.

La composition démographique des ménages explique une forte proportion de l'inégalité, jusqu'à 30 % de l'inégalité globale au Sénégal et 32 % au Botswana. Ce constat est conforme au fait que les familles nombreuses en Afrique, notamment celles qui comptent beaucoup d'enfants, consomment beaucoup moins et sont plus pauvres que les foyers de plus petite taille.

Certaines caractéristiques démographiques, comme le sexe du chef de famille, ne permettent pas d'expliquer une part notable de l'inégalité d'ensemble. Ce constat n'a rien de surprenant étant donné que dans de nombreux pays d'Afrique, il y a peu d'écart dans la consommation par habitant des ménages qu'ils soient dirigés par un homme ou une femme. Cette méthode de décomposition de l'inégalité pose problème en ce qu'elle n'indique pas la direction de la distorsion (autrement dit quelle catégorie de ménage est la plus désavantagée). En outre, la consommation étant mesurée au niveau du ménage, la décomposition ne dit pas de quelle façon elle est répartie entre les hommes et les femmes au sein des foyers (encadré 4.3).

Pour de nombreux pays, les inégalités horizontales peuvent être mesurées sur plus d'un point dans le temps. Les principaux déterminants des inégalités horizontales (la géographie, le niveau de scolarité et la démographie) n'ont pas évolué durant la période pour laquelle des données d'enquête sont disponibles (du début des années 90 à ce jour).

Inégalité des chances

L'inégalité entre les ménages est la résultante de nombreuses forces. L'un des facteurs importants touche aux circonstances de naissance, par exemple en zones rurales et de parents non éduqués. L'inégalité des chances tient au degré d'influence que ces circonstances exercent sur le devenir des individus à l'âge adulte. Au plan économique, ce concept a été explicité par Fleurbaey (2008) et Roemer (2000) parmi d'autres. D'un point de vue sociologique, l'inégalité des chances est le concept qui définit le statut atteint par opposition au statut attribué (Linton 1936) et l'inégalité ascriptive. Elle peut exacerber l'inégalité globale et violer les principes d'équité et d'égalité des chances.

Au cours des 15 dernières années, des études toujours plus nombreuses ont tenté d'évaluer le degré d'inégalité des chances et d'apprécier les effets égalisateurs des politiques publiques (voir les récentes enquêtes de Ferreira et Peragine 2015 et de Roemer et Trannoy 2015) qui ne sont pas sans connaître de nombreuses difficultés (Kanbur et Wagstaff 2014). Dans le droit-fil de la précédente discussion des inégalités horizontales, qui décrit la contribution des

ENCADRÉ 4.3 **Les ressources du ménage sont-elles également réparties ? Le cas du Sénégal**

On ne sait pas grand-chose de l'inégalité interpersonnelle du niveau de vie *au sein des* ménages, notamment entre les hommes et les femmes, car les données de consommation sont recueillies au niveau du ménage et les mesures normalisées de la pauvreté et de l'inégalité prennent pour hypothèse une répartition égale des ressources dans le ménage (malgré un effort de normalisation d'après la taille et la composition démographique du ménage).

L'idée que toutes les personnes constituant un ménage n'ont pas forcément le même niveau de vie et qu'elles ne se partagent pas également le revenu du ménage n'a rien de nouveau (voir Strauss, Beegle et Mwabu 2000 et les multiples preuves présentées dans les études de la Banque mondiale 2011). Le sexe et l'âge sont sans doute les caractéristiques individuelles qui déterminent les modalités de cette différenciation au sein du ménage.

La structure des ménages sénégalais (et d'autres pays d'Afrique de l'Ouest) est d'une complexité hors du commun et donne l'occasion d'examiner l'ampleur de l'inégalité au sein du foyer. Les ménages sont organisés en regroupements familiaux divisés en « noyaux » composés du chef de noyau et des membres isolés à sa charge, tandis que ses frères mariés et chacune de ses femmes et leurs enfants constituent des noyaux distincts. Lors des enquêtes, un examen attentif de la structure du regroupement familial et des schémas de consommation entre ses membres permet de mettre en évidence des schémas internes aux ménages (De Vreyer et al. 2008). Les dépenses alimentaires sont comptabilisées de manière détaillée en fonction de qui mange quoi et de l'argent consacré à la préparation du repas. Les données de consommation individuelle sont ensuite rassemblées au niveau du noyau. Enfin, les dépenses communes à plusieurs noyaux sont recueillies et réparties à parts égales entre tous les membres du ménage. La mesure de la consommation par habitant peut donc être déterminée à l'échelle du noyau.

Les résultats montrent clairement que toutes les personnes qui constituent un ménage ne bénéficient pas des mêmes ressources. Le ratio entre la consommation des noyaux les plus riches et celle des noyaux les plus pauvres du ménage peut aller jusqu'à 23 (et reste supérieur à 4 même après élimination des 5 % des ménages les plus inégalitaires). De manière générale, les dépenses alimentaires sont équitablement réparties, un constat d'une importance majeure qui atteste l'existence d'une solidarité fondamentale. En revanche, les dépenses hors alimentation ne sont pas également distribuées. L'inégalité globale est plus élevée si l'on considère la consommation au niveau des noyaux (Gini = 0,567) plutôt que les mesures concernant les ménages qui tiennent pour acquis une égalité de consommation entre tous les membres du ménage (Gini = 0,548).

Ces données de consommation uniques révèlent aussi un écart marqué entre les sexes. Les noyaux dirigés par des hommes ont une consommation beaucoup plus importante.

La situation du ménage au regard de la pauvreté peut dissimuler une indigence *interne*. Environ 1 ménage non-pauvre sur 10 abrite un noyau pauvre (De Vreyer et Lambert 2014). Il existe aussi des noyaux non-pauvres au sein de ménages pauvres. Une action dirigée sur ces derniers laisserait pour compte 6–14 % d'enfants indigents (en fonction du seuil de pauvreté), à savoir ceux qui vivent dans les noyaux démunis de ménages non-pauvres.

caractéristiques individuelles à l'inégalité totale, cette section présente des preuves concernant l'inégalité des débouchés économiques et la transmission intergénérationnelle de l'éducation et du métier[17].

Inégalité des débouchés économiques

Mesurer la disparité des perspectives économiques consiste à préciser dans quelle mesure la consommation actuelle peut être expliquée par les circonstances rencontrées par un individu durant son enfance et quelle proportion peut être attribuée à la responsabilité individuelle, à la chance ou aux efforts engagés (soit la proportion résiduelle)[18]. Des estimations de l'inégalité de débouchés économiques sont disponibles pour de nombreux pays de la planète, mais les informations sur l'Afrique sont limitées[19]. Cette section exploite les résultats d'enquêtes réalisées dans 10 pays (Comores, Ghana, Guinée,

Madagascar, Malawi, Niger, Nigéria, Ouganda, Rwanda et Tanzanie) pour présenter les éléments de preuve les plus complets dont on dispose au sujet des pays africains[20]. Les attributs examinés pour mesurer l'inégalité des débouchés économiques sont notamment l'appartenance ethnique, le niveau d'éducation parental, le métier des parents et la région de naissance[21]. L'analyse est axée sur les individus de 15 ans et plus. Comme d'autres chercheurs travaillant dans ce domaine (voir par exemple Ferreira et Gignoux 2011), nous avons mesuré l'inégalité par l'ELM[22].

La part de l'inégalité qui peut être attribuée à l'inégalité des chances s'étend de 8 % (Madagascar) à 20 % (Malawi) (graphique 4.9). Le classement des pays est considérablement modifié si l'on tient compte de l'inégalité des chances plutôt que de l'inégalité globale (notons que les pays mentionnés au graphique 4.9 sont classés en fonction de leur degré d'inégalité) : les pays affichant une plus forte disparité de résultats ne sont pas nécessairement caractérisés par une forte proportion d'inégalité des chances. Ainsi, les

Comores affichent le plus haut degré d'inégalité générale, mais l'un des plus faibles pourcentages d'inégalité des chances, laquelle n'est en outre que partiellement corrélée avec le nombre de circonstances visées par les données, ce qui porte à croire que les variations observées d'un pays à l'autre ne reflètent pas seulement des différences de disponibilité de ces variables, mais qu'elles renseignent aussi sur la structure de l'inégalité elle-même (malgré tout, des circonstances plus nombreuses doivent en toute logique déboucher sur une moindre égalité des chances).

Calculées ainsi, les estimations de l'inégalité des chances donnent une limite inférieure, vu que de nombreuses variables circonstancielles (richesse de la famille, temps consacré aux enfants, qualité de l'éducation) ne sont pas examinées dans les enquêtes sur les ménages et qu'elles n'entrent donc pas dans l'élaboration des estimations[23]. Comme les enquêtes diffèrent du point de vue du nombre et de la granularité des variables circonstancielles, ce problème vient aussi compliquer les comparaisons entre les pays.

Persistance intergénérationelle du niveau d'éducation et du travail

Le niveau d'éducation des parents a-t-il moins d'incidence sur la scolarité d'un enfant aujourd'hui que ce n'était le cas il y a 50 ans[24] ? Le fait d'avoir un père agriculteur détermine-t-il moins le métier du fils aujourd'hui qu'il y a une génération de cela ? À partir de récentes enquêtes sur les ménages africains et d'une série d'enquêtes sur des adultes et leurs pères, nous examinons ici l'ampleur de la mobilité intergénérationnelle du niveau d'éducation et du travail ainsi que leur degré d'évolution chez les jeunes générations[25].

Afin de mesurer la mobilité du degré d'éducation sous l'angle de la persistance intergénérationnelle, l'éducation est calculée par régression sur le niveau de scolarité des parents. Le coefficient de cette régression simple, β, mesure la persistance du niveau d'éducation (voir Black et Devereux 2011 qui font une synthèse récente des approches de

GRAPHIQUE 4.9   **L'inégalité des chances représente jusqu'à 20 % de l'inégalité en Afrique**

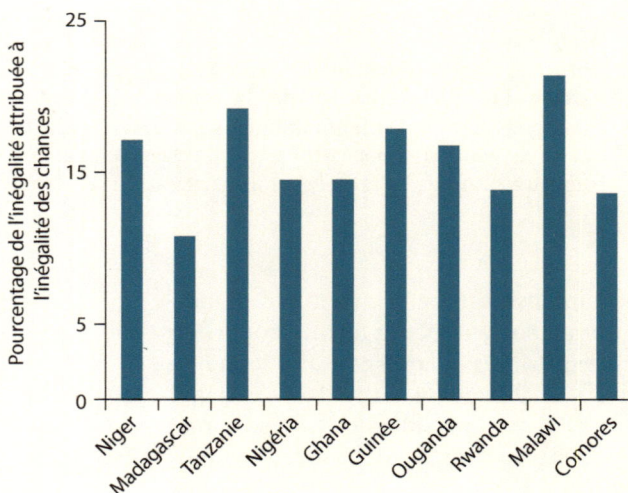

Source : Brunori, Palmisano et Peragine 2015b.
Note : Le graphique illustre la part de l'ELM total attribué à l'inégalité des débouchés économiques. Les pays sont classés en fonction de leur degré d'inégalité, tel que mesuré par l'ELM, les pays les moins inégalitaires étant sur la gauche et les plus inégalitaires à droite.

cette mesure). Une autre mesure de mobilité est apportée par le coefficient de corrélation entre les résultats des parents et ceux des enfants (ρ), soit le gradient intergénérationnel (ß), multiplié par le ratio de l'écart-type entre les deux générations[26]. Trois facteurs sont examinés (le gradient intergénérationnel, le coefficient de corrélation et le ratio des écarts-types) pour différentes cohortes afin d'étudier la persistance intergénérationnelle du niveau de scolarité d'une génération à l'autre (graphique 4.10).

GRAPHIQUE 4.10   **La persistance intergénérationnelle du degré de scolarité est moins marquée chez les jeunes Africains que les générations plus âgées**

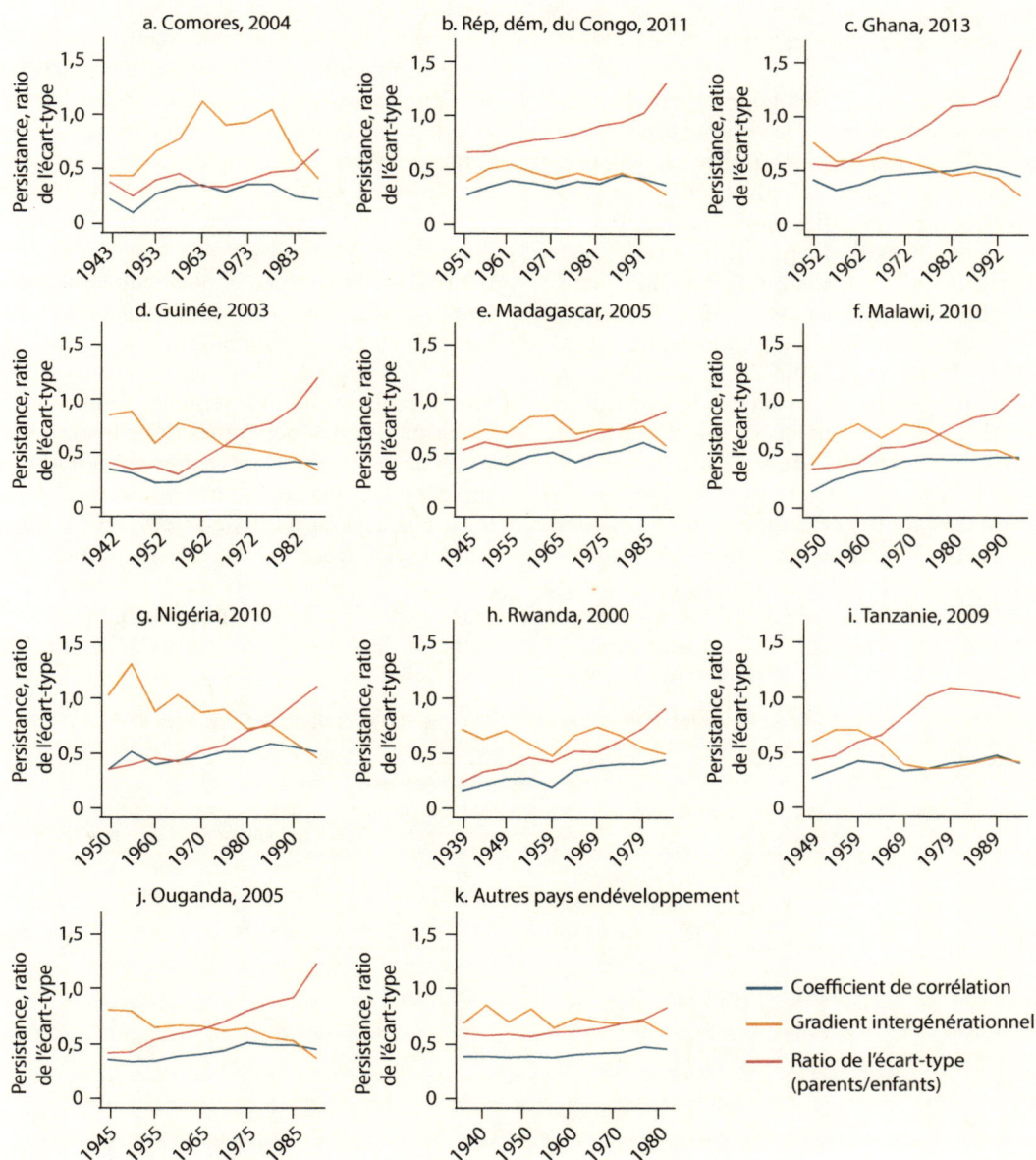

Source : Azomahou et Yitbarek 2015. Des données sur d'autres pays en développement sont disponibles dans Hertz et al. (2007).

Le coefficient de corrélation de la mobilité intergénérationnelle (ligne bleue dans le graphique 4.10) est en légère augmentation dans la plupart des pays. À l'inverse, le gradient intergénérationnel, *ß*, chute dans la plupart d'entre eux (ligne orange dans le graphique 4.10). Une année de scolarité supplémentaire chez un parent est moins corrélée au niveau d'éducation des enfants que ce n'était le cas dans le passé. Toutefois, ce constat montre que le ratio des écarts-types (ligne rouge dans le graphique 4.10) s'accroît, ce qui est aussi lié au faible niveau de scolarité parental des générations les plus anciennes. Par exemple, les personnes nées en 1949 au Rwanda sont allées à l'école en moyenne pendant 1,5 an, tandis que leurs parents n'y sont allés que pendant 0,1 an. Les tendances de la mobilité intergénérationnelle en Afrique sont globalement comparables aux estimations pour les autres pays en développement (Ferreira et al. 2013 ; Hertz et al. 2007). Ces changements pourraient refléter en partie le fait que de nombreux pays ont supprimé les frais de scolarité primaire depuis les années 90 (Bhalotra, Harttgen et Klasen 2015). S'agissant du degré de mobilité de manière générale, l'Afrique présente une mobilité intergénérationnelle du niveau d'éducation plus marquée que celle de l'Amérique latine. Elle est néanmoins inférieure à celle des pays développés d'Europe, des États-Unis d'Amérique et de l'ancien bloc soviétique.

Tout comme le niveau d'éducation, le métier peut être en grande partie déterminé par celui des parents. Les rares études de cette question en Afrique sont axées sur la persistance intergénérationnelle des métiers agricoles et hors agriculture. La présente analyse va plus loin en examinant trois catégories d'emploi chez les hommes de 20 à 65 ans (agriculture, services et autres métiers) et chez leurs pères. Elle est limitée au métier des pères, car les enquêtes fournissant des informations sur l'emploi des mères sont encore plus rares.

La persistance intergénérationnelle de l'emploi agricole a rapidement régressé dans certains pays (tableau 4.2). Aux Comores, la part des fils d'agriculteurs employés dans d'autres secteurs est plus de deux fois supérieure dans la cohorte la plus jeune que dans les plus anciennes. Du point de vue de l'évolution de l'emploi, la Guinée est le pays qui présente le tableau le plus rigide. On constate une notable mobilité intergénérationnelle de l'emploi chez les personnes dont le père travaille dans le secteur des services ou d'autres secteurs ; de manière générale, moins de la moitié des personnes de la cohorte la plus jeune travaillent dans les mêmes activités de services ou autres activités sectorielles que leurs pères. La persistance intergénérationnelle de l'emploi est conforme à l'évolution

TABLEAU 4.2 **Probabilité de travailler dans le même secteur que son père dans certains pays d'Afrique**

Pays	Fils d'agriculteurs travaillant dans l'agriculture					Fils d'employés du secteur des services travaillant dans le même secteur					Fils d'employés d'autres secteurs travaillant dans le même secteur				
	1	2	3	4	5	1	2	3	4	5	1	2	3	4	5
	Plus âgés				Plus jeunes	Plus âgés				Plus jeunes	Plus âgés				Plus jeunes
Comores	80	55	55	45	48	34	53	45	40	55	7	41	37	42	17
Ghana	76	65	64	59	71	47	50	51	60	52	21	22	32	25	32
Guinée	79	69	73	76	80	26	40	34	36	41	24	28	43	40	32
Rwanda	86	83	84	77	78	32	18	22	28	31	0	34	12	22	8
Ouganda	78	72	66	60	72	33	39	40	37	27	32	28	34	43	33

Source : Azomahou et Yitbarek 2015.
Note : Le tableau indique pour chaque cohorte le pourcentage de personnes ayant le même métier que leur père. Les cohortes 1–5 correspondent à des cohortes de naissance de 10 ans. Le tableau doit être lu comme suit : dans la cohorte des plus jeunes (cohorte 5), aux Comores par exemple, le fils d'un agriculteur a 48 % de chances d'être lui-même agriculteur. Les membres de la cohorte des fils d'agriculteurs les plus âgés sont beaucoup plus susceptibles d'être eux-mêmes agriculteurs (80 %).

TABLEAU 4.3 **Mobilité intergénérationnelle brute et nette de l'emploi hors agriculture dans certains pays d'Afrique**

Pays	Mobilité brute					Mobilité nette				
	1	2	3	4	5	1	2	3	4	5
	Plus âgés				Plus jeunes	Plus âgés				Plus jeunes
Comores	29	47	49	56	57	15	24	24	29	28
Ghana	31	42	43	45	36	12	13	7	7	7
Guinée	30	38	34	35	30	16	19	11	8	8
Rwanda	17	22	21	29	31	12	14	14	17	13
Ouganda	29	35	40	45	40	14	17	21	21	12

Source : Azomahou et Yitbarek 2015.

Note : Le tableau indique pour chaque cohorte le pourcentage de personnes ayant le même métier que leur père. Les cohortes 1–5 correspondent à des cohortes de naissance de 10 ans. Le tableau doit être lu comme suit : dans la cohorte des plus jeunes (cohorte 5), aux Comores par exemple, 57 % des fils ne font pas le même métier que leur père. La mobilité nette correspond à la mobilité brute moins la part de la mobilité liée à l'évolution structurelle de l'emploi.

globale de la structure de l'emploi dans chaque pays, notamment le recul de l'emploi agricole (Banque mondiale 2014a).

Afin de distinguer les évolutions à l'échelle de l'économie tout entière, nous avons calculé la part nette de la mobilité de l'emploi due à l'expansion des secteurs non agricoles (en appliquant la méthode de Bossuroy et Cogneau 2013). La mobilité nette révèle les modifications structurelles de la mobilité des emplois dans l'économie (parfois appelé changement structurel) qui ne constituent pas l'unique facteur de changement en matière de mobilité intergénérationnelle (tableau 4.3). Les Comores, l'Ouganda et le Rwanda affichent les taux les plus importants de mobilité intergénérationnelle que l'on ne peut attribuer à des évolutions structurelles.

Richesse extrême et milliardaires

Les enquêtes sur les ménages ne permettent pas de rendre compte des revenus ou de la richesse extrêmes. Ce manque d'information conduit à une sous-estimation de l'ampleur de l'inégalité économique en général. Les ménages fortunés échappent souvent aux enquêtes et les enquêtes sur les ménages mesurent généralement la consommation ou le revenu actuel (une mesure de flux) plutôt que le stock d'actifs des ménages. En toute probabilité, les enquêtes ne permettent pas non plus de rendre compte des gains exceptionnels ou des revenus illicites et de la richesse qui en découle (Africa Progress Panel 2013). Il est difficile de collecter des données sur les personnes extrêmement fortunées. La liste Forbes des milliardaires du monde, la base de données mondiale des plus hauts revenus (qui couvre actuellement l'Afrique du Sud ainsi que 15 autres pays africains) et le Global Wealth Databook ont ouvert des brèches, mais offrent toujours peu d'informations sur l'Afrique par comparaison avec les autres régions.

L'Afrique du Sud a été le premier pays du continent à figurer dans la liste Forbes, avec deux milliardaires à la fin des années 90, suivie par le Nigéria en 2008. Dès 2014, la région comptait 19 milliardaires : 8 en Afrique du Sud, 7 au Nigéria et 1 dans chacun des pays suivants : Angola, Kenya, Ouganda et Tanzanie[27]. Durant la même période, des pays tels que l'Inde ont connu une augmentation bien plus marquée du nombre de milliardaires, qui serait passé de 2 au milieu des années 90 à 46 en 2012, selon Gandhi et Walton (2012).

Bien que l'Afrique compte moins de milliardaires, leur richesse cumulée nette en 2012 est en moyenne supérieure (5,2 milliards par milliardaire) qu'en Inde (3,8 milliards). La richesse cumulée des milliardaires en pourcentage du PIB s'est accrue régulièrement au Nigéria et en Afrique du Sud, passant de 0,3 et 1,6 % respectivement en 2010 à 3,2 et 3,9 % en 2013 (graphique 4.11). Cette hausse s'explique en partie par l'augmentation du

GRAPHIQUE 4.11   La richesse des milliardaires africains s'accroît

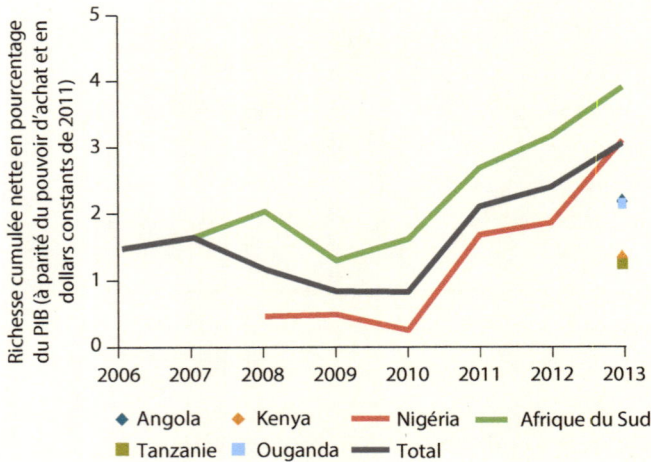

Sources : Richesse cumulée nette : Liste Forbes des milliardaires du monde. PIB: Indicateurs du développement dans le monde.

GRAPHIQUE 4.12   La richesse extrême augmente avec le PIB en Afrique et ailleurs

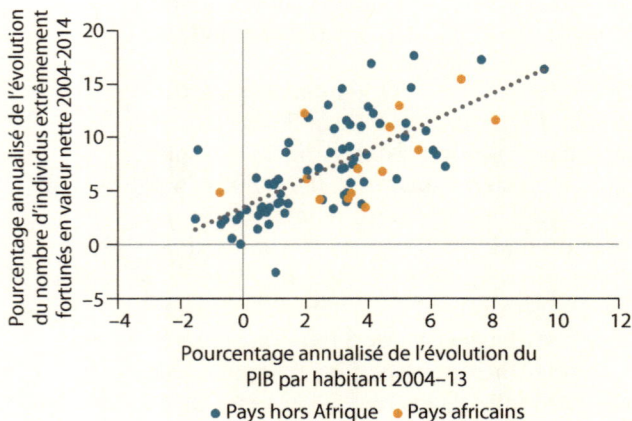

Sources : Les données sur le nombre d'individus extrêmement riches en valeur nette sont adaptées d'après le rapport de la Banque mondiale 2014b, et Knight Frank 2015. Les données sur le PIB proviennent des indicateurs du développement dans le monde.
Note : Le PIB est mesuré en parité du pouvoir d'achat en dollars constants de 2011. La ligne pointillée noire illustre la tendance mondiale (pays africains et hors Afrique).

La croissance de la richesse extrême dans la région depuis 2010 se décline en deux tendances : la richesse accrue des milliardaires existants et l'apparition de nouveaux milliardaires. Plus de la moitié de l'expansion de la richesse extrême au Nigéria tient à l'augmentation de la fortune des milliardaires en place. En Afrique du Sud, la part des nouveaux venus dans l'extrême richesse est passée de 40 % en 2011 à 54 % en 2013. Sur les six pays considérés, la contribution des nouveaux venus à la croissance de la richesse extrême a grimpé de 37 % en 2011 à 61 % en 2013.

La liste Forbes étant consacrée aux milliardaires, elle ne rend compte que des plus riches d'entre les riches. En 2013, Forbes dénombrait 50 Africains pesant au moins 400 millions de dollars. Cette liste passe tout de même sous silence les fortunes moindres qui n'en restent pas moins énormes, quel que soit le point de vue adopté.

Knight Frank (2015) enquête auprès des banquiers privés et des conseillers en gestion de patrimoine pour recueillir des données sur les personnes extrêmement fortunées (valeur nette supérieure à 30 millions de dollars) dans 90 pays dont 14 sont des pays africains. Dans tous les pays, le nombre des grandes fortunes augmente avec la croissance du PIB par habitant. Leur nombre tend à s'accroître même quand l'économie des pays régresse ou stagne (Le Zimbabwe par exemple a vu le nombre de grandes fortunes augmenter de 5,2 % alors que le PIB par habitant a fléchi de 0,12 %). Les tendances pour l'Afrique (non illustrées) suivent de près la tendance mondiale (ligne pointillée grise dans le graphique 4.12).

Qu'est-ce que ces données révèlent de l'inégalité ? Il n'y a pas de réponse évidente étant donné le peu de données sur les individus extrêmement fortunés. Le Crédit suisse (2014) présente des estimations de la répartition de la richesse d'après la liste Forbes et des imputations basées sur les relations entre les pays et les enquêtes de consommation. Après avoir analysé ces données, Lakner (2015) a constaté que la fortune des 10 personnes les plus riches d'Afrique est égale à celle de la moitié la plus pauvre de la population du continent (ses

nombre de milliardaires dans les deux pays durant cette période. La poussée rapide du Nigéria tient aussi au fait que ce pays abrite depuis 2011 l'africain le plus riche (Aliko Dangote), dont la fortune a été multipliée par 10 entre 2010 et 2014.

conclusions incluent l'Afrique du Nord où résident trois de ces 10 personnes). Selon des estimations d'Oxfam International (2015), 80 personnes dans le monde possèdent à elles seules autant que la moitié de la population de la planète (les résultats régionaux et mondiaux ne sont pas rigoureusement comparables)[28]. Rares sont les études détaillées qui examinent le niveau de richesse des personnes les plus fortunées au niveau national. Le cas du Kenya fait exception, avec une étude de New World Wealth (2014) qui estime qu'environ 8300 personnes détiennent 62 % de la richesse nationale.

La source de cette richesse importe-t-elle ? C'est surtout dans les secteurs susceptibles d'attirer des comportements visant la recherche de rentes que l'incidence des appuis politiques dans le processus de production de richesse pourrait impacter le développement et la croissance. Dans le cas de l'Inde, Gandhi et Walton (2012) ont constaté qu'en 2012, 60 % de la richesse totale nette provenaient de secteurs où il y a gros à gagner comme l'immobilier, l'équipement, le bâtiment, l'industrie minière, les télécoms, les cimenteries et les médias, où l'influence des connexions politiques et le potentiel d'appropriation de rentes sont importants (Rama et al. 2015). En Afrique, la part de la richesse extrême issue des industries extractives est en recul. Depuis 2011–2014, environ 20 % des milliardaires africains tirent leur fortune principalement ou partiellement des télécommunications, tandis que la part de la richesse extrême provenant du secteur des services et de la vaste catégorie de l'investissement a grimpé de 1 % à 13 %.

En 2014, Forbes classait la majorité des fortunes nettes d'Afrique comme dues à des créations de richesse plutôt qu'à des héritages. Selon ses estimations, la richesse cumulée nette qui a été créée dans la région représente 74 % de la richesse nette totale, et 81 % des milliardaires africains prétendent ne devoir leur réussite qu'à eux-mêmes. Les considérer comme des « self-made men » n'implique pas que l'esprit d'entreprise et l'innovation sont nécessairement récompensés (la richesse extrême pouvant également être acquise par influence politique ou par des pratiques commerciales corrompues). Bagchi et Svejnar (2015) évaluent l'accumulation de richesse par accointances politiques au moyen de preuves tirées de sources nouvelles qui permettent d'établir si ces milliardaires le seraient devenus en l'absence de leurs relations politiques. Sur l'ensemble des milliardaires de leur échantillon, la part de ceux qui jouissaient d'appuis politiques en 1987, 1992, 1996 et 2002 va de 4 % à 13 %. Pour ces auteurs, l'accumulation de fortune par les individus proches du pouvoir a un effet néfaste sur la croissance économique dans le monde. Dans les pays d'Afrique richement dotés en ressources, il y a lieu de craindre que les élites fassent leur fortune en faisant jouer leurs appuis politiques (voir les différents exemples et l'analyse générale de Burgis 2015).

Conclusions

Les plus récentes recherches sur l'inégalité en Afrique dépeignent un tableau compliqué. Le continent abrite les pays les moins égalitaires du monde, principalement dans le sud, mais si l'on exclut les sept pays où l'inégalité est à son maximum, elle n'est ni plus élevée, ni plus faible que dans d'autres pays affichant des niveaux de revenu analogues. Dans les pays pour lesquels on dispose d'enquêtes comparables sur plusieurs années, l'inégalité recule dans la moitié d'entre eux, tandis qu'elle augmente dans l'autre moitié, sans que l'on puisse établir un lien clair avec des facteurs tels que la dotation en ressources, le niveau de revenu ou la fragilité de l'État considéré. Un schéma plus parlant se dégage des inégalités horizontales au sein des pays, qui restent dominées par les écarts de niveaux de scolarité et les fortes disparités de revenu entre zones urbaines et rurales, d'une part, et au niveau des régions d'autre part.

Au plan régional, l'inégalité s'accroît entre les Africains et elle est élevée par comparaison avec d'autres régions. Ce schéma reflète la fourchette des niveaux de revenu nationaux d'un pays à l'autre et le fait que la plupart des populations indigentes d'Afrique vivent dans les pays les plus pauvres. L'écart de revenus augmente entre les différents pays du continent.

Les enquêtes sur les ménages passent totalement sous silence l'extrême richesse, qui est un autre aspect de l'inégalité. Le nombre de milliardaires est en augmentation sur le continent africain, au moins dans les pays pour lesquels des données sont disponibles.

Une part de l'inégalité en Afrique peut être attribuée à l'inégalité des chances, à savoir aux circonstances de naissance qui sont de puissants déterminants de la pauvreté à l'âge adulte. Fort heureusement, on constate, dans certains pays au moins, un accroissement de la mobilité éducationnelle d'une génération à l'autre, ce qui incite à continuer d'espérer un recul de l'inégalité des chances. Malgré tout, la persistance intergénérationnelle des métiers reste élevée dans de nombreux pays, au moins en ce qui concerne les trois grandes catégories d'emploi examinées.

Notes

1. Selon Olson (1965), lorsqu'un bien public présente un intérêt pour les riches, l'inégalité pourrait faciliter l'action collective et permettre aux pauvres d'en tirer parti. En fait, les éléments de preuve disponibles montrent que c'est plus souvent l'inverse qui se produit. Les ménages fortunés qui peuvent s'offrir des prestataires privés choisissent de ne pas financer les services publics, tels que les écoles et les établissements de santé et réorientent leurs ressources vers des initiatives qui ne tiennent pas compte des familles pauvres. Mansuri et Rao (2013) présentent toute une gamme d'éléments indiquant que les processus et résultats de développement local sont moins bons dans les communautés caractérisées par une forte inégalité. Ils constatent en outre qu'une forte disparité des revenus amplifie les défaillances du marché.

2. Selon les preuves présentées d'autres études, une forte inégalité au sein de certains groupes ethniques plutôt qu'à l'échelle du pays tout entier est source de conflits civils (Huber et Mayoral 2014). Pour d'autres auteurs, c'est plutôt l'inégalité entre les groupes ethniques qui fait la différence (Stewart 2008). En parallèle de ces tentatives d'explication des conflits civils, on trouve un corpus d'études qui examinent comment l'inégalité, notamment les inégalités ascriptives et horizontales, expliquent les taux de criminalité (voir par exemple Blau et Blau 1982).

3. On retrouve ce même genre de contradictions perceptuelles au sujet de l'inégalité aux États-Unis d'Amérique (Fitz 2015).

4. Les ajustements de la parité du pouvoir d'achat (PPA) visant à convertir les valeurs en monnaie locale en dollars des États-Unis n'ont pas d'incidence sur les mesures de l'inégalité au niveau national. De même, ces mesures ne sont pas modifiées par l'ajustement des prix temporels nationaux (qui permettent d'ajuster les prix d'une enquête de l'année 1 sur l'année 2). En revanche, elles sont modifiées par l'ajustement spatial intra-enquête des prix. La base de données de la Banque mondiale sur la pauvreté en Afrique (utilisée ici) autant que PovcalNet calculent les indices de Gini d'après les mesures nominales de la consommation, sans correction du fait que les membres des ménages interrogés payent des prix différents selon l'endroit où ils vivent et l'époque de l'année où l'enquête se déroule. Si les prix varient au plan spatial et temporel, des agrégats déflatés sont susceptibles de produire des valeurs et des tendances différentes de l'inégalité. Une mesure déflatée de la consommation (réelle) est disponible dans la plupart des enquêtes analysées ici. De manière générale, on constate que les niveaux et les tendances de l'inégalité ne sont guère différents si les indices de Gini sont estimés d'après la consommation (réelle) déflatée. Citons à titre d'exception l'inégalité inter et intrarégionale ou urbaine qui a plutôt tendance à décroître lorsqu'on utilise des agrégats spatialement déflatés. Székely et Hilgert (2007) analyse certaines de ces questions dans les pays d'Amérique latine.

5. L'exclusion de ces enquêtes a une incidence sur les comparaisons de ces résultats avec ceux d'autres études. Par exemple, si l'on exclut la première des trois enquêtes sur les ménages récemment réalisées au Malawi (au motif que les plans de sondage ne sont pas comparables), la tendance de l'inégalité ne chute pas, comme Bhorat, Naidoo et Pillay le constatent (2015).

6. Les dépenses en biens de consommation durables ne sont pas toujours incluses dans les mesures de consommation étant donné

qu'il s'agit d'achats très irréguliers (Deaton et Zaidi 2002). La pratique recommandée consiste à inclure la « valeur d'usage » de ces biens dans la mesure de la consommation.

7. Même s'ils utilisent une mesure différente de l'inégalité, Bhorat, Naidoo et Pillay (2015) parviennent à des résultats semblables : sur les 34 pays d'Afrique subsaharienne, l'inégalité s'est aggravée dans 18 pays et a régressé dans 16 autres. Cornia (2014) et Fosu (2014) tirent des conclusions analogues. Les trois rapports s'appuient sur la base de données PovcalNet de la Banque mondiale. D'un point de vue démographique, les résultats penchent vers une aggravation de l'inégalité ; 57 % de la population de ces pays vivent dans un pays où l'inégalité s'accroît.

8. La mesure de la polarisation est une autre façon d'examiner la répartition de la consommation, un concept apparenté à l'inégalité bien que distinct. La polarisation mesure la séparation (distance) entre les différents groupes d'une société. Clementi et al. (à paraître) montrent que le Nigéria a connu à la fois une poussée de l'inégalité et une polarisation croissante entre 2003-2004 et 2012-2013, ce qui contribue à une érosion de la classe moyenne. Keefer et Knack (2002) avancent que dans la pratique, les mesures de polarisation sont puissamment et positivement corrélées avec les mesures de l'inégalité au sein des pays.

9. Pour de plus amples informations sur les calculs de l'inégalité en Afrique, on se reportera à Jirasavetakul et Lakner (2015). Cette idée a également fait son chemin ailleurs, notamment dans les études sur l'inégalité dans le monde menées par Anand et Segal (2015), Atkinson et Brandolini (2010) et Milanovic (2005). L'analyse présentée ici puise très largement dans les travaux de Lakner et Milanovic (2015) qui examinent la répartition du revenu dans le monde en 1988–2008.

10. Par manque d'enquêtes sur les ménages, l'analyse ne peut être étendue à la période antérieure à 1993, de même qu'il n'y a pas assez d'enquêtes pour définir une année de référence avant 2008.

11. On a une bonne couverture générale pour l'Afrique, mais pas pour les États fragiles : en moyenne, les enquêtes ne couvrent que 28 % de la population des États fragiles entre 1993 et 2003. Le taux s'améliore notablement en 2008 avec l'inclusion de la République démocratique du Congo et du Soudan.

12. L'inégalité est plus marquée sur le continent africain dans son ensemble qu'en Amérique latine (0,528) ; en Asie hors Chine (0,450) et en Chine (0,427) ; les pays à économie avancée (0,419) ; la Fédération de Russie, l'Asie centrale et l'Europe du Sud-Est (0,419) ; et l'Inde (0,331) (Lakner et Milanovic 2015). Bien qu'en baisse, les estimations de Pinkovskiy et Sala-i- Martín (2014) pour l'Afrique sont encore plus élevées. On notera cependant que leurs estimations ne résultent pas seulement d'un jeu d'études récentes, mais plutôt d'une combinaison de mesures de l'inégalité tirées de diverses enquêtes, des comptes nationaux, de taux moyens et de taux de croissance, ainsi que d'interpolations et d'extrapolations des données manquantes (dont des imputations de mesures d'inégalité provenant d'autres pays lorsqu'aucune enquête n'est disponible pour un pays donné).

13. Plusieurs grandes méthodes permettent de décomposer l'inégalité inter et intra-groupes. Dans sa version classique, la décomposition répartit l'inégalité totale entre une première composante expliquée par les différences de consommation moyenne entre les groupes et une autre composante qui reflète l'inégalité intra-groupes. La composante intergroupes mesure la part de l'inégalité totale qui serait obtenue si la consommation de chaque individu correspondait à la consommation moyenne de son groupe. Toutefois, comme le notent Elbers et al. (2008), l'inégalité inter-groupes atteint un maximum dans cette approche si chaque individu constitue un groupe distinct, c'est-à-dire l'aune à laquelle les écarts intergroupes sont évalués. En outre, la composante intergroupes accroît mécaniquement le nombre de catégories utilisées. Elbers et al. proposent une autre décomposition qui compare les différences entre les groupes avec l'inégalité maximale que l'on obtiendrait si le nombre et la taille des groupes étaient fixés à leurs niveaux actuels, tout en préservant le classement des groupes. Ainsi, l'inégalité urbaine-rurale serait évaluée d'après une valeur de référence où tous les individus vivant en zones rurales figureraient à l'extrémité inférieure de la distribution et tous ceux résidant en zone urbaine apparaîtraient à l'extrémité supérieure de la distribution, les proportions des populations urbaines

et rurales étant fixées à leurs niveaux actuels. La décomposition prend donc en considération la configuration existante des groupes de population. Seuls les résultats obtenus par la méthode traditionnelle sont rapportés ici, bien que des schémas globalement semblables soient obtenus par la méthode d'Elbers et al. (2008), malgré des parts intergroupes généralement estimées supérieures. Aux fins de l'analyse présentée dans cette section, l'écart logarithmique moyen constitue la mesure de l'inégalité. À la différence des coefficients de Gini, il est additivement décomposable, une propriété mathématique désirable dans ce contexte.

14. Par « région », on entend généralement la région administrative (par exemple la province) où réside le ménage. L'éducation renvoie au plus haut niveau de scolarité du chef de famille (jamais scolarisé, scolarité primaire inachevée, scolarité primaire achevée, premier cycle du secondaire achevé, études universitaires, autres). L'emploi se réfère à la principale activité économique du chef de famille (salarié, employeur/travailleur indépendant hors agriculture, autres). Le sexe et l'âge sont ceux du chef du ménage. Les catégories démographiques sont établies comme suit : un ou deux adultes sans enfant ; un ou deux adultes et moins de trois enfants ; un ou deux adultes et trois enfants ou plus ; trois adultes ou plus sans enfant ; trois adultes ou plus et jusqu'à trois enfants ; trois adultes ou plus et quatre enfants ou davantage.

15. Les résultats pour les écarts urbains/ruraux et l'éducation sont moins marqués que ceux de Belhaj Hassine (2015), qui a étudié 12 pays du Moyen-Orient et d'Afrique du Nord où elle a constaté que les écarts entre les régions représentent une proportion plus importante de l'inégalité que les écarts intrarégionaux. Certains aspects de l'inégalité d'une zone géographique à l'autre reflètent les différences du coût de la vie. L'inégalité intergroupes pour les régions et pour les zones urbaines/rurales décroît si l'on utilise une mesure déflatée de la consommation plutôt qu'une mesure nominale. Sur l'ensemble des pays, elle baisse en moyenne d'environ 15 % à la fois pour les régions et pour les zones urbaines/rurales.

16. Si l'on utilise une mesure déflatée de la consommation, ces ratios tombent à 1,3 (Éthiopie), 2,2 (République démocratique du Congo) et 3,9 (Nigéria).

17. L'accent est mis ici sur l'inégalité des chances du point de vue des résultats économiques à l'âge adulte. Il existe un troisième domaine, l'indice d'opportunité humaine, qui détermine dans quelle mesure des circonstances, telles que la fréquentation scolaire, la vaccination et les équipements domestiques, notamment l'accès à l'eau et à l'assainissement, contribuent aux différences de résultats chez les enfants. Dabalen et al. (2015) présentent une analyse détaillée de l'indice d'opportunité humaine en Afrique pour de nombreux pays et années. Ils ont constaté que l'amélioration des opportunités personnelles tenait à une meilleure couverture pour tous plutôt qu'à l'évolution de l'équité.

18. Cette méthode est décrite comme une approche ex ante de mesure de l'inégalité des chances, par opposition à l'approche ex post (Checchi et Peragine 2010 ; Fleurbaey et Peragine 2013). Dans l'approche ex post, il n'y a pas d'inégalité des chances si les personnes qui déploient le même effort parviennent au même résultat. Dans cette approche, l'inégalité des chances est mesurée comme étant l'inégalité relevant de différentes classes de responsabilité, à savoir au sein de groupes d'individus exerçant le même degré d'effort).

19. Au nombre des exceptions, citons Cogneau et Mesplé-Somps (2008) pour la Côte d'Ivoire (1985–1988), le Ghana (1988 et 1998), la Guinée (1994), l'Ouganda (1992) et Madagascar (1993) ; Piraino (2015) pour l'Afrique du Sud ; et Brunori, Palmisano et Peragine (2015a) pour l'Ouganda. L'inégalité des débouchés économiques est comparée au niveau international par Ferreira et Gignoux (2011) pour l'Amérique latine et par Brunori, Ferreira et Peragine (2013) pour 41 pays.

20. Cette sous-section s'inspire de Brunori, Palmisano et Peragine (2015b).

21. Le statut d'orphelin est une autre circonstance hautement pertinente dans les pays de la région durement frappés par le VIH/SIDA. Les preuves empiriques concernant les conséquences de la disparition des parents portent surtout sur les indicateurs de santé et l'éducation, certaines études mettant en évidence un effet causal du statut d'orphelin sur les résultats scolaires. Le statut d'orphelin n'étant pas un événement aléatoire (puisqu'il est corrélé à d'autres mesures sur les ménages, telles que la vie en milieu urbain, le

niveau d'éducation et la richesse), la corrélation n'implique pas que le niveau de scolarité soit généralement plus faible chez les orphelins. À vrai dire, les enquêtes démographiques et sanitaires les plus récentes montrent que dans la moitié des pays examinés, les orphelins ne sont ni plus ni moins susceptibles d'être scolarisés que les autres enfants. Au Nigéria et au Tchad, les orphelins ont plus de chances d'être scolarisés que les autres enfants.

22. Il existe différentes approches méthodologiques pour mesurer l'inégalité d'opportunité, notamment le choix de la mesure de l'inégalité (Gini ou écart logarithmique moyen), la méthode d'estimation (paramétrique ou non paramétrique) et le choix des circonstances à prendre en compte lorsque le jeu de circonstances diffère d'une enquête à l'autre. Toutes les circonstances disponibles pour chaque pays sont utilisées. Ce choix est le meilleur pour analyser un pays unique, mais pose des difficultés quand on compare les pays entre eux. Il faut opérer un arbitrage entre la robustesse et l'utilité de l'analyse réalisée dans chaque pays et les exigences de comparabilité entre les pays. L'estimation de l'inégalité d'opportunité s'accroît à mesure de l'augmentation du nombre de circonstances. Les estimations présentées ici sont fondées sur une approche non paramétrique (Ferreira et Gignoux 2011). L'ELM est la mesure d'inégalité communément employée dans les études réalisées dans ce domaine, même si certains chercheurs proposent d'utiliser le coefficient de Gini d'un point de vue théorique (van de Gaer et Ramos 2015) tout en adoptant une perspective empirique (Brunori, Palmisano et Peragine 2015b).

23. S'il existait des données sur ces circonstances non observées, la part de l'inégalité attribuée aux circonstances augmenterait, de même que le niveau et la part de l'inégalité de débouchés économiques (bien que l'ampleur de la sous-estimation dépende aussi du degré de corrélation entre les circonstances observées et non observées).

24. Cette sous-section s'inspire de Azomahou et Yitbarek (2015).

25. Des études connexes ont été réalisées, notamment : Bossuroy et Cogneau (2013) qui couvrent la mobilité du travail en Côte d'Ivoire sur la période 1985–1988 (quatre vagues), au Ghana sur la période 1988–2006 (cinq vagues), en Guinée en 1995, à Madagascar en 1994 et en Ouganda en 1993 ; Hertz et al. (2007) ont examiné la mobilité éducationnelle en Afrique du Sud en 1998, en Éthiopie en 1994 et au Ghana en 1998 ; et Lambert, Ravallion et van de Walle (2014) ont analysé la mobilité du travail au Sénégal.

26. Ces deux mesures de la mobilité — le gradient intergénérationnel et le coefficient de corrélation — peuvent donner des résultats différents pour le même lieu. Le gradient intergénérationnel peut diminuer dans le temps (impliquant une plus grande mobilité), mais la corrélation entre le niveau de scolarité de l'enfant et du parent demeure constante (impliquant une absence de mobilité) (Hertz et al. 2007). Cette divergence pourrait résulter d'une réduction de l'inégalité face à la scolarisation dans la génération de l'enfant (par exemple avec la mise en place de l'éducation primaire pour tous) par rapport à celle des parents, ainsi qu'une chute de l'effet de persistance, ce qui signifie que l'éducation dans la cohorte de naissance récente est moins dépendante du niveau de scolarité parental que l'éducation des parents ne l'était du niveau de scolarité des grands-parents.

27. Tous les milliardaires inclus dans cette analyse sont à la fois citoyens et résidents de la région. Nathan Kirsh, un citoyen du Swaziland résidant à Londres en est donc exclu. Forbes exclut en outre de son classement les fortunes personnelles, telles que celles de la famille Chandaria au Kenya et des Madhvanis d'Ouganda lorsque la richesse paraît dispersée entre les membres de la famille.

28. Les estimations d'Oxfam sont elles aussi obtenues d'après les données du Crédit suisse (2014). Étant donné que les enquêtes sur les ménages réalisées en Afrique donnent rarement des informations sur le patrimoine et l'endettement, les estimations pour la région sont essentiellement fondées sur des imputations d'après d'autres pays à faible revenu. De manière générale, il est difficile de comparer le patrimoine puisque les données nécessaires ne sont pas disponibles. À titre d'exemple, les actifs importants détenus par des pauvres, tels que des biens fonciers, peuvent être sous-évalués, tandis que les riches peuvent dissimuler leur patrimoine.

Bibliographie

Africa Progress Panel. 2013. *Rapport 2013 sur les progrès en Afrique : Équité et industries extractives en Afrique ; Pour une gestion au service de tous.* Genève : Africa Progress Panel.

Alvaredo, Facundo, and Thomas Piketty. 2015. "Measuring Top Incomes and Inequality in the Middle East." Paris School of Economics.

Anand, Sudhir, and Paul Segal. 2015. "The Global Distribution of Income." In *Handbook of Income Distribution,* vol. 2, part A, edited by Anthony B. Atkinson and François Bourguignon, 937–79. Amsterdam: North-Holland.

Asian Development Bank. 2014. *Inequality in Asia and the Pacific: Trends, Drivers, and Policy Implications,* edited by Ravi Kanbur, Changyong Rhee, and Juzhong Zhuang.

Atkinson, Anthony B., and Andrea Brandolini. 2010. "On Analyzing the World Distribution of Income." *World Bank Economic Review* 24 (1) : 1–37.

Atkinson, Anthony B., Thomas Piketty, and Emmanuel Saez. 2011. "Top Incomes in the Long Run of History." *Journal of Economic Literature* 49 (1) : 3–71.

Azomahou, Théophile, and Eleni A. Yitbarek. 2015. "Intergenerational Mobility in Africa: Has Progress Been Inclusive?" Working paper, Maastricht University, Maastricht, the Netherlands.

Bagchi, Sutirtha, and Jan Svejnar. 2015. "Does Wealth Inequality Matter for Growth? The Effect of Billionaire Wealth, Income Distribution, and Poverty." *Journal of Comparative Economics* 43 (3) : 505–30.

Banerjee, Abhijit, and Thomas Piketty. 2005. "Top Indian Incomes, 1922–2000." *World Bank Economic Review* 19 (1) : 1–20.

Banque mondiale. 2005. *Rapport sur le développement dans le monde 2006. Équité et développement.* Washington, DC. États-Unis d'Amérique : Banque mondiale.

———. 2011. *Rapport sur le développement dans le monde 2012 : Égalité des genres et développement.* Washington, DC : États-Unis d'Amérique : Banque mondiale.

———. 2014a. *Africa's Pulse,* vol. 10 (Octobre), Washington, DC : États-Unis d'Amérique : Banque mondiale.

———. 2014b. *Taking Stock: An Update on Vietnam's Recent Economic Developments.* Washington, DC : États-Unis d'Amérique : Banque mondiale.

Belhaj Hassine, Nadia, 2015. "Economic Inequality in the Arab Region." *World Development* 66: 532–56.

Berg, Andrew, Jonathan D. Ostry, and Jeromin Zettelmeyer. 2012. "What Makes Growth Sustained?" *Journal of Development Economics* 98 (2) : 149–66.

Bhalotra, Sonia, Kenneth Harttgen, and Stephan Klasen. 2015. "The Impact of School Fees on Schooling Outcomes and the Intergenerational Transmission of Education." University of Bristol, United Kingdom.

Bhorat, Haroon, Karmen Naidoo, and Kavisha Pillay. 2015. "Growth, Poverty and Inequality Interactions in Africa: An Overview of Key Issues." University of Cape Town, South Africa.

Black, Sandra E., and Paul J. Devereux. 2011. "Recent Developments in Intergenerational Mobility." In *Handbook of Labor Economics,* vol. 4, part B, edited by Orley Ashenfelter and David Card, 1487–541. San Diego: North-Holland.

Blau, Judith R., and Peter M. Blau. 1982. "The Cost of Inequality: Metropolitan Structure and Violent Crime." *American Sociological Review* 47 (1) : 114–29.

Blundell, Richard, Luigi Pistaferri, and Ian Preston. 2008. "Consumption Inequality and Partial Insurance." *American Economic Review* 98 (5) : 1887–921.

Bossuroy, Thomas, and Denis Cogneau. 2013. "Social Mobility in Five African Countries." *Review of Income and Wealth* 59 (S1): S84–S110.

Bourguignon, François. 2004. "The Poverty Growth-Inequality Triangle." ICRIER Working Paper 125, Indian Council for Research on International Economic Relations, New Delhi.

Bruno, Michael, Martin Ravallion, and Lyn Squire. 1998. "Equity and Growth in Developing Countries: Old and New Perspectives on the Policy Issues." In *Income Distribution and High-Quality Growth,* edited by Vito Tanzi and Ke-Young Chu, 117–46. Cambridge, MA: MIT Press.

Brunori, Paolo, Francisco H. G. Ferreira, and Vito Peragine. 2013. "Inequality of Opportunity, Income Inequality and Mobility: Some International Comparisons." In *Getting Development Right: Structural Transformation, Inclusion and Sustainability in the Post-Crisis Era,* edited by Eva Paus, 85–116. Basingstoke, United Kingdom: Palgrave Macmillan.

Brunori, Paolo, Flaviana Palmisano, and Vito Peragine. 2015a. "Inequality of Opportunity during the Great Recession in Uganda." WIDER Working Paper 2015/039, United Nations University–World Institute for Development Economics Research, Helsinki.

———. 2015b. "Inequality of Opportunity in Sub-Saharan Africa." University of Bari, Italy.

Burgis, Tom. 2015. *The Looting Machine. Warlords, Oligarchs, Corporations, Smugglers, and the Theft of Africa's Wealth.* New York: Public Affairs.

Checchi, Daniele, and Vito Peragine. 2010. "Inequality of Opportunity in Italy." *Journal of Economic Inequality* 8 (4): 429–50.

Clementi, Fabio, Andrew Dabalen, Vasco Molini, and Francesco Schettino. Forthcoming. "When the Centre Cannot Hold: Patterns of Polarization in Nigeria." *Review of Income and Wealth*.

Cobham, Alex, and Andy Sumner. 2013. "Is It All About the Tails? The Palma Measure of Income Inequality." Center for Global Development Working Paper 343, Washington, DC.

Cogneau, Denis, and Sandrine Mesplé-Somps. 2008. "Inequality of Opportunity for Income in Five Countries of Africa." *Research on Economic Inequality* 16: 99–128.

Cornia, Giovanni Andrea. 2014. "Income Inequality Levels, Trends and Determinants in Sub-Saharan Africa: An Overview of the Main Changes." Università degli Studi di Firenze, Florence.

Cowell, Frank A. 2000. "Measurement of Inequality." In *Handbook of Income Distribution*, vol. 1, edited by Anthony B. Atkinson and François Bourguignon, 87–166. Amsterdam: North-Holland.

Cramer, Christopher. 2005. "Inequality and Conflict: A Review of an Age-Old Concern." United Nations Identities, Conflict and Cohesion Programme Paper 11, United Nations Research Institute for Social Development, Geneva.

Crédit suisse. 2014. *Global Wealth Databook 2014*. Zürich: Research Institute, Crédit suisse.

Dabalen, Andrew, Ambar Narayan, Jaime Saavedra-Chanduvi, and Alejandro Hoyos Suarez, with Ana Abras and Sailesh Tiwari. 2015. *Do African Children Have an Equal Chance? A Human Opportunity Report for Sub-Saharan Africa*. Directions in Development Series. Washington, DC: World Bank.

Davies, James B., Susanna Sandström, Anthony Shorrocks, and Edward N. Wolff. 2011. "The Level and Distribution of Global Household Wealth." *The Economic Journal* 121 (551) : 223–54.

de la Fuente, Alejandro, Andreas Murr, and Ericka Rascón. 2015. *Mapping Subnational Poverty in Zambia*. World Bank Group and Republic of Zambia Central Statistical Office.

de Magalhães, Leandro, and Raül SantaeulàliaLlopis. 2015. "The Consumption, Income, and Wealth of the Poorest: Cross-Sectional Facts of Rural and Urban Sub-Saharan Africa for Macro economists." Policy Research Working Paper 7337, World Bank, Washington, DC.

Deaton, Angus S. 2005. "Measuring Poverty in a Growing World (or Measuring Growth in a Poor World)." *Review of Economics and Statistics* 87 (1) : 1–19.

Deaton, Angus S., and Salman Zaidi. 2002. "Guidelines for Constructing Consumption Aggregates for Welfare Analysis." Living Standards Measurement Study Working Paper 135, World Bank, Washington, DC.

Deininger, Klaus, and Lyn Squire. 1996. "A New Data Set Measuring Income Inequality." *World Bank Economic Review* 10 (3): 565–91.

De Vreyer, Philippe, and Sylvie Lambert. 2014. "Intra-household Inequalities and Poverty in Senegal." Unpublished working paper, Paris School of Economics.

De Vreyer, Philippe, Sylvie Lambert, Abla Safir ey Momar B. Sylla. 2008. « Pauvreté et structure familiale : Pourquoi une nouvelle enquête ? » *Statéco* 102.

Díaz-Giménez, Javier, Andy Glover, and José-Víctor Ríos-Rull. 2011. "Facts on the Distributions of Earnings, Income, and Wealth in the United States: 2007 Update." *Federal Reserve Bank of Minneapolis Quarterly Review* 34 (1) : 2–31.

Easterly, William, and Ross Levine. 1997. "Africa's Growth Tragedy: Policies and Ethnic Divisions." *Quarterly Journal of Economics* 112 (4) : 1203–50.

École d'économie de Paris. Base mondiale sur les inégalités de revenus et de patrimoines. http://topincomes.parisschoolof economics. eu/#Database.

Elbers, Chris, Peter Lanjouw, Johan A. Mistiaen, and Berk Özler. 2008. "Reinterpreting Between-Group Inequality." *Journal of Economic Inequality* 6 (3) : 231–45.

Ferreira, Francisco H. G., and Jérémie Gignoux. 2011. "The Measurement of Inequality of Opportunity: Theory and an Application to Latin America." *Review of Income and Wealth* 57 (4): 622–57.

Ferreira, Francisco H. G., Christoph Lakner, Maria Ana Lugo, and Berk Özler. 2014. "Inequality of Opportunity and Economic Growth: A Cross-Country Analysis." Policy Research Working Paper 6915, World Bank, Washington, DC.

Ferreira, Francisco, H. G., Julian Messina, Jamele Rigolini, Luis-Felipe López-Calva, Maria Ana Lugo, and Renos Vakis. 2013. *Economic Mobility and the Rise of the Latin American Middle Class.* Washington, DC: World Bank.

Ferreira, Francisco H. G., and Vito Peragine. 2015. "Equality of Opportunity: Theory and Evidence." In *Handbook of Well Being and Public Policy*, edited by Matthew D. Adler and Marc Fleurbaey. New York: Oxford University Press.

Fields, Gary. 2000. "The Dynamics of Poverty, Inequality and Economic Well-being: African Economic Growth in Comparative Perspective." *Journal of African Economies* 9 (Supplement): 45–78.

Fitz, Nicholas. 2015. "Economic Inequality: It's Far Worse than You Think." *Scientific American* March 31.

Fleurbaey, Marc. 2008. *Fairness, Responsibility, and Welfare.* Oxford, UK: Oxford University Press.

Fleurbaey, Marc, and Vito Peragine. 2013. "Ex Ante versus Ex Post Equality of Opportunity." *Economica* 80: 118–30.

Forbes Media. "The World's Billionaires." Jersey City, NJ. http://www.forbes.com/billionaires /list/41/#version:static

Fosu, Augustin Kwasi. 2014. "Growth, Inequality, and Poverty in Sub-Saharan Africa: Recent Progress in a Global Context." *Oxford Development Studies* 43 (1): 44–59.

Gallup World Poll. 2013. http://www.gallup.com /poll/174263/belief-work-ethic-strong-across -africa.aspx.

Gandhi, Aditi, and Michael Walton. 2012. "Where Do India's Billionaires Get Their Wealth?" *Economic & Political Weekly* 47 (40): 10–14.

Guénard, Charlotte, and Sandrine Mesplé-Somps. 2010. "Measuring Inequalities: Do Household Surveys Paint a Realistic Picture?" *Review of Income and Wealth* 56 (3): 519–38.

Hertz, Tom., Tamara Jayasundera, Patrizio Piraino, Sibel Selcuk, Nicole Smith, and Alina Verashchagina. 2007. "The Inheritance of Educational Inequality: International Comparisons and Fifty-Year Trends." *B.E. Journal of Economic Analysis & Policy* 7 (2): 1–46.

Hlasny, Vladimir, and Paolo Verme. 2013. "Top Incomes and the Measurement of Inequality in Egypt." Policy Research Working Paper 6557, World Bank, Washington, DC.

Hoff, Karla. 2012. "The Effect of Inequality on Aspirations." Background paper for *Addressing Inequality in South Asia*, edited by Martín Rama, Tara Béteille, Yue Li, Pradeep K. Mitra, and John Lincoln Newman. Washington, DC: World Bank.

Huber, John D., and Laura Mayoral. 2014. "Inequality, Ethnicity and Civil Conflict." Unpublished working paper, Columbia University, New York.

Jenkins, Stephen P. 2014. "World Income Inequality Databases: An Assessment of WIID and SWIID." IZA Discussion Paper 8501, Institute for the Study of Labor, Bonn.

Jirasavetakul, La-Bhus, and Christoph Lakner. 2015. "The African Distribution of Consumption Expenditure." Unpublished working paper, World Bank, Washington, DC.

Kanbur, Ravi, and Adam Wagstaff. 2014. "How Useful Is Inequality of Opportunity as a Policy Construct?" Policy Research Working Paper 6980, World Bank, Washington, DC.

Keefer, Philip, and Stephen Knack. 2002. "Polarization, Politics and Property Rights: Links between Inequality and Growth." *Public Choice* 111: 127–54.

Klasen, Stephan. 2004. "In Search of the Holy Grail: How to Achieve Pro-Poor Growth." In *Toward Pro-Poor Policies: Aid, Institutions, and Globalization*, edited by Bertil Tungodden, Nicholas Stern, and Ivar Kolstad, 63–93. Washington, DC: World Bank.

Knight, Frank. 2015. *The Wealth Report 2015: Global Perspectives on Prime Property and Wealth.* London.

Korinek, Anton, Johan A. Mistiaen, and Martin Ravallion. 2006. "Survey Nonresponse and the Distribution of Income." *Journal of Economic Inequality* 4 (1): 33–55.

Krueger, Dirk, Fabrizio Perri, Luigi Pistaferri, and Giovanni L. Violante. 2010. "Cross-Sectional Facts for Macroeconomists." *Review of Economic Dynamics* 13 (1): 1–14.

Kuznets, Simon. 1955. "Economic Growth and Income Inequality." *American Economic Review* 45 (1) : 1–28.

Lakner, Christoph. 2015. "The Ten Richest Africans Own as Much as the Poorest Half of the Continent." March 11, World Bank, Washington, DC. http://blogs.worldbank.org /developmenttalk/ten-richest-Africans-own -much-poorest-half-continent.

Lakner, Christoph, and Branko Milanovic. 2015. "Global Income Distribution: From the Fall of the Berlin Wall to the Great Recession." *World Bank Economic Review*. Advance Access published September 26, 2015.

Lambert, Sylvie, Martin Ravallion, and Dominique van de Walle. 2014. "Intergenerational Mobility and Interpersonal Inequality in an African Economy." *Journal of Development Economics* 110 : 327–44.

Langer, Arnim, and Frances Stewart. 2015. *Regional Imbalances, Horizontal Inequalities, and Violent Conflicts: Insights from Four West African Countries*. Fragility, Conflict, and Violence Group, World Bank, Washington, DC.

Lichbach, Mark Irving. 1989. "An Evaluation of 'Does Economic Inequality Breed Political Conflict?' Studies." *World Politics* 41 (4) : 431–70.

Linton, Ralph. 1936. *The Study of Man*. New York: Appleton-Century.

Mansuri, Ghazala, and Vijayendra Rao. 2013. *Localizing Development: Does Participation Work?* Policy Research Report. Washington, DC: World Bank.

Marrero, Gustavo A., and Juan G. Rodríguez. 2013. "Inequality of Opportunity and Growth." *Journal of Development Economics* 104 : 107–22.

Miguel, Edward, and Mary Kay Gugerty. 2005. "Ethnic Diversity, Social Sanctions, and Public Goods in Kenya." *Journal of Public Economics* 89 : 2325–68.

Milanovic, Branko. 2005. *Worlds Apart: Measuring International and Global Inequality*. Princeton, NJ: Princeton University Press.

———. 2011. *The Haves and the Have-Nots: A Brief and Idiosyncratic History of Global Inequality*. New York: Basic Books.

Morival, Elodie. 2011. "Top Incomes and Racial Inequality in South Africa: Evidence from Tax Statistics and Household Surveys, 1993–2008." Master's thesis, Paris School of Economics.

New World Wealth. 2014. *Wealth in Kenya: The Future of Kenyan HNWIs*. Johannesburg.

OCDE (Organisation de coopération et de développement économiques). 2015. *Tous concernés : Pourquoi moins d'inégalité profite à tous*. Paris.

Olinto, Pedro, Gabriel Lara Ibarra, and Jaime Saavedra-Chanduvi. 2014. "Accelerating Poverty Reduction in a Less Poor World: The Roles of Growth and Inequality." Policy Research Working Paper 6855, World Bank, Washington, DC.

Olson, Mancur, Jr. 1965. *The Logic of Collective Action: Public Goods and the Theory of Groups*. Cambridge, MA: Harvard University Press.

Oxfam International. 2015. "Wealth: Having It All and Wanting More." Oxfam Issue Briefing (January), Oxford.

Palma, José Gabriel. 2006. "Globalizing Inequality: 'Centrifugal' and 'Centripetal' Forces at Work." *Revue Tiers-Monde* 186 : (2) : 249–80.

———. 2011. "Homogeneous Middles vs. Heterogeneous Tails, and the End of the 'Inverted U': It's All about the Share of the Rich." *Development and Change* 42 (1) : 87–153.

Pew Research Center. 2013. *Despite Challenges, Africans Are Optimistic about the Future*, Washington, DC. http://www.pewglobal .org/2013/11/08/despite-challenges-Africans -are-optimistic-about-the-future/.

Piketty, Thomas 2014. *Capital in the Twenty-First Century*. Cambridge, MA: Belknap Press of Harvard University Press.

Pinkovskiy, Maxim, and Xavier Sala-i-Martín. 2014. "Africa Is on Time." *Journal of Economic Growth* 19 (3) : 311–38.

Piraino, Patrizio. 2015. "Intergenerational Earnings Mobility and Equality of Opportunity in South Africa." *World Development* 67 : 396–405.

PNUD (Programme des Nations Unies pour le développement). 2014. *L'humanité divisée : combattre les inégalités dans les pays en développement*. Bureau des politiques de développement. New York : PNUD.

Rama, Martín, Tara Béteille, Yue Li, Pradeep K. Mitra, and John Lincoln Newman. 2015. *Addressing Inequality in South Asia*. South Asia Development Matters Series. Washington, DC: World Bank.

Ravallion, Martin. 2001. "Growth, Inequality and Poverty: Looking Beyond Averages." *World Development* 29 (11) : 1803–15.

Roemer, John. 2000. *Equality of Opportunity.* Cambridge, MA: Harvard University Press.

Roemer, John, and Alain Trannoy. 2015. "Equality of Opportunity" In *Handbook of Income Distribution*, vol. 2, edited by Anthony B. Atkinson and François Bourguignon, 217– 300. Amsterdam: North-Holland.

Santaeulàlia-Llopis, Raül, and Yu Zheng 2015. "The Price of Growth: Consumption Insurance in China 1989-2009." Unpublished working paper, Washington University, St. Louis.

Shepherd, Andrew, Lucy Scott, Chiara Mariotti, Flora Kessy, Raghav Gaiha, Lucia da Corta, Katharina Hanifnia, and others. 2014. *Chronic Poverty Report 2014–2015: The Road to Zero Extreme Poverty.* London: Chronic Poverty Advisory Network, Overseas Development Institute.

Solt, Frederick. Forthcoming a. "The Standardized World Income Inequality Database." *Social Science Quarterly.*

———. Forthcoming b. "On the Assessment and Use of Cross-National Income Inequality Datasets." *Journal of Economic Inequality.*

Stewart, Frances, ed. 2008. *Horizontal Inequalities and Conflict: Understanding Group Violence in Multiethnic Societies.* Basingstoke, UK: Palgrave Macmillan.

Stiglitz, Joseph E. 2012. *The Price of Inequality: How Today's Divided Society Endangers Our Future.* New York: W. W. Norton.

Strauss, John, Germano Mwabu, and Kathleen Beegle. 2000. "Intra-household Allocations: A Review of Theories and Empirical Evidence." *Journal of African Economies* 9 (Supplement 1): 83–143.

Székely, Miguel, and Marianne Hilgert. 2007. "What's behind the Inequality We Measure? An Investigation Using Latin American Data." *Oxford Development Studies* 35 (2) : 197–217.

Van de Gaer, Dirk, and Xavier Ramos. 2015. "Measurement of Inequality of Opportunity Based on Counterfactuals." Paper presented at the Sixth Meeting of the Society for the Study of Economic Inequality (ECINEQ), Luxembourg, July 13–15.